CINQUANTE NUANCES DE GUERRE

DU MÊME AUTEUR

Roman

Le Testament Aulick, Robert Laffont, 2016.

Essais, documents, biographies

Les Présidents et la guerre : 1958-2017, Perrin, 2017.

Extension du domaine de la guerre, Robert Laffont, 2016 (prix Louis-Marin, prix « Grand Témoin » de la France mutualiste).

*Von Manstein, le stratège du III*e *Reich*, Perrin, « Maîtres de guerre », 2012.

Le Complexe de l'autruche. Pour en finir avec les défaites françaises. 1870, 1914, 1940, Perrin, 2011.

Les Guerres modernes racontées aux civils... et aux militaires, Buchet-Chastel, 2009 (prix d'Estienne d'Orves ; prix spécial de la Gendarmerie ; prix des Écrivains combattants).

La Trahison des médias, François Bourin, 2007.

L'Europe de Yalta à Maastricht. 1945-1953, avec Patrick Eveno, Le Monde Éditions, 1994.

*Le Travail parlementaire sous la V*e *République*, avec Jean-Pierre Camby, Montchrestien, 1993.

Le Mythe Pétain. Verdun ou les tranchées de la mémoire, Payot, 1992, CNRS, 2015.

La Force de convaincre, entretiens avec Philippe Séguin, Payot, 1990.

Œdipe à Matignon ou le Complexe du Premier ministre, Balland, 1988.

Ouvrages collectifs

Le Siècle de sang. 1914-2014, en codirection avec Emmanuel Hecht, Perrin, 2013.

« Pétain-de Gaulle », in *Les Grands Duels qui ont fait la France*, Perrin, 2014.

Quelle politique de défense pour la France ?, L'Harmattan, 2007.

Vauban : la guerre, la gloire. 1707-2007, Cahiers d'études et de recherches du musée de l'Armée (CERMA), 2007.

PIERRE SERVENT

CINQUANTE NUANCES DE GUERRE

Et si la France était le meilleur rempart contre la barbarie et la tyrannie ?

Robert Laffont

ISBN 978-2-221-19341-9
Dépôt légal : avril 2018

À Sophie, qui porte si bien son prénom…

« Il faut prêcher sur la vie, non sur la mort : répandre l'espoir et non la crainte ; et cultiver en commun la joie, vrai trésor humain. »

Émile Chartier (philosophe),
dit Alain

Le dispositif militaire français de l'opération Barkhane

4 500 militaires et commandos des forces spéciales
300 véhicules logistiques
300 véhicules blindés
5 drones
8 avions de chasse
17 hélicoptères
6 à 10 avions de transport

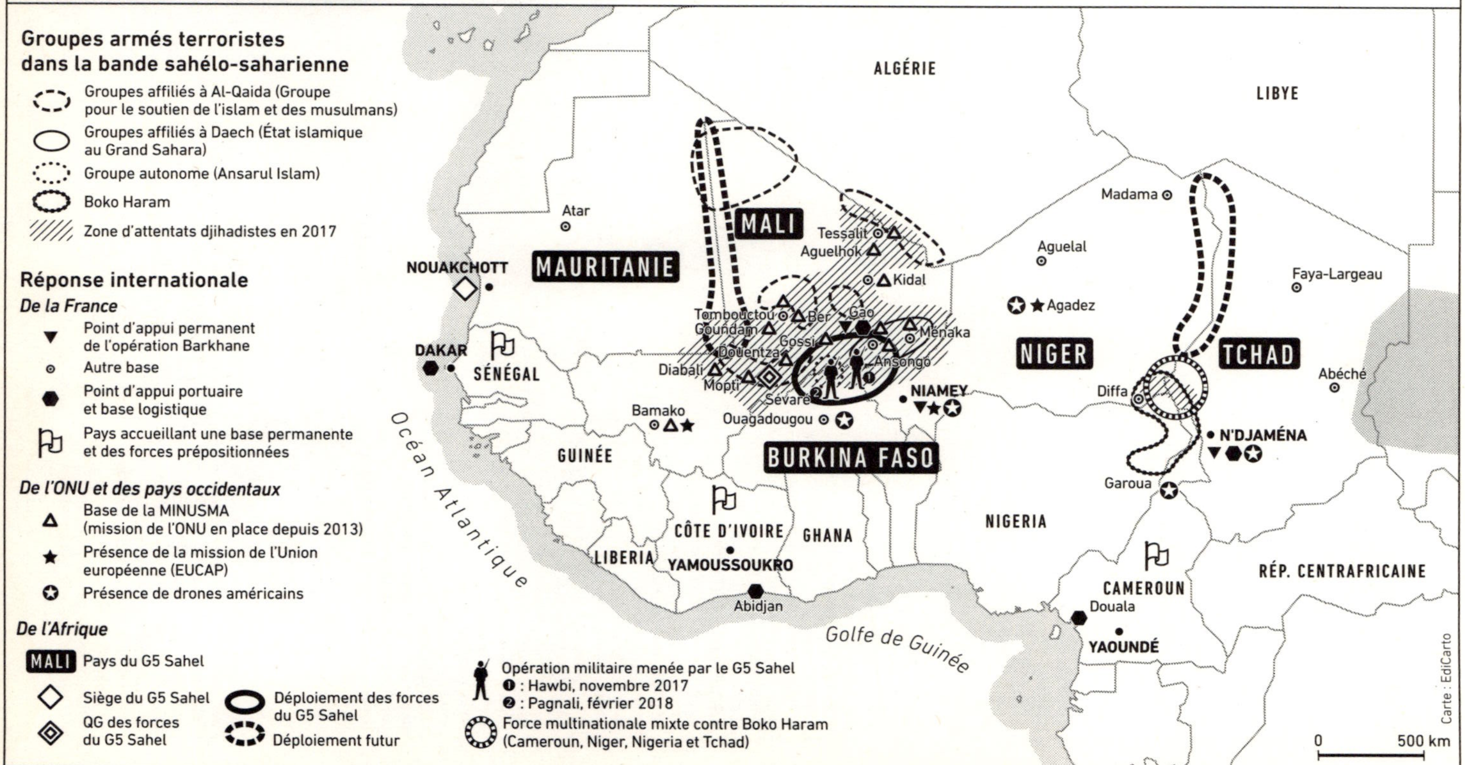

TURQUIE ϟ

Le « sultan » Erdogan conduit une politique brutale de recentrage islamo-conservateur qui a pris un tour répressif depuis la tentative de putsch avortée de 2016. Le pays est frappé par des attentats et Erdogan conduit des opérations militaires contre ses Kurdes (PKK). En Syrie, il joue un jeu dangereux en intervenant militairement dans le nord du pays pour empêcher la constitution d'un bastion kurde (PYD). Il court le risque de se heurter aux forces américaines qui soutiennent les milices kurdes ayant contribué à la défaite de Daech. Hier allié irréprochable de l'OTAN, la Turquie s'en détache.

ÉGYPTE ϟ

Le président-maréchal Al-Sissi doit faire face à des actions terroristes particulièrement violentes de l'une des « succursales » de Daech les plus puissantes : policiers, magistrats, militaires, chiites, chrétiens, soufis sont ciblés par des attentats meurtriers. L'Égypte intervient également militairement en Libye pour s'opposer au Qatar qui y soutient les Frères musulmans, ennemis jurés du Caire. Le pays est largement soutenu financièrement par l'Arabie saoudite qui, à l'occasion, lui paye le matériel militaire acheté à la France.

ARABIE SAOUDITE ϟ

Le pays se met en ordre de bataille sous la férule de son nouvel homme fort, MBS (Mohammed ben Salmane). Il entend révolutionner le pays sur le plan idéologique (libération des énergies par un affaiblissement du rigorisme religieux wahhabite) et sur le plan économique (préparer la fin du pétrole et mettre les Saoudiens au travail), tout en contestant la domination iranienne au Levant et en Mésopotamie. Ce dernier point a entraîné un spectaculaire rapprochement… avec Israël, hier pays honni. Les deux pays ont en commun la détestation de la puissance renaissante perse. Cela rapproche.

YÉMEN ϟ

Ce petit pays partagé entre sunnites et chiites est le théâtre d'un affrontement indirect entre les deux grands parrains qui se disputent le leadership dans la région : Riyad et Téhéran. La population civile fait les frais de ce drame qui reste médiatiquement sous le boisseau. L'Arabie saoudite estime que les missiles qui frappent son territoire en provenance du Yémen sont directement fournis aux houthis (chiites) par l'Iran, ce qui constitue pour elle un casus belli.

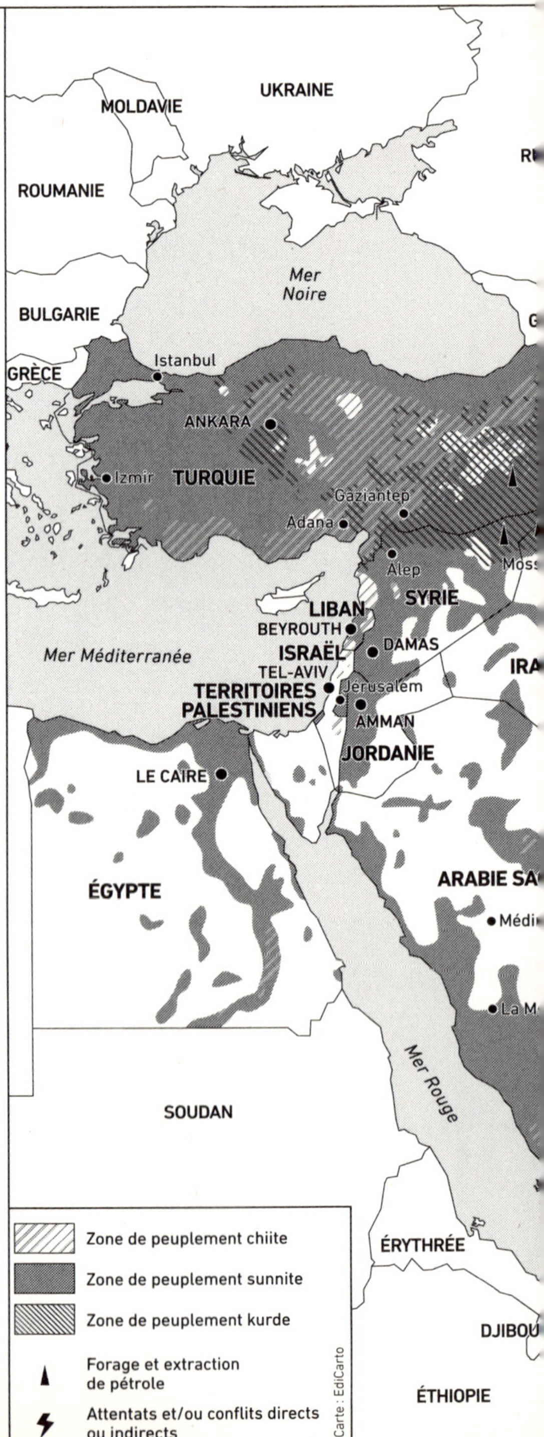

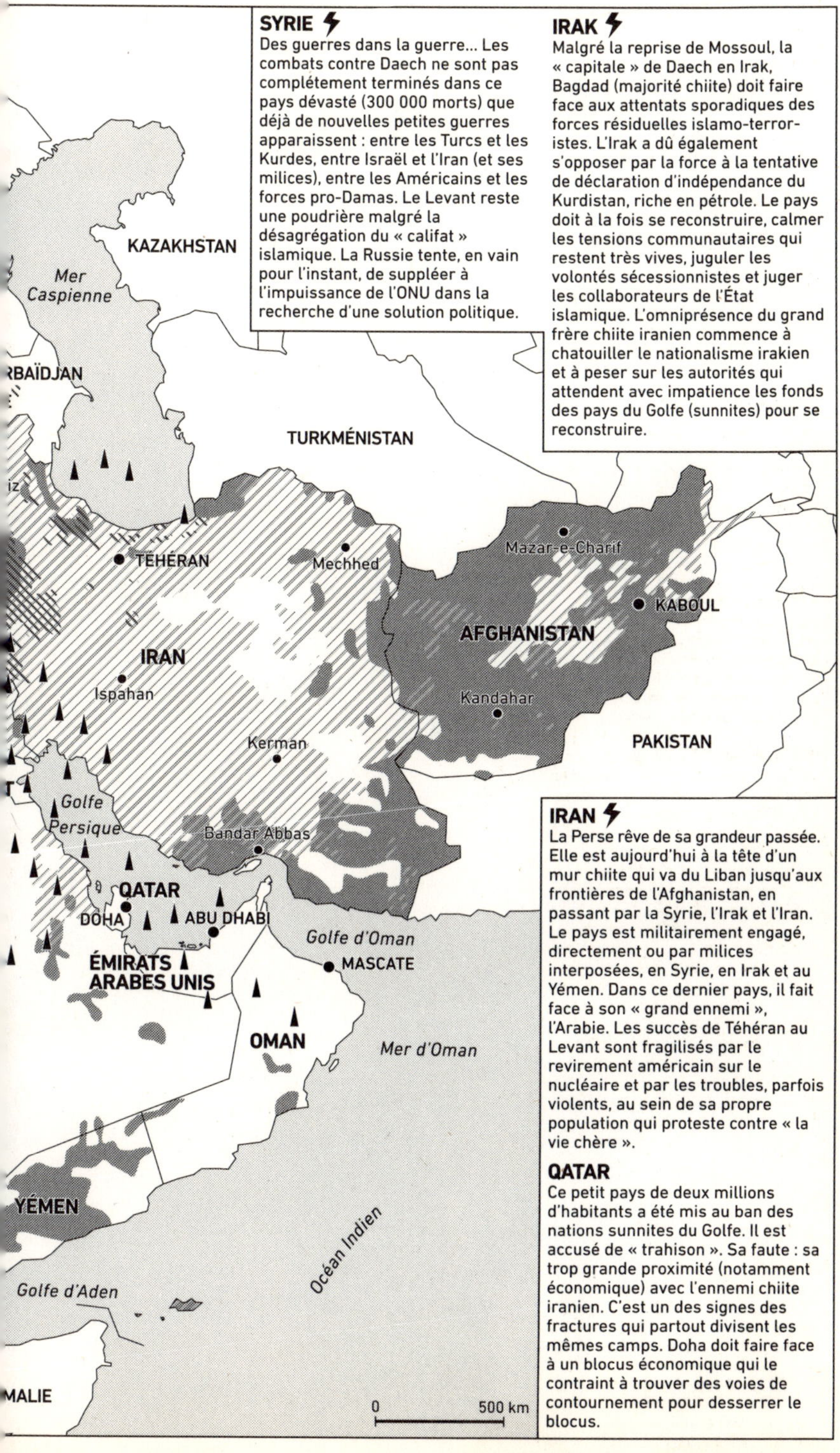

SYRIE

Des guerres dans la guerre… Les combats contre Daech ne sont pas complétement terminés dans ce pays dévasté (300 000 morts) que déjà de nouvelles petites guerres apparaissent : entre les Turcs et les Kurdes, entre Israël et l'Iran (et ses milices), entre les Américains et les forces pro-Damas. Le Levant reste une poudrière malgré la désagrégation du « califat » islamique. La Russie tente, en vain pour l'instant, de suppléer à l'impuissance de l'ONU dans la recherche d'une solution politique.

IRAK

Malgré la reprise de Mossoul, la « capitale » de Daech en Irak, Bagdad (majorité chiite) doit faire face aux attentats sporadiques des forces résiduelles islamo-terroristes. L'Irak a dû également s'opposer par la force à la tentative de déclaration d'indépendance du Kurdistan, riche en pétrole. Le pays doit à la fois se reconstruire, calmer les tensions communautaires qui restent très vives, juguler les volontés sécessionnistes et juger les collaborateurs de l'État islamique. L'omniprésence du grand frère chiite iranien commence à chatouiller le nationalisme irakien et à peser sur les autorités qui attendent avec impatience les fonds des pays du Golfe (sunnites) pour se reconstruire.

IRAN

La Perse rêve de sa grandeur passée. Elle est aujourd'hui à la tête d'un mur chiite qui va du Liban jusqu'aux frontières de l'Afghanistan, en passant par la Syrie, l'Irak et l'Iran. Le pays est militairement engagé, directement ou par milices interposées, en Syrie, en Irak et au Yémen. Dans ce dernier pays, il fait face à son « grand ennemi », l'Arabie. Les succès de Téhéran au Levant sont fragilisés par le revirement américain sur le nucléaire et par les troubles, parfois violents, au sein de sa propre population qui proteste contre « la vie chère ».

QATAR

Ce petit pays de deux millions d'habitants a été mis au ban des nations sunnites du Golfe. Il est accusé de « trahison ». Sa faute : sa trop grande proximité (notamment économique) avec l'ennemi chiite iranien. C'est un des signes des fractures qui partout divisent les mêmes camps. Doha doit faire face à un blocus économique qui le contraint à trouver des voies de contournement pour desserrer le blocus.

Avant-propos

Ce livre peut être saisi de deux façons. Il est possible de le parcourir comme un ouvrage singulier et autonome qui éclaire le lecteur sur les menaces barbares qui pèsent sur le monde aujourd'hui et pour les décennies à venir, et sur les pistes qui pourraient permettre de les contrer. Ou, pour ceux qui me suivent depuis plusieurs années, *Cinquante Nuances de guerre* est une nouvelle étape après *Les Guerres modernes* (2009) et *Extension du domaine de la guerre* (2016). C'est, en quelque sorte, le dernier tome d'une trilogie sur la guerre mutante. Cette constance de thématique s'explique : le « phénomène guerre » est un animal polymorphe qui questionne désormais tous les citoyens, ne serait-ce que parce qu'ils sont des cibles potentielles de ce camaïeu mortifère qui joue de la couleur noire à la façon d'un peintre saisi brusquement d'une frénésie guerrière.

Dans la même veine que les deux ouvrages précédents, *Cinquante Nuances de guerre* répond aux mêmes exigences : rendre accessible ce qui est complexe ; partir du haut (les grands enjeux géostratégiques) pour mieux redescendre là où vivent les hommes ; sortir du francocentrisme en s'ouvrant sur les réalités du monde ;

proscrire l'*éditorialisation* pour verser au dossier des pièces concrètes, sérieuses et vérifiées ; éviter de se laisser enfermer dans le cadre étroit de la polémologie (science de la guerre) pour déborder sur le sociologique, le politique, le philosophique, le psychologique, l'historique, etc., afin de tenter de lire les signaux faibles ou forts annonciateurs des défis de demain.

Enfin, conformément à ma pente naturelle, toute tentative d'*hystérisation* du débat a été écartée au profit de la raison. Même si cette approche est considérée de nos jours comme moins vendeuse, qu'importe ! Elle a le mérite de mieux servir la compréhension d'une époque tumultueuse, riche en surprises stratégiques, pleine de contradictions et de trous noirs.

Préambule

C'est une photographie parmi bien d'autres. Elle est signée de Laurent Van der Stockt pour *Le Monde*. Le quotidien l'a publiée le 10 juin 2017 sur presque une double page avec ce titre : « Les damnés de Mossoul ». Une photographie, une simple photographie parmi les milliers qui ont été prises durant la guerre de Syrie et d'Irak. Mais elle permet de saisir instantanément toute la souffrance infligée à la population civile dans ces combats dantesques. Si l'enfer existe, il ressemble à ce qui est montré là, lors des opérations de libération de la grande ville irakienne : formes et ombres, peu de visages, masse noire des niqabs qui se faufilent. Tout n'est que chaos : moteur en flammes, camions criblés de balles, façades noircies, bidons éventrés, bennes défoncées, pylônes électriques couchés… La vie tente de s'extraire de cette masse de ferraille hostile. C'est une photo en couleurs mais tout y est gris : gris de guerre, gris de terre, gris de fer, gris de cendre, gris de détresse.

Ici ou là, une tache de couleur : celle des enfants. Un sac à dos rouge porté par une petite fille ; un garçon au premier plan, en jaune, qui semble tranquille

– est-ce son petit frère, en vert, à côté de lui ? À droite de la photo, un autre petit garçon pleure. Silhouette dressée, décomposée. Trois, quatre ans ? Il est seul, debout sur ce qui est peut-être un débris de remorque. Abandonné, il tend la main, le visage chaviré par la peur. Est-ce vers l'un de ses parents hors cadre ? Il nous interpelle de son bras. En tout cas, il m'interpelle.

Cette petite foule en déroute se presse dans ce dédale planté par la violence des combats au cœur d'une immense décharge. La vie humaine ravalée au rang de détritus, avalée par le grand démon du fanatisme religieux. Regards des mères éperdus, tendus, passifs ou résignés. Au loin, on voit un autre groupe qui se presse près d'un mur. Là-bas, c'est moins gris, plus clair, semble-t-il. Le salut ? Qu'ont-ils vécu ? Survivront-ils ? Qu'ont-ils subi ? Qu'ont-ils fait subir aux autres ? Comment les enfants se reconstruiront-ils[1] ? Comment faire cicatriser les plaies de l'âme et du cœur après tant de sang répandu ? Hommes, femmes, enfants, le plus souvent otages de ces guerres sans merci, mais aussi, parfois, bourreaux eux-mêmes.

Cette photographie est restée sur mon bureau encombré et je n'ai pas pu la ranger, l'escamoter. Elle m'a accompagné dans les derniers mois de la rédaction de ce livre. Je ne sais pas pourquoi celle-ci plus qu'une autre. Peut-être parce que j'ai vu dans cet effroyable tableau mes propres petits-enfants, si heureux en France. Il y avait là une sorte de rappel, d'exhortation : ne jamais oublier que tous ces mots proprement alignés dans ces pages les uns derrière les autres sont là pour dire ce que vivent les hommes, les femmes et les enfants captifs de ces guerres, de ces déchirements contemporains avec lesquels nous n'en avons pas fini. La géostratégie ne doit jamais oublier le sort réservé aux hommes, tout en bas, loin des concepts. Sinon, elle ne servirait à rien.

Introduction

C'était un temps déraisonnable
On avait mis les morts à table
On faisait des châteaux de sable
On prenait des loups pour des chiens...

Louis Aragon, « Est-ce ainsi que
les hommes vivent »,
Le Roman inachevé

« C'est un monde qui vacille, miné par des troubles incessants, guerres, soulèvements, querelles intestines. C'est un modèle politique à bout de souffle, aux institutions contestées, attaquées. Sur fond d'inégalités galopantes, des tensions éclatent entre les élites et le peuple. Des leaders populistes émergent, briguent le pouvoir. Des virages autoritaires, voire dictatoriaux, s'amorcent, achevant de rendre l'avenir incertain et menaçant[1]. » Il ne s'agit pas d'une description de notre XXIe siècle, mais de Rome, au Ve siècle ap. J.-C., à une époque de bascule où l'Empire romain se disloque. Les similitudes des maux qui nous menacent à des siècles d'intervalle nous interrogent : sommes-nous en train de vivre le retour à un nouveau Moyen Âge pour l'humanité ? Cette période qui va justement de l'effondrement de l'Empire romain (ve siècle) à la Renaissance (xvie siècle). Une chose est certaine : on sait ce que l'on quitte, on ne sait pas où l'on va. Nous sommes désormais dans l'œil noir de la « parenthèse » telle que la décrit Jean-François Gayraud, dans un livre magistral, *Théorie des hybrides*[2] : « La Pax romana évanouie, le continent européen vole en éclats : les routes et les mers deviennent plus dangereuses et le commerce décline. Cette parenthèse entre deux ordres du monde laisse la place à un système de pouvoir fragmenté et complexe comprenant de multiples autorités politiques et économiques, dans un contexte de grande insécurité et de privatisation de la violence. »

Tout le monde s'accorde à dire que nous assistons effectivement à la fin d'un « monde westphalien », allusion un peu précieuse au traité de Westphalie[3] qui, en 1648, mit un terme à la guerre de Trente Ans. L'État-nation, fort de ses frontières et de sa souveraineté, était alors reconnu comme l'autorité politique suprême, composant avec ses pairs ce que l'on nomme aujourd'hui « le concert des nations ». De nos jours, ce « concert » est devenu tintamarre. Chacun entend produire son propre son et jouer sa partition en solo. Le monde se fractionne et revient à la logique psychologique du duché, du marquisat, de la principauté, du comté, du califat… Tout le monde veut se mettre à son compte, en estimant que son entité doit être *the first*, la première, la seule et qu'elle doit vivre « une nouvelle ère ». Bienvenue dans le nouveau « grand Moyen Âge », puisque ce phénomène d'éclatement ne concerne plus seulement l'Europe mais la planète tout entière.

Si l'on essaie de prendre un peu d'altitude pour mieux voir les effets de cet « éclatement », on distingue deux traits majeurs qui structurent le début de ce livre : il y a dans l'air comme une *envie de barbarie*, et, en corollaire, *une envie de tyrannie*. La peur de l'autre stimule cette double appétence et nourrit une envie de mise à l'écart ou de destruction de « l'autre », du « différent ». Elle déborde les frontières des États pour inonder la sphère communautaire et familiale. On n'hésite plus à déclarer « traître au clan » celui avec qui l'on vivait jusque-là en bonne intelligence ou à partir au combat avec femmes et enfants devenus autant d'instruments actifs d'une « guerre sainte ». Des peuples en perdition veulent des *chefs* pour les défendre avec des idéaux aux contours bien tranchants. En cette saison, le menton de certains dirigeants se porte bien haut vers le ciel dans une attitude virile de réassurance et de conquête.

Ces deux envies irrépressibles de barbarie et de tyrannie montent de toutes parts comme une réponse frelatée à l'incertitude des temps, aux crises identitaires, économiques, migratoires et à la mondialisation perçue comme une sorte de « grand trou noir ». Le spécialiste canadien des médias, politologue et philosophe Herbert Marshall McLuhan (1911-1980) était prophétique quand, au début des années 1960, il écrivait : « Le tam-tam du village global amène le retour des tribus[4]. » Nous assistons bien à un déclin de la *civilisation* (construction du « bien commun ») et à une furieuse remontée du *tribalisme* (mon clan d'abord !) et du *tripalisme* (l'instinct venu des tripes prime sur la raison et le savoir). Ce mouvement en ciseaux est un accélérateur de particules de guerre.

La troisième et dernière partie du livre ouvre sur un constat et une espérance : il y a dans le monde *une envie de France… et d'Europe*. Nous ne croyons absolument pas à la thèse du déclin de l'Occident post-chrétien. Vaccinée contre le mal absolu au XXe siècle (deux guerres mondiales, un génocide…), la France et les autres pays européens sont aujourd'hui parmi les derniers remparts démocratiques contre les poussées tribale et autocratique. Leur histoire, leurs valeurs humanistes – héritages gréco-romain, gallo-romain, judéo-chrétien et des Lumières –, leur mode original de gouvernance, leur puissance économique réelle, diplomatique et militaire encore potentielle sont des atouts majeurs pour lutter contre les nuances de guerre qui tentent de submerger ce début de siècle. Il faut donc que l'Europe renforce sa capacité à *coudre* pour faire face aux multiples entités qui à travers le monde veulent en *découdre*. C'est vital pour les décennies qui viennent. Mais pour ne pas sombrer dans une forme de béatitude ou de *wishful thinking* (vœu pieu), il est bon de ne pas faire l'économie d'une première plongée rapide dans les entrailles de la Bête…

Une approche quantitative des spasmes qui secouent la communauté internationale fournit un premier aperçu de l'étendue du mal : confrontation entre les Perses (Iran) et le front sunnite emmené par l'Arabie saoudite, crispations au sein même du clan sunnite (entre le Qatar et ses pairs), Liban sous tension, Jordanie fragilisée, Maghreb fissuré, guerres sans fin au Sahel, en Mésopotamie (Irak), au Levant (Syrie), en Afrique du Nord (Libye), dans la péninsule Arabique (Yémen) et en Asie centrale (Afghanistan), menaces récurrentes en mer de Chine méridionale entre Pékin, ses voisins et Washington, guerre des nerfs et affrontements militaires larvés à l'est de l'Ukraine, Balkans fragilisés par des fièvres islamiques et sécessionnistes, guerre civile en Turquie, continent indien sous pressions communautaristes et toujours en délicatesse avec le Pakistan et la Chine, archipel indonésien travaillé par le fondamentalisme, djihado-terrorisme mutant et itinérant à travers le monde, montée du sécessionnisme – de l'Espagne à l'Irak, du Cameroun au Mali –, etc. L'esclavage a même fait sa réapparition en Libye[5] et nombre de femmes sont violées sur le chemin de l'exil et dans nombre de conflits. La violence sexuelle et la mise en esclavage sont devenues des armes de guerre communes.

On dénombre également une multitude de conflits purulents, notamment en Afrique[6] (Darfour, Sud-Soudan, Somalie, Mozambique, Congo-Brazzaville, république démocratique du Congo, Burundi, Centrafrique, Nouvelle-Guinée, etc.), balançant entre répression sauvage, pulsion génocidaire et purification ethnique. Ils n'émergent pourtant que sporadiquement du tumulte médiatique. Toujours sur ce continent, nombre de chefs d'État se prolongent éternellement à la tête de la nation[7], n'imaginant pas passer la main. Il faut que la population en révolte ou des militaires sans solde les chassent du pouvoir.

Si l'on élargit le spectre quantitatif, l'ONU dénombre une trentaine d'États faillis (sur cent quatre-vingt-treize) et place cent vingt pays sur sa liste rouge d'alerte pour cause d'instabilité chronique. Une centaine de nations ne contrôlent pas la totalité de leur territoire, ce qui est un facteur récurrent de tensions et de conflits persistants. La criminalité organisée ronge nombre d'États dont la souveraineté est sérieusement entamée. On pense notamment au Brésil, au Mexique, au Venezuela[8], à l'Afrique du Sud, au Pakistan et à nombre de contrées d'Afrique de l'Ouest. Souvent transnationales, les mafias ont établi des passerelles avec le terrorisme ou les cyberofficines pirates[9]. Entre ces trois univers, on s'échange de menus services… Entre criminalité montante, terrorisme ambiant et dégradation du cadre politique pour cause de gouvernance défaillante, le paysage international présente bien des aspérités pour l'arrimage de virus destructeurs.

Pourtant, notre monde n'a jamais été si peu « producteur » de morts violentes en comparaison des siècles passés. Les chiffres de l'horreur, en termes statistiques froids, sont extrêmement bas. Ainsi, on compte 385 000 morts en sept ans de guerre en Syrie[10] (essentiellement des civils) ; 280 000 en Irak en prenant en compte la guerre américaine de 2003 et l'actuelle (essentiellement des civils) ; en Afghanistan*, pour la période 2002-2015, on relève 17 000 civils tués, 3 500 soldats de l'OTAN et 13 000 policiers et soldats

* L'Afghanistan est en guerre depuis quarante ans. Les Américains s'y sont réengagés militairement sous la présidence Trump. Pour le seul mois de septembre, l'US Air Force a largué deux fois plus de bombes que le mois précédent : soit sept cent cinquante et une. Au printemps 2017, le président américain a autorisé le largage de la bombe la plus puissante de l'arsenal américain (la GBU-43/13 de dix mille kilos, surnommée « la mère de toutes les bombes ») pour détruire un complexe de tunnels et de caches talibanes. Une centaine de talibans auraient été tués. À plusieurs dizaines de kilomètres de l'impact, les habitants ont cru à un tremblement de terre.

afghans. Les pertes talibanes sont inconnues*. La guerre de Libye (2011) a provoqué la perte de 35 000 vies humaines. Quant à l'Afrique, il n'existe pas de statistiques fiables consolidées des différents conflits.

C'est infiniment moins que les chiffres cumulés des deux guerres mondiales (sans compter les conflits coloniaux) : autour de 65 millions de morts. Que dire de la comparaison avec les décès par pollution de l'air ou de l'eau : 9 millions de personnes meurent chaque année par la contamination de ces deux éléments[11]. C'est plus que le tabac : 7 millions de personnes. Alors pourquoi s'inquiéter de ces « guerres » au petit pied ? Sans doute parce que le cœur du problème ne réside pas dans une approche uniquement quantitative de la question. Il se situe en fait dans la nature des maux qui rongent ce début de siècle. C'est le changement *qualitatif* des menaces qui pose un redoutable défi.

Pour nous aider à mieux en saisir les contours, croisons un instant le regard de deux hommes de l'art : le commissaire divisionnaire Jean-François Gayraud (déjà cité), et l'officier général de gendarmerie Marc Watin-Augouard. Spécialiste du renseignement au croisement des mondes terroriste et mafieux, le premier résume ainsi la problématique actuelle : « Ce monde post-westphalien et post-démocratique voit en effet s'estomper toutes les lignes de démarcation claires du passé. Les frontières physiques, psychologiques et conceptuelles se sont brouillées [...]. Les définitions et les distinctions hier évidentes sont devenues floues : entre la guerre et la paix, entre le public et le

* La plupart des corps sont emportés par les talibans.

privé, entre la police et l'armée, entre le terrorisme et le gangstérisme, entre le légal et l'illégal, entre le légitime et l'illégitime, etc., il n'y a plus de consensus ni sur la caractérisation de ce que sont la paix et la guerre ni sur la définition de l'ennemi. Le brouillard domine, l'incertitude règne, la confusion s'impose[12]. » Le second, général d'armée passé par le cabinet d'un ministre de l'Intérieur, professeur à l'École de guerre, resserre son examen clinique sur le mal terroriste : « Ce n'est pas un phénomène nouveau mais ce qui est nouveau c'est son caractère planétaire. Nos sociétés avaient l'habitude de traiter les abcès ; elles semblent aujourd'hui dépourvues devant l'eczéma, c'est-à-dire la diffusion d'une conflictualité *low cost* qui donne l'avantage au faible par rapport au fort. Il n'y a pas de champ de bataille ni de zone de sécurité prioritaire : le terrorisme est ubiquitaire, tous azimuts[13] ! »

Ces constats se retrouvent peu ou prou dans tous les travaux internationaux des agences de renseignement comme dans les revues stratégiques que font les États, régulièrement, pour tenter de cadrer un paysage international incroyablement volatil. On peut ainsi sans difficulté partager le point de vue du Centre national du renseignement américain. Voici notamment ce que l'on y lit : « Les risques de conflits augmenteront du fait des intérêts divergents entre les grandes puissances, de la menace terroriste de plus en plus prégnante, de l'instabilité perpétuelle au sein des États les plus vulnérables et de la diffusion de technologies perturbatrices et meurtrières. Les manœuvres de déstabilisation des États se feront plus fréquentes grâce aux armes de précision à grande portée, aux attaques en ligne [cyberguerre], aux systèmes robotisés permettant d'atteindre des cibles très lointaines et à la facilité croissante avec laquelle il sera possible de se procurer les techniques nécessaires à la création d'armes de destruction massive[14]. » La *Revue stratégique*[15], rédigée en 2017 par la France, sous la houlette du député européen Arnaud Danjean, ne dit pas autre chose. Pour lui, l'environnement international apparaît comme « durablement dégradé ». Le nouveau secrétaire général de l'ONU, le Portugais António Guterres, constate pour sa part : « Le monde n'est ni bipolaire, ni unipolaire. Il est chaotique. Les gens font n'importe quoi[16]. » On ne saurait mieux dire.

On ne s'étonnera pas que, dans le paysage du « n'importe quoi », le djihadisme mondial figure en place de choix. C'est la quintessence de l'envie de barbarie et de tyrannie au nom de « Dieu ». C'est une nuance au pigment noir tenace. Il ne part pas facilement au lavage démocratique… Dans sa version salafo-djihadiste (sunnisme radicalisé en posture conquérante), l'islam de guerre est une plante vénéneuse vivace qui brandit le Coran comme un tranchoir. Son caractère « religieux » en fait une forme totalitaire exceptionnellement pernicieuse, car on ne négocie pas avec un « dieu » instrumentalisé par l'homme. Cette maladie a métastasé une partie du monde en se nourrissant notamment de misères sociales et du refus d'une modernité venue d'un Occident honni. Les adeptes de l'État islamique (Daech), qui avaient rejoint le califat en Syrie et en Irak, venaient de quatre-vingts pays : le phénomène n'a donc rien de marginal. L'effondrement de ce proto-État fanatique, criminel et génocidaire n'en signe aucunement la disparition finale. Daech s'adapte et se dilue. Il est plus faible mais il est toujours présent. Ses lions, survivants de tant de combats, parcourent le monde du djihad et apportent leur expérience, faisant franchir à certains groupes locaux aux pratiques artisanales un seuil qualitatif inquiétant. En France, à la fin 2017, la diligence des services de renseignement français a permis de démanteler un attentat en préparation dont la puissance potentielle était nettement supérieure à celle du Bataclan. Nous aurions tort de nous endormir. Ce livre est là pour fournir des clés de compréhension mais également pour stimuler notre vigilance collective et notre envie de nous engager.

PREMIÈRE PARTIE

Comme une envie de barbarie

Ce monde est un vaste naufrage : sauve qui peut ; mais je suis bien loin du rivage.

Correspondance, Voltaire

Quand les premiers hommes se sont constitués en clans pour faire face à l'adversité, leurs cerveaux reptiliens commandaient aux mâles de considérer tout être différent comme une menace à éliminer sans attendre. Nécessairement rivaux dans la course à la survie dans un monde hostile, les autres tribus devaient être détruites, dominées, capturées (notamment ses femmes), dévorées à l'occasion ou mises en esclavage quand les prisonniers n'étaient plus seulement considérés comme un simple stock de protéines sur pied mais comme une marchandise bonne à revendre. Ce passage du cannibalisme à l'esclavage fut d'ailleurs salué comme un « progrès » (relatif) de l'humanité par les anthropologues. Depuis, l'homme ne cesse de lutter contre ses pulsions barbares, son envie de détruire l'altérité. Il a cherché, après bien des combats sur lui-même, à dompter ce cerveau reptilien qui sommeille toujours. Il s'est administré progressivement un contrepoison qui a pour nom : « civilisation ».

Sigmund Freud avait une façon imagée et amusante de définir le premier pas de l'homme vers cet idéal toujours à reconquérir. « Le premier homme à jeter une insulte plutôt qu'une pierre est le fondateur de la civilisation. » Ainsi l'humanité passait-elle du geste primitif radical (je te tue) à l'assaut symbolique (je me démarque verbalement de toi). C'était le début d'une sorte de dématérialisation de la violence, un premier pas éventuel vers la négociation après s'être copieusement insulté. Bien plus tard sont apparus la démocratie[1] et les droits de l'homme, deux des sources essentielles de la civilisation auxquelles il faut ajouter, bien sûr, la culture… et la diplomatie. Mais ces trésors ne sont jamais acquis pour toujours. Ils sont éternellement à reconquérir.

La civilisation défend un monde où les conflits et les pulsions violentes sont encadrés par le droit, la négociation, la transaction, le compromis, les instances internationale et nationale de conciliation et dans lequel l'information prend ses distances avec la propagande pour éclairer au mieux le citoyen. À l'inverse, la propagande – subie ou voulue – est consubstantielle à la dictature et à la tyrannie – subie ou attendue. C'est le règne du mensonge institutionnalisé, propagé pour tromper, tricher, travestir, détruire les hommes de l'intérieur. C'est toujours une forme de violence faite à l'esprit. Et déjà en soi un appel à la guerre psychologique : d'abord celle des idées et des mots avant de passer à un autre stade. Comme une inversion du constat freudien : on insulte d'abord et on envoie ensuite les pierres quand l'autre a été suffisamment diabolisé par le verbe de guerre pour perdre sa charge d'humanité. Les démocraties doivent prendre garde à la violence croissante du verbe dans l'espace public.

Ces rappels peuvent sembler d'une grande banalité. Le lecteur est légitimement en droit de se dire que tout cela est beau comme un discours de Miss Univers dissertant sur les bienfaits de la paix et la nécessaire entente dans le monde entre gentils Bisounours. Pourtant, en ce début de XXIe siècle chaotique, c'est bien le cœur du sujet. Il faut poser à nouveau sur la table ces fondamentaux. Et cela ne fait pas sourire. La barbarie monte de toutes parts et la civilisation marque le pas ou recule franchement. Le monde est à nouveau saisi d'une formidable envie de repli barbare, de recherche identitaire par rejet de la tribu des « autres ». Dans nombre de pays, des chefs d'État – État réel ou fictif : on pense au pseudo-État islamique ou, dans un registre moins sanglant, à la Catalogne ou au Kurdistan irakien – se sont proclamés protecteurs de leur clan, ou plutôt de leur *Klan* (au sens du Ku Klux Klan). C'est l'« *America first* » et le « *Make the USA great again* » de Donald Trump, chef du plus grand État économique et militaire. Son élection, sur fond de peur, de vulgarité de comptoir et de chasse aux « autres », responsables de tous les maux*, a cristallisé une formidable envie de régression d'une partie significative de l'opinion publique américaine. Le Brexit britannique a été acquis sur fond de nostalgie impériale et de grossiers bobards (l'argent que Bruxelles rembourserait aux Britanniques). Le processus de sortie de Londres de l'Union européenne n'en finit pas, tant la masse des difficultés à régler est considérable. Le retour au réel, après le fantasme, est toujours

* Tout particulièrement contre les Mexicains, souvent assimilés à des voleurs et des violeurs.

rude. Ce processus ira-t-il à son terme ? Nous en doutons. Ce qu'un vote a fait, un autre peut le défaire.

Nombre de leaders des temps modernes se positionnent désormais comme des messies inspirés pour sauver leur clan. Ils cherchent à fédérer leurs ouailles par le ciment de la crainte en leur faisant croire qu'ils sont menacés de l'extérieur et de l'intérieur par les envahisseurs et par les traîtres qui refusent la « chaleur » du groupe. Ils clament que seule leur puissance incontestée permettra de faire face à un monde dangereux qui menace de les engloutir. Le populisme et le nationalisme (barbarie *soft*) comme le terrorisme (barbarie *hard*) s'abreuvent à la même source : la peur de l'autre, la recherche permanente du bouc émissaire. Leurs appels résonnent à l'unisson : rejoins le camp des « mêmes », des identiques, des « purs » et tu seras protégé par le clan, horizon indépassable de ton identité menacée par « le grand tout » de la mondialisation.

Il n'est pas question de nier ici les difficultés posées par l'immigration économique, les exilés de guerre, la fragilisation des classes moyennes par la crise, et la radicalisation d'une religion (l'islam) qui a structurellement du mal à « rendre à César ce qui est à César », c'est-à-dire à mettre à distance religion et politique, ce que la charia se refuse à faire. Le fait de brider ou de brimer le légitime sentiment patriotique a également eu pour effet de stimuler l'appétit de tribalisme. Beaucoup de tyrans ont compris que ces grandes peurs contemporaines permettaient d'alimenter de fructueux business électoraux ou de renforcer leur pouvoir dictatorial quand ils n'étaient pas soumis au vote du peuple. C'est donc une logique psychologiquement *isolationniste* qui se développe même si elle se combine parfois avec des alliances de circonstance fugaces et réversibles.

Face à ces secousses sismiques, les structures de dialogue et de coopération – celles qui font civilisation – sont en perte de vitesse : Union européenne, avec le tragique Brexit, ONU qui n'en peut mais face à la multiplication des crises et des guerres, Unesco désertée par les États-Unis et Israël (car considérée comme trop pro-palestinienne), OTAN déstabilisée par les coups de menton du président Trump critiquant son « obsolescence » en pleine montée des crises[2], Conseils de coopération régionale de tous types (Golfe, Afrique, Ligue arabe, etc.) en difficulté ou en panne à cause de tensions intestines et d'une incapacité chronique à décider collectivement la moindre mesure coercitive… Ces mouvements telluriques illustrent ce que nous nommons le « jeu des forces tribales et "tripales" ». Ils bénéficient d'une dynamique qui est peu entravée par les mécanismes de régulation qui faisaient autrefois leurs preuves.

Les médias des pays libres qui auraient également un rôle à jouer pour contrer la propagation du mal[3] sont aussi responsables de son progrès. En considérant que seules les informations concernant les trains qui arrivent en retard sont dignes d'intérêt, ils facilitent la pénétration des idées qui font de la peur, de la perspective de l'apocalypse et du désarroi leurs meilleurs atouts. Le combat sur le terrain du sens est aujourd'hui essentiel et la pente naturelle du quatrième (médias classiques) et cinquième (Internet) pouvoir pour la vie en noir ou en dérision est mortifère à l'échelle du monde. Il n'a jamais été aussi important pour ces deux vecteurs, faiseurs d'opinion, de mettre en avant ce que les comportements « civilisés » apportent de grand dans le monde, donc de révéler le « beau » de l'action humaine face à la montée du « mal » qu'il est si aisé de mettre en avant. Assécher le terrain de la barbarie, c'est aussi se battre au plus près de soi sur ce terrain du sens, des valeurs, de la spiritualité (comprise dans son acception la plus large).

1

Recherche d'identité

Cela fait bien longtemps que les sociologues relèvent l'appétit croissant des citoyens pour « les valeurs chaudes », face aux tensions du monde actuel. Ces valeurs dites « féminines » sont celles de la protection, de l'écoute, de la solidarité, du collaboratif, de la discrétion, de l'ego… Ces études sociologiques montrent parallèlement, depuis la fin du siècle dernier (et de façon croissante avec la montée des périls), une attente d'« autorité » (voire d'autoritarisme) de la part de ces mêmes citoyens, une valeur qui est le plus souvent plutôt qualifiée quant à elle de « masculine* ».

---

* Ce n'est pas le lieu ici de disputer la question de savoir si le « féminin » et le « masculin » renvoient effectivement à ces clivages de comportements. C'est ce qui ressort des groupes qualitatifs questionnés par les sondeurs ou les sociologues, même si cela peut sembler caricatural aujourd'hui. Porte-parole du ministère de la Défense (1995-1997), l'auteur a pu constater dès cette époque cette tendance forte dans les diverses études qualitatives et quantitatives fournies aux différents cabinets des ministères régaliens par le SIG (service d'information du gouvernement, dépendant de Matignon). Cette attente non seulement ne s'est pas démentie au fil

Valeurs chaudes

Sur fond de crise et de rejet des élites, les populismes de droite et de gauche se sont emparés massivement de ce besoin de valeurs chaudes pour en faire un business électoral profitable. En ce sens, le rejet progressif de Bruxelles perçu comme la tête froide d'une bureaucratie européenne lointaine s'inscrit depuis longtemps en creux dans cette attente de valeurs chaudes que l'Union européenne peine à incarner. Ce mouvement de fond ancien a préparé l'éruption du scepticisme qui a entouré les référendums (notamment en France) pour le traité de Maastricht en 1992 (voté de justesse), puis le rejet en 2005 du projet de Constitution européenne et, enfin, le point culminant du Brexit en 2016. Il y a là un séquençage très révélateur des crispations identitaires, avec pour pendant une montée des imprécateurs hostiles à la notion de « bien commun ». À l'opposé des « valeurs froides » prêtées à Bruxelles et aux gouvernements nationaux dénoncés par les extrêmes comme « inféodés » aux instances européennes, tout ce qui touche aux identités de proximité, aux cultures locales, voire au folklore, à l'histoire nationale et régionale est, par contraste, plébiscité ces dernières années par les opinions publiques européennes. Face au « grand tout », le slogan « Ma terre, mon histoire, mon identité » remporte un grand succès. Ce n'est pas mauvais en soi, cela le devient quand on s'en sert pour aiguiser les lames.

---

des ans, mais n'a fait que s'amplifier, renvoyant les majorités en place et faisant monter les formations vendant du « chaud », voire du brûlant. Voir : Pierre Servent, *La Trahison des médias*, *op. cit.*

Il y a maintenant longtemps que des peuples désorientés par les secousses à répétition de la globalisation posent avec de plus en plus d'énervement la question socratique par excellence : « Qui suis-je ? » Les extrémismes politiques et religieux contournent cette question en proposant aux peuples perdus une réponse perverse : « Je vais te dire qui détester et tu sauras par soustraction qui tu n'es pas… » ou : « Je te propose une identité clanique d'autant plus chaude que tout le monde ne peut y avoir accès… » Il y a dans l'air une envie frénétique de club à l'anglaise, fermé, sélectif et barricadé avec sur la porte un panneau subliminal ou explicite : « interdit aux »… ou « autorisé à »…

À ce stade de notre propos, qu'il n'y ait pas d'ambiguïté : loin de nous l'idée de dénigrer les valeurs du patriotisme et la nécessité de se sentir solidement enraciné dans un pays, une histoire, un héritage matériel et immatériel, des valeurs, un vouloir vivre ensemble, une culture, une tradition, un terroir, une langue, des paysages et des saveurs particulières pour pouvoir se projeter dans un ensemble plus vaste. En France, par exemple, le mépris régulièrement affiché dans les médias et les discours publics pour ces valeurs patriotiques ont largement contribué à faire monter ces dernières années (avant 2015) le chauvinisme chez les uns (Français « de souche ») et la haine de la France chez les autres (une partie de la population française de « fraîche souche » et, par réaction, en quête de repères identitaires religieux radicaux).

On peut se sentir profondément et amoureusement français, allemand ou italien et vigoureusement européen. Quand Charles de Gaulle est revenu au pouvoir en 1958, l'idée nationale était puissamment incarnée. L'extrême droite était alors électoralement inexistante et c'est durant le début du premier septennat gaulliste que le traité de Rome (1957, instituant la Communauté économique européenne) fut mis en œuvre. Certes, pour de Gaulle, l'Europe devait être une Europe des patries et un levier pour la grandeur de la France. Les choses ont changé et cette vision ne tient plus complètement devant la nécessité de faire de l'Europe, elle-même, un levier de puissance… pour l'Europe.

Il n'y a pas de contradiction entre identités proche et plus lointaine… sauf quand on se sent menacé dans son identité première, celle qui, normalement, « va de soi ». Or, à travers la planète, des millions de personnes se sentent en voie d'expropriation : de leur terre, de leur culture, de leur maison natale, que cela soit une réalité (crises économiques, guerres, terrorismes, purifications ethnique ou religieuse, peuples sans État : on pense aux Palestiniens et aux Kurdes) ou juste une crainte (« Je ne suis pas menacé mais je vais l'être à coup sûr »).

« L'entrée dans la mondialisation change tous les repères de la vie des sociétés. Elle crée partout une crise identitaire en relativisant la manière dont les identités collectives se sont définies jusqu'à présent. Toutes les sociétés se définissaient du dedans en référence à un passé qui leur servait de généalogie. Le récit national, c'est celui d'un arbre généalogique. Avec la mondialisation, l'axe de toutes les sociétés a basculé de l'histoire vers la géographie. On se définit désormais par la place qu'on occupe dans le monde, avec dans un premier temps l'oubli que cette place est fonction du passé. Mais dans un second temps cet oubli fait place à une exigence de redéfinition en fonction de cette situation nouvelle », écrit l'historien et philosophe Marcel Gauchet[1].

Ce que souligne Marcel Gauchet avec subtilité, nous semble-t-il, c'est le caractère indépassable et indispensable pour l'homme de s'ancrer dans son « arbre » identitaire, compris comme la claire identification et intégration de ses racines personnelles et collégiales (familiales et historiques). Plus l'esprit, la connaissance, les échanges et les corps bougent, vagabondent et se transportent dans de vastes espaces géographiques (le monde…), plus le besoin de répondre au : « Qui suis-je ? D'où viens-je ? » est puissant. Et plus la réponse à ces questions est incertaine ou se fait attendre, plus la demande se radicalise, car la peur se met de la partie. Le risque apparaît alors de chercher furieusement sa réassurance identitaire dans la concentration des « mêmes », des identiques, vierges des impuretés de l'« extérieur », de cette géographie du « dehors » qui menace.

Du *Völkisch* dans l'air

« Il ne faut s'engager dans la vie qu'avec les purs et les irréprochables[2]. » Tout le monde a oublié le nom de l'auteur suisse de cette maxime qui fait froid dans le dos mais sa maxime est en plein essor. C'est, en quelque sorte, le retour du concept du *Völkisch*, cher au IIIe Reich, mis à la sauce religieuse. Ce terme intraduisible évoque la notion de « peuple » dans une acception teutonique très restrictive, faite de sang « pur », de folklore et de tradition fermée aux nouveaux venus. Très connoté, l'appel au *Völkisch* est revenu en force en Allemagne dans la bouche de certains leaders de l'AFD, parti d'extrême droite entré massivement au Bundestag en 2017.

Le monde est saisi d'un prurit de pureté. La tribu s'épluche comme un artichaut, tant que l'on n'a pas enlevé les dernières barbes pour atteindre le cœur, on est impur, ou plutôt l'autre est impur. Et c'est certainement l'une des plus grandes victoires insidieuses d'Al-Qaida et de Daech que d'avoir disséminé « l'envie de pureté » au-delà de leur propre sphère. Chez les musulmans ultras, cela se traduit par la notion dévoyée de l'oumma (qui désigne la communauté de l'ensemble des musulmans sans distinction) qui a pris ces derniers temps un petit air de *Völkisch*, la recherche de consanguinité en moins : on est dedans ou dehors, avec ou contre, pur ou impur, halal ou haram, dévot ou blasphémateur… En terre d'Islam[3], il est interdit, par exemple, d'être athée, et se convertir à une autre religion est sévèrement puni. L'oumma – notion radicale qui n'a rien à voir avec la foi et la spiritualité – alimente l'un des fanatismes religieux les plus puissants : l'islam salafiste d'inspiration saoudienne-wahhabite. C'est pire que le nationalisme dont l'Europe a connu le prix du sang, car le phénomène est mondial : il y avait – comme nous l'avons déjà dit –, au temps de sa « splendeur », plus de quatre-vingts pays représentés dans les rangs des combattants étrangers de Daech. Nous avons affaire à l'extension de la notion de *clan* face à la déperdition de celle d'*universalisme*, avec le salafisme de combat (Al-Qaida, Daech, etc.).

En Europe, dans nombre de familles musulmanes, les plus jeunes, tout juste reconvertis, ont fait reproche à leurs pères (quand ils étaient encore là) d'avoir « trahi la vraie religion ». Ils ont pris le pouvoir dans les familles et commencé à mettre leurs petites sœurs au pas*. Dans les quartiers à forte concentration de populations musulmanes ou de culture islamique, une pression sociale *salafisante* très forte (tenue vestimentaire, conduite dans la rue, cigarette et alcool interdits, respect du ramadan imposé par la pression sociale, etc.) s'est exercée sur les « frères » et les « sœurs » ; et sur une société civile et politique passive, béate et ravie de se « racheter » pour pas trop cher une bonne conscience post-coloniale en cédant aux revendications communautaires. La gauche a beaucoup péché dans ce sens, puisqu'elle prétendait avoir le monopole du cœur social. Les salafistes ont trouvé chez elle nombre d'« idiots utiles[4] », intellectuels de gauche, ou responsables politiques, confits en repentance devant ces nouveaux damnés de la terre à défendre les yeux fermés[5]. Cela a donné – et donne encore – des béances en France, comme en Europe, par lesquelles le djihadisme de combat s'est engagé, et s'engage inlassablement.

---

* D'où le mouvement de protestation « Ni pute, ni soumise ». « Tu fais la pute ! » est une insulte courante et récurrente à l'égard des jeunes filles n'adoptant pas une tenue « décente » conforme aux règles supposées édictées par le Coran.

Birminghamstan

La ville de Birmingham en Grande-Bretagne semble tout à fait emblématique de cette quête de la pureté « tribale » islamique. La salafisation de la vie et de la rue y règne en maître : de facto, la différence n'est plus autorisée. Les hommes et les femmes sont en tenue raccord avec les ordonnances de la bien-pensance wahhabite. Les personnes interrogées dans la rue, parfois des Britanniques convertis, disent toutes leur bonheur « d'être entre frères et sœurs » ; qu'elles sont justement venues là pour pouvoir pratiquer plus facilement leur religion dans un milieu homogène. Le pieux cherche le chimiquement pur. En France, à Saint-Denis[6], en Belgique, à Molenbeek-Saint-Jean, la rue chemine vers le modèle britannique de Birmingham. Des esprits innocents et très conciliants font valoir qu'il n'y a là rien de criminel : que dans le salafisme, il faut distinguer le salafisme djihadiste (à combattre), du salafisme politique (celui des Frères musulmans) et du salafisme quiétiste (purement religieux). Les deux derniers auraient droit de cité dans une démocratie.

Ce sont pourtant les rameaux d'un même mal qui fait de toutes les valeurs de l'Europe un objet d'exécration. « Un salafiste, même quiétiste, est raciste, antisémite, homophobe, misogyne et sectaire [...]. Le salafiste quiétiste c'est Hitler en 1934. Un nazi quiétiste », fait remarquer Pierre Conesa, spécialiste des questions internationales et ancien haut fonctionnaire du ministère de la Défense[7]. La comparaison fait choc mais n'est pas sans pertinence. La seule vraie différence entre un salafiste politique et un salafiste djihadiste, c'est le rapport au temps. « L'islam politique accepte les élections, les structures politiques actuelles, mais il travaille en profondeur : il cherche à investir l'enseignement, l'éducation, et va formater petit à petit nos enfants. On voit très bien le résultat en Turquie, d'autant qu'il risque d'y avoir un effet d'entraînement. Dorénavant, dans le monde arabe, je ne suis pas sûre que tous les enseignants donneront autant d'importance au chapitre sur l'évolution biologique. On va peu à peu mettre dans la tête des musulmans qu'enseigner l'évolution de l'espèce, c'est contraire à l'islam », explique la physicienne tunisienne Faouzia Farida Charfi[8] (la contestation de cette théorie est également remise en question aujourd'hui du côté des Églises fondamentalistes chrétiennes aux États-Unis).

Rappelons que si le salafisme de combat a déclaré la guerre à la France (entre autres), ce n'est pas à cause de ce qu'elle ferait au Moyen-Orient ou au Sahel mais bien à cause de ce qu'elle est intrinsèquement. Cela vaut pour les autres croisés, mécréants, impies et apostats dont l'existence même insupporte les « purs » en Dieu. C'est pour cela qu'un « bon » musulman salafiste refuse de serrer la main d'une femme ou de prendre sa place dans le fauteuil de conducteur de bus : parce qu'elles sont « impures »[9]. Delphine Horvilleur, rabbin, souligne très souvent cette prégnance dans les religions de la vision de la « femme impure ». Dans une démocratie, cette approche, qu'elle soit quiétiste, politique ou djihadiste, est à combattre avec la plus grande fermeté. Cela ne relève aucunement d'une déclaration de guerre aux musulmans (eux-mêmes victimes du salafisme) mais d'un combat implacable contre un ennemi mortel : l'extrémisme islamique. Il voue à la démocratie une haine inextinguible.

Si la mouvance salafiste est un exemple criant et détonant de la recherche de « pureté », cette tragique inclinaison peut prendre des formes plus sournoises bien au-delà du cercle musulman. Le judaïsme n'y échappe pas. « Les divisions que la "religion" installe au cœur même des familles peuvent devenir terrifiantes. Pour ma part, je vois parfois des parents dont les enfants ne veulent plus manger chez eux parce que leur cuisine ne serait pas assez kasher ou parce que le lien entre les générations est distendu par le décalage entre les pratiques des uns et des autres. C'est très troublant d'observer, dans la génération des jeunes adultes, un retour au rite vécu comme le cœur de leur identité juive, avec l'idée que leurs parents auraient trahi un héritage ancestral et qu'il faudrait revenir à ce qui était fait avant par les générations plus anciennes », explique Delphine Horvilleur dans un beau livre d'échanges avec Rachid Benzine, professeur et islamologue[10].

Ce qu'elle décrit existe également parfois dans des familles chrétiennes, moins tentées par un renouveau de leur spiritualité que par un repli identitaire d'autant plus raide qu'elles ont pu avoir le sentiment d'avoir été abondement caricaturées, moquées et insultées depuis des décennies, tandis que les « pauvres » musulmans étaient érigés en « victimes » absolues. Ce « deux poids, deux mesures » est lui aussi mortel pour les démocraties, car il crispe les citoyens sur des postures identitaires de plus en plus radicales par réaction.

Ces exemples montrent que la montée de la pulsion identitaire – à travers une quête « religieuse » extrémiste – innerve toute la planète et toutes les religions. On aurait pu évoquer, dans ce sens, la radicalisation des bouddhistes birmans insensibles au sort des Rohingyas musulmans, quand ils n'appellent pas à leur éradication pure et simple.

Nous avons là une facette puissante de la « barbarie » montante dont nous parlons : elle *chosifie* l'autre, qui perd son humanité, celui qui n'est pas de la même « chapelle ». Dans ce paysage, l'islam extrémiste focalise légitimement l'attention de l'observateur, car il est porteur de nombreuses morts violentes à travers le monde. Aucune autre religion aujourd'hui, même dans des formes radicalisées[11], ne rivalise avec lui dans l'horreur. Le mal est profond en terres musulmanes, comme on va le voir, car les noires semences ont été largement disséminées depuis longtemps : dans certains pays, les premières moissons sont déjà là.

2

Climat religieux tempéré… menacé

Le plus grand pays musulman (255 millions d'habitants, dont 87 % de musulmans) n'a pas échappé à cette contamination du salafisme totalitaire. L'Indonésie a vu progressivement sa tradition de pays tolérant et du juste milieu en matière religieuse remise en cause. Les choses commencent toujours de la même façon : « l'impur » est chassé pour avoir « blasphémé ». C'est la première étape de la prise du pouvoir. Le cas de l'ancien gouverneur de Jakarta, Basuki Tjahaja Purnama, protestant* d'origine chinoise, est emblématique. Très aimé de la population, appelé par tous par son prénom chinois, Ahok, il a pourtant été battu aux élections du printemps 2017**, à la suite d'une campagne diffamatoire lancée par ses adversaires islamo-radicaux. Ces derniers n'ont cessé de le présenter comme ethniquement et religieusement inapte à représenter la première

---

* Les chrétiens ne représentent que 10 % de la population.

** Gouverneur sortant de Jakarta, il se présentait pour un nouveau mandat.

puissance musulmane du monde. Pour faire bonne mesure et impressionner le petit peuple, ils l'ont accusé de blasphème pour avoir commenté une sourate du Coran*, lui le chrétien *impur*. En fait, Basuki Tjahaja Purnama s'était indigné dans un discours de campagne de voir ses ennemis utiliser cette sourate du Coran enjoignant aux pieux musulmans de ne pas fréquenter des juifs et des chrétiens au risque de « devenir un des leurs ». Ce qui était bien évidemment dirigé contre lui : « Ne votez pas pour un chrétien sinon vous contreviendrez à une injonction du Coran et vous deviendrez, comme lui, un impur. » Purnama s'était contenté de leur reprocher d'utiliser un texte pieux à des fins politiques. « Blasphème ! » ont-ils répliqué en chœur, ravis de l'aubaine. Le procédé était grossier, mais, signe des temps, il a fonctionné parfaitement : des milliers de personnes sont descendues dans la rue pour demander son lynchage politique... et physique. Des scènes qui rappelaient celles qui avaient embrasé la rue arabe après la publication des caricatures de Mahomet au Danemark en 2005[1]. Le résultat de cette mobilisation « spontanée » ? Basuki Tjahaja Purnama a été battu aux élections alors que tout le monde saluait la sagesse de son premier mandat. Avant le lancement de cette accusation, il était crédité de 70 % d'intentions de vote. Fin du premier épisode.

* Il s'agissait du verset 51 de la sourate Al-Maidah : « Vous qui croyez, ne prenez point les juifs et les chrétiens pour alliés. Ils sont alliés les uns des autres. Quiconque parmi vous s'alliera avec eux finira par être des leurs. Dieu ne mettra point sur la bonne voie des gens injustes. »

Paradoxe indonésien

Le second épisode s'est déroulé quelques semaines plus tard, quand Ahok a été condamné à deux ans de prison pour « blasphème ». Il purge aujourd'hui sa peine dans le centre de détention de la brigade mobile de la police territoriale à Depok. Avec un peu de chance, il devrait sortir fin 2018. Au Pakistan il aurait été condamné à mort et pendu.

À l'époque de son procès, le *Jakarta Post* s'était indigné de la procédure inique qui n'avait retenu que les propos à charge de ses accusateurs et aucunement les avis favorables, y compris de proches musulmans de Purnama. Ceux-ci avaient mis en avant le fait qu'il n'avait en aucune façon insulté le Coran. Une tempête de protestations s'est même déclenchée dans tout l'archipel contre ce jugement, signe que les islamo-nationalistes n'ont pas encore conquis tous les leviers. Mais ces derniers ont progressé dans nombre de milieux clés comme la police, l'armée, la justice (on le voit), l'enseignement, la haute administration. Ils font cause commune avec des partis extrémistes sécuritaires comme Golkar*. « Ce verdict n'est que l'un des signaux illustrant la façon dont la version indonésienne de la laïcité est bousculée par les assauts des islamo-nationalistes désireux de faire évoluer le caractère traditionnellement tolérant et ouvert du plus grand pays musulman du monde[2]. » Pour l'archevêque de Jakarta, il est clair que les islamistes « poursuivent leur propre objectif : l'instauration d'un État

* Parti fondé par l'armée au début des années 1960. Il est le deuxième parti politique indonésien.

islamique[3] ». Déjà, dans la province d'Aceh, une police des mœurs fait respecter la charia.

Conscient du danger, le président Joko Widodo a signé un décret pour interdire toute organisation s'opposant au pluralisme religieux dans l'archipel. Un coup d'épée dans l'eau. La métastase du djihadisme a pénétré l'organisme en s'attaquant aux parties les plus molles, là où il peut proliférer le plus vite. « Il y a un aspect schizophrénique de l'islam indonésien. Au plan national, l'immense majorité des gens reste attachée à la tolérance officielle et au Pancasila [règles de vie, de conduite et de tolérance religieuse], mais ils sont sous influence, dans certaines mosquées, une influence wahhabite due aux milliers d'étudiants indonésiens envoyés dans les universités des pays du Golfe », explique Rémy Madinier, codirecteur du centre Asie du Sud-Est au CNRS. « Il faut éviter de sous-estimer l'influence des radicaux, met également en garde le journaliste et écrivain Goenawan Mohamad[4]. Il pourrait bien exister un continuum entre les milieux radicalisés des universités, par exemple, et l'appel à la violence. Les extrémistes sont des gens à l'idéologie incertaine, qui veulent faire de l'Indonésie une République islamique. Leur combat pourrait fracturer le pays plus encore qu'il ne l'est. Et cela pourrait nous conduire tout droit à la guerre civile. Je suis plutôt pessimiste : nous sommes une très jeune démocratie et celle-ci n'est pas si solide dans mon pays. »

L'inquiétude de ce journaliste ne repose pas seulement sur des observations personnelles. Une étude commandée en 2017 par le Wahid Institute révèle que, sur mille six cent vingt-six élèves d'écoles publiques suivant en parallèle un cursus d'enseignement coranique, 41 % ont répondu qu'ils souhaitaient que leur pays devienne une République islamique et 60 % ont dit vouloir faire « la guerre sainte » dans un futur plus ou moins proche. Ce n'est qu'une des bombes dont le compte à rebours a été lancé dans de nombreuses régions du monde en voie de radicalisation.

Al-Qaida et Daech – qui ont frappé Jakarta en 2003, 2009 et 2016 – savent parfaitement que ces tendances de fond les servent. Il suffit d'être patient. Ils ont le temps devant eux, même l'éternité. Leurs actions viennent en relais du mouvement armé fondamentaliste local : la Jemaah Islamiyah. Les liens entre ces différents mouvements ne sont pas très clairs mais le ver est dans le fruit et le fruit est énorme. Un millier de djihadistes indonésiens sont allés faire le coup de feu en Syrie. Ceux qui reviendront seront aguerris.

La montée de la bigoterie musulmane ambiante, l'épisode du gouverneur Purnama emprisonné appuient les intérêts à long terme des djihadistes. S'ils parviennent à faire basculer dans la lutte armée plus de monde, ils pourront faire face à l'appareil policier particulièrement musclé du gouvernement indonésien. Mais, comme le souligne le journaliste du *Monde* Bruno Philip, le fait que ledit gouvernement annonce régulièrement, et sur un air triomphal, de nouvelles arrestations ou le démantèlement de cellules djihadistes dormantes montre surtout que celles-ci prospèrent…

Ce qui pend au nez du premier pays musulman du monde, c'est une *pakistanisation* qui créerait des zones de non-droit contrôlées par les islamistes radicaux*. Ce seraient autant de bases arrière pour progresser dans la région... Les généraux indonésiens ont fait état de cellules dormantes de l'EI (État islamique), un peu partout sur le territoire, à l'exception de la Papouasie, à majorité chrétienne.

Marawi sous le drapeau noir

Deux mille sept cents kilomètres séparent Jakarta de Manille. C'est à la fois loin et près. Aux Philippines, la guerre civile, redoutée en Indonésie, a commencé. Au printemps 2017, des groupes armés de l'organisation Abou Sayyaf (« Le mouvement islamique » en arabe), affiliée à Daech[5], ne se sont pas contentés de procéder à des attentats, comme en Indonésie, ou de faire emprisonner des figures libérales populaires. Ils ont pris d'assaut et conquis une ville entière, Marawi (en bordure du lac Lanao), dans le sud de l'archipel. Deux cent mille personnes ont dû fuir la ville en feu et se réfugier dans des camps de fortune. Contrairement aux déclarations tonitruantes des autorités expliquant que les djihadistes seraient éliminés en quelques jours, il a fallu plus de cinq mois de combats et un millier de morts de part et

* Des pans entiers du Pakistan (à la frontière avec l'Afghanistan) échappent au contrôle des autorités du pays. Ce sont les bases arrière des attaques meurtrières, dans le pays et en Afghanistan, conduites par les talibans et les organisations terroristes associées. Le début de l'année 2017 a été tragiquement marqué par toute une série d'attentats conduits aussi bien par les talibans que par Daech (État islamique).

d'autre pour libérer la place du joug de la charia. Deux chefs de guerre djihadistes, l'« émir » Isnilon Hapilon et son second Omar Maute, ont été tués dans les combats.

Le cas philippin est très intéressant, car il montre comment un groupe terroriste, plutôt « amateur » à ses débuts, a su au fil du temps se constituer en force paramilitaire efficace, tenant tête à l'armée philippine. Ce fut une terrible humiliation pour le tonitruant président philippin, Rodrigo Duterte – habitué à insulter la terre entière et à se vanter de ses propres crimes de sang –, que de constater le professionnalisme des fous de Dieu.

La question cruciale est : comment ces terroristes ont-ils fait pour monter en gamme au point de contraindre une armée régulière à marquer le pas ? Plusieurs hypothèses doivent être retenues. Tout d'abord, lors de leur affiliation à Al-Qaida, le groupe Abou Sayyaf avait déjà bénéficié des enseignements délivrés par le groupe d'Oussama ben Laden. Ce dernier avait inondé la nébuleuse djihadiste de vidéos de formation et de manuels de préparation[6] : embuscade à tiroirs, positionnement des snipers (souvent couplé après des captures vidéo de l'attaque pour la propagande sur le Net), IED (engins explosifs de fabrication artisanale), camouflage pour ne pas laisser d'empreinte thermique (pour échapper aux drones, aux avions de reconnaissance et aux satellites), techniques d'infiltration et de déguisements, opérations kamikazes, etc.[7]. En outre, il semble que le groupe ait bénéficié du savoir-faire de la diaspora salafiste combattante. Le dernier chef d'Abou Sayyaf, le Malaisien Ahmad Mahmud – toujours en fuite –, a procédé au recrutement de terroristes étrangers originaires d'Asie et du Moyen-Orient[8].

On y retrouve des Indonésiens, venus se faire les dents avant de repartir chez eux, des Saoudiens (ils sont de tous les djihads internationaux), des Yéménites (leur pays est en guerre), des Tchétchènes (aguerris par deux guerres contre les Russes ; on les retrouve partout, y compris à des postes de commandement en Syrie quand Daech était triomphant).

Dernier élément à prendre en compte : les islamistes ont pu contracter une alliance avec un puissant clan local semi-mafieux, celui des Maute, qui a toujours historiquement flirté avec les mouvements dissidents radicalisés. C'est ce cocktail à trois alcools forts qui explique l'inexplicable « exploit » militaire de Marawi. Le clan Maute a fourni la connaissance parfaite du terrain, les appuis (notamment logistiques) et le soutien forcé de la partie de la population sous son influence ; les islamistes locaux ont apporté la chair à canon ; les brigades internationales ont encadré les troupes et transféré leurs connaissances et compétences en matière de guérilla urbaine acquises un peu partout sur les théâtres de guerre du djihad.

Face à ce mélange détonant – qui est une constante du mode opératoire d'Al-Qaida* comme de Daech –, le très nationaliste président Duterte, spécialiste de l'invective contre les États-Unis, a dû se résoudre à demander l'aide militaire... de Washington. Un avion de reconnaissance P-3 Orion de la flotte aérienne

* La mouvance de Ben Laden a toujours conseillé à ses chefs de guerre étrangers au pays d'engagement de se marier avec des femmes des grandes tribus locales, ou, à tout le moins, de s'appuyer sur les clans locaux, qu'ils soient mafieux ou salafistes ; ou les deux.

militaire américaine a renseigné Manille sur les mouvements des troupes djihadistes. Des commandos des forces spéciales américaines ont reçu le feu vert du président Trump pour apporter leur aide à des forces philippines sidérées par le mode opératoire inventif et fluide des terroristes. Les rancunes internationales s'effacent dès que la menace fait son apparition. Outre le fait que le mouvement peut réapparaître, l'Indonésie craint de voir revenir chez elle les combattants indonésiens survivants de l'opération Marawi. Le virus est mutant et itinérant. D'autres terres l'illustrent.

Shebab… le retour

La « bête » a tendance à renaître de ses cendres. Vaincu ou réduit ici (Syrie, Irak, Philippines), le salafisme djihadiste resurgit ailleurs : à Madagascar[9], en Afghanistan[10] ou en Somalie. Dans ce dernier pays, qui n'apparaît que sporadiquement sur les radars médiatiques, le travail de fond des islamistes illustre ce que nous disions plus haut : ceux qui cherchent à imposer par la force la charia ne lâchent jamais. On les croit repoussés, voire détruits… et puis ils frappent soudainement. Le samedi 14 octobre 2017, un camion bourré d'explosifs[11] (deux tonnes sans doute) est parvenu sans encombre dans le centre de Mogadiscio. Pourtant, les accès sont sécurisés et les contrôles fréquents. Complicité, négligence, corruption ? Le véhicule se gare à côté d'un camion à essence. Le kamikaze déclenche le dispositif de mise à feu. Bilan : trois cent cinquante-cinq morts et plusieurs centaines de blessés graves. Le centre-ville est transformé en chaos calciné. Le groupe islamiste Harakat al-Shabab al-Mujahedin (Mouvement des jeunes combattants) connu sous le nom des Shebab (affilié à Al-Qaida) vient à nouveau de frapper. Une fois de plus, les civils (pour la plupart musulmans*) ont payé le prix fort de cette boucherie.

Au-delà de la violence extrême, ce qui a retenu l'attention, c'est que pendant sept mois le pays avait réappris à vivre sans les Shebab. Ils semblaient complètement marginalisés et démonétisés. L'armée somalienne, appuyée par l'Amisom (des troupes de l'Union africaine au nombre de vingt-deux mille hommes, soutenus par les États-Unis et l'Europe), était parvenue à les chasser de nombre de leurs places fortes. Le réveil a été brutal.

D'autant que, quelques mois plus tôt, le secrétaire général adjoint de l'ONU, Jeffrey Feltman, en visite en Somalie, avait cru pouvoir dire : « En dépit des défis très réels, je sens une véritable impulsion vers l'avant, en termes d'évolution politique, en termes de réformes et de transparence. » Que pouvait-il dire d'autre ? Que le pays était toujours ravagé par la corruption et la précarité ? Que s'est-il passé ? Difficile à expliquer, si ce n'est pointer du doigt la corruption endémique du pays qui offre toujours des opportunités de retour en force des terroristes, la confusion au plus haut niveau (quelques

---

* Les musulmans sont largement majoritaires en Somalie. On compte une petite minorité de chrétiens de l'Église éthiopienne orthodoxe.

jours avant l'attentat, le ministre de la Défense et le chef d'état-major des armées ont claqué la porte, sans que l'on sache pourquoi), la capacité des djihadistes somaliens à se reconstituer à partir de leurs bases arrière pour frapper. Une seule grosse opération leur permet de revenir dans le jeu et de réaffirmer leur invincibilité. En 2016, le groupe des Shebab s'était positionné comme le plus meurtrier du continent africain avec quatre mille deux cents victimes cumulées, plus que le groupe Boko Haram (affilié à Al-Qaida puis Daech), comptabilisant trois mille cinq cents victimes[12]. Visiblement, les Shebab entendent conserver leur position dans le palmarès du terrorisme islamiste.

La voie étroite du partenariat

Chaque fois que l'on pose sa loupe sur une des terres de djihad en Asie, en Afrique, au Proche et au Moyen-Orient, on trouve inlassablement les mêmes facteurs délétères : corruption des élites, mal-gouvernance locale, effondrement des services publics (notamment les soins ou les infrastructures), abandon d'une partie de la population par le pouvoir central, clanisme exacerbé, refus d'appliquer les accords de réconciliation, religion instrumentalisée, salafisme galopant, éducation faible ou inexistante (en dehors d'un enseignement coranique dévoyé par le wahhabisme), etc. En Afrique, comme en Asie centrale (Afghanistan), les Occidentaux ont déversé des millions de dollars pour l'aide au développement, pour le soutien aux mécanismes de DDR (désarmement, démobilisation, reconstruction), pour la formation d'armées locales susceptibles de prendre un jour pleinement leurs responsabilités. Un puits sans fond et sans effets structurants. En Somalie, les États-Unis ont dépensé, en 2016, plus de 500 millions de dollars en opérations de sécurité. En vingt-cinq ans, plus de cinquante mille militaires et policiers somaliens ont été formés par des cadres occidentaux[13].

Ils ne répondent pas à l'appel... L'armée somalienne est sous perfusion, incapable de tenir le terrain, et s'appuie sur des béquilles comme l'Amisom. Le même constat peut être fait en Afghanistan ou en Afrique. Au Mali, par exemple, l'armée a été formée et équipée de pied en cap pendant plusieurs années par les Américains. Des millions de dollars ont été dépensés. Sur le papier, le résultat était magnifique. En janvier 2012, les forces maliennes ont été incapables de faire face à l'offensive conduite dans le nord par AQMI (Al-Qaida au Maghreb islamique) et des forces locales (Touaregs du Mouvement national de libération de l'Azawad et Touaregs radicalisés Ansar Eddine, etc.). En revanche, en mars 2012, les soldats maliens ont été aptes... à faire un coup d'État à Bamako.

En janvier 2013, sans l'intervention prompte de la France au Mali (à la demande de Bamako et de l'ONU/opération Serval[14]), c'est le reste du pays qui tombait sans coup férir dans l'escarcelle d'AQMI. Quelques mois plus tard, le gouvernement central revigoré, et voulant donner une leçon aux Touaregs du Nord[15], a lancé une offensive militaire intempestive (en se gardant d'en parler aux Français[16]). Les forces maliennes (en cours de formation, cette fois, par l'Union européenne) sont mal tombées, car elles ont attaqué au moment où des forces paramilitaires touaregs étaient en train de se rassembler. Non seulement les troupes maliennes ont dû fuir sous une pluie de balles, mais elles ont abandonné à « l'ennemi » une partie du matériel militaire neuf fourni par l'UE.

Loin de nous l'idée de considérer que les Africains seraient structurellement de mauvais combattants. Ils ont prouvé leur valeur lors des deux guerres mondiales du XXe siècle. Mais comme le souligne le général Pierre de Villiers[17], artisan du G5-Sahel, quand il était chef d'état-major des armées : « Un soldat ne se bat pas pour une idée, il se bat pour son adjudant-chef, pour son lieutenant, pour son capitaine, éventuellement pour son colonel s'il est très charismatique[18]. » Ce lien fait souvent défaut dans les armées africaines. Un pays échappe à cette « malédiction » : le Tchad. Pour trois raisons essentiellement : parce que les Toubous sont des guerriers-nés, parce que les commandants d'unité partent au combat avec leurs hommes et enfin parce que le bon exemple est donné d'en haut. Lors de l'opération Serval (notamment la reprise du « donjon » d'AQMI dans le Nord), les soldats français ont travaillé main dans la main avec les troupes tchadiennes commandées par un général qui n'était autre que le fils du président Idriss Déby… Et il ne faisait pas de la figuration, à l'image de son père qui, en 2012, a refusé de se faire exfiltrer par les services français alors que des rebelles menaçaient la capitale. Il a mis son treillis, pris sa kalachnikov et emmené ses hommes au combat. Il a vaincu (avec l'aide du renseignement français). Un exemple si rare en Afrique que le Tchad est cordialement détesté par ses voisins qui ne supportent pas sa superbe et son poids régional.

Ailleurs, la corruption (les généraux volent les soldes des officiers qui volent la solde des soldats), le népotisme, les rancœurs ethniques et tribales, le manque de détermination au combat, les *chicayas* au sein même des structures de coopération (Communauté économique des États d'Afrique de l'Ouest-CDEAO, Union africaine, etc.) rendent inopérantes nombre de troupes africaines. L'argent de l'entraînement et de la formation se déverse dans le sable et dans les poches de quelques potentats. Les formateurs français, européens (UE), américains ou britanniques se donnent à fond pour des résultats non probants dans la durée.

En Afghanistan – un pays lui aussi miné par les maux que nous avons décrits pour l'Afrique –, une formule avait eu un certain succès : les OMLT (Operational Mentoring Liaison Team[19]). Non seulement les formateurs occidentaux formaient, mais ils partaient au combat avec leurs ouailles. La puissance du lien construit à l'entraînement, l'absence de corruption de la part des formateurs étrangers, la non-discrimination à l'égard de telle ou telle minorité (on pense aux Hazaras chiites traditionnellement marginalisés dans une société très codée en fonction de son ethnie d'appartenance), le courage des moniteurs partant au combat avec le *kandak* (bataillon) qu'ils avaient formé ont donné des résultats très positifs en opération. Les formateurs vivaient vingt-quatre heures sur vingt-quatre avec les « stagiaires ». Le fameux « lien tactique » dont parle le général Hubin[20], qui fédère un même groupe humain face à l'adversité et au « brouillard de la guerre » (Clausewitz), peut être très puissant si les règles décrites plus haut sont respectées. Les soldats afghans se battaient pour leurs chefs immédiats (quand ils étaient là) et pour les cadres formateurs étrangers qui partageaient les mêmes peines et les mêmes risques.

3

Bombes à fragmentation

Observons l'Irak et la Syrie : ce sont malheureusement des cas d'école magistraux du mouvement de déliquescence que nous décrivons. Sur fond de guerre, de massacres et de purification ethnico-religieuse, là où il y avait une coexistence relativement harmonieuse d'identités différentes (catholiques syriaques et chaldéens, chiites, alaouites [branche chiite], Shabaks [branche chiite], sunnites, Turkmènes, Kurdes, yézidis, zoroastriens, etc.), il y a, désormais, une redistribution des cartes identitaires par « famille », parfois dans la main d'un « grand parrain » étranger (Iran, Russie, Turquie, Arabie saoudite, États-Unis). C'est le tragique « jeu des 7 familles[1] » où chacun recompose la sienne en éliminant les « mauvaises » cartes… celles qui ne sont pas du même sang, du même nom, du même pedigree ou de la même religion. Certaines cartes ne sont pas seulement rejetées dans la pioche commune mais tout simplement éjectées du jeu, déchirées, parfois brûlées car jugées trop impies et impures.

Famille recomposée

Le champion de cette barbarie qui pollue l'air et les esprits est sans conteste l'État islamique, connu sous son acronyme arabe de Daech*. Ce mouvement salafiste totalitaire prônant un djihad sans merci contre les croisés (l'Occident chrétien), les juifs et les mécréants (les chiites et les yézidis notamment), défendant un sunnisme de stricte observance (application par la violence de la charia), raciste, sectaire et manipulateur (cyberinfluence et recrutement sur la Toile), a eu son heure de gloire au Levant et en Mésopotamie entre 2014 et 2017. Il y avait fondé un proto-État se présentant comme le califat suprême des « bons et pieux » musulmans qui devaient se regrouper au pays de Cham (le Levant dans la tradition coranique) pour y recevoir la victoire suprême des mains d'Allah.

Sa déchéance territoriale en Syrie et en Irak (2017-2018) n'a aucunement signé sa disparition définitive. Il a des ramifications de tailles très variables dans plusieurs dizaines de pays métastasés. Certains aspects de sa volonté de « purification » par le feu sont allés jusqu'au génocide. S'agissant des yézidis**, les

---

* État islamique en Irak et au Levant. Ce mouvement issu de la mouvance Al-Qaida a été fondé en 2006, en Irak, par Abou Bakr al-Baghdadi (né en 1971), dans le cadre de la lutte armée contre l'invasion américaine. Al-Baghdadi fut l'un des bras droits du chef de guerre jordanien Abou Moussab al-Zarkaoui (1966-2006), alors à la tête des combattants d'Al-Qaida dans la zone.

** C'est l'une des plus vieilles religions monothéistes pratiquées par certains Kurdes d'Irak. Elle est très minoritaire car les Kurdes sont dans leur grande majorité musulmans sunnites. Certains chercheurs estiment que cette religion emprunte certains rites au

djihado-terroristes de l'État islamique ont mis en place une politique délibérée d'extermination des hommes capturés et de mise en esclavage sexuel de leurs femmes et de leurs filles. Les pieux responsables de l'État islamique, contestés par certains docteurs de la loi ne vivant pas sous la coupe du califat, ont fait valoir la tradition de l'islam pour se justifier : « Chacun doit se rappeler que réduire en esclavage les familles kuffars [mécréantes] et prendre leurs femmes comme concubines est un aspect fermement établi par la charia. Et qu'en le niant, on nierait ou on moquerait les versets du Coran. »

Le génocide des yézidis a suscité dans le monde une indignation relativement mesurée. Son écho médiatique a été infiniment moins puissant que celui (tout à fait légitime) accordé au sort tragique des Rohingyas en Birmanie (minorité musulmane persécutée par le nationalisme bouddhiste). Dans le cas birman, c'est curieusement le bouddhisme qui se trouve en position de religion extrémiste, signe que le nationalisme ethniciste touche bien du monde. Les exactions commises contre la minorité musulmane (considérée comme « apatride » par le gouvernement et la population) a débouché sur un drame humanitaire qui s'est déporté ensuite vers le Bangladesh, terre d'exil pour les malheureux.

---

sunnisme mais également au zoroastrisme (antérieur à l'islam). Les salafistes de Daech considèrent cette religion comme « diabolique », car les yézidis refusent de rejeter Satan, qu'ils redoutent, et qu'ils nomment « celui que vous savez » ou « celui que les ignorants maudissent ». Satan est considéré plus comme un « adversaire » qui met à l'épreuve que comme un « ennemi » destructeur. Sources Wikipédia.

Nul doute que l'islam radical trouvera dans cette terre birmane une nouvelle zone d'expansion : le fanatisme religieux entraîne le fanatisme religieux. Il est intéressant de noter que, dans cette affaire, la Chine a pris position en faveur… de Rangoon. Aux prises avec ses propres minorités (notamment les Ouïgours, une minorité musulmane que l'on retrouve au combat en Afghanistan dans les rangs de Daech), elle a une fois de plus manifesté son goût très particulier en matière de droits de l'homme. Mais ce soutien permet surtout à l'empire du Milieu de revenir dans le jeu birman. Le processus de démocratisation engagé par Aung San Suu Kyi, Prix Nobel de la paix et présidente, avait conduit le pays à prendre ses distances par rapport à Pékin. Accusée de crime contre l'humanité, la Birmanie se trouve conspuée et isolée. En mettant son veto à une résolution de l'ONU demandant le retour des Rohingyas sur leurs terres, Pékin envoie un signal à Rangoon : vous avez eu tort de nous snober, nous sommes vos seuls vrais alliés à même de comprendre vos difficultés avec vos minorités.

L'élimination du sel de la Terre

Revenons quelques instants à l'Orient compliqué. Il est menacé dans son identité propre par les effets conjugués d'un mouvement ancien de « purification », par l'action récente du califat terroriste et par la multiplication des milices confessionnelles armées. Chacun son dieu… mais des armes pour tous.

Se sont succédé par le passé des vagues d'élimination de ceux qui étaient considérés comme étrangers au groupe dominant même s'ils étaient là depuis bien plus longtemps. Sur fond de conflit israélo-palestinien instrumentalisé, les juifs ont été chassés du paysage par le nationalisme arabe d'un Nasser (années 1960-1970), puis l'islamisation massive a commencé au début des années 1970 sous l'influence de l'Arabie saoudite (sunnite), protectrice des lieux saints de l'islam (La Mecque et Médine). Des documents du Quai d'Orsay, rendus publics récemment[2], attestent la montée de la radicalité islamique partout dans le monde musulman il y a presque cinquante ans. Ainsi l'ambassadeur de France en Turquie note-t-il dans l'un de ses télégrammes (26 janvier 1971) : « Pour l'étranger qui n'a pas visité ce pays depuis quinze ans, un des traits les plus frappants de la Turquie d'aujourd'hui est, à n'en pas douter, le réveil de la tradition islamique. Les manifestations en sont si nombreuses que je n'en relèverai que quelques-unes particulièrement symptomatiques. Les incidences de ce renouveau sur la vie sociale, économique et politique du pays sont importantes, et, d'une *certaine manière inquiétante* [souligné par nous]. Partout, dans les moindres villages comme dans les grandes villes, s'élancent de nouveaux minarets, de nouvelles mosquées sont construites. À Ankara, une mosquée comparable par les dimensions sinon par le goût aux plus majestueuses d'Istanbul est en voie d'achèvement… » Le président turc, Recep Tayyip Erdogan, a fait tomber sur le pays une chape de réislamisation et de dictature féroce[3]. De nos jours, nombre de réunions publiques en Turquie se terminent par les très anciens cris de guerre de l'islam de conquête : « Les mosquées sont nos casernes, les coupoles nos casques, les minarets nos baïonnettes et les croyants nos soldats. »

Dans les années 1970-1980 en Égypte et singulièrement au Caire[4] a été constaté le même phénomène d'expansion dans la sphère publique du fait religieux. Progressivement, le voile islamique s'était imposé partout. Chassé des villes par le nassérisme moderne, cantonné à la campagne, jugé par la majorité des Égyptiens comme archaïque, ce signe extérieur de religiosité est devenu l'avant-garde vestimentaire d'un mouvement de fond irrépressible qui a conduit les Frères musulmans[5] au pouvoir en 2012. C'est dire que le mouvement de repli identitaire que nous décrivons dans ces pages s'est accéléré dans ce siècle mais qu'il a largement couvé sous le précédent.

Pas de chrétiens dans l'équipe nationale de foot…

Après les juifs d'Orient (hors les murs d'Israël), ce sont les chrétiens, implantés dans la région bien des siècles avant les musulmans[6], qui ont subi des décennies d'humiliations et d'exactions dans l'indifférence quasi complète d'un Occident complexé par ses racines chrétiennes. Au début du XXe siècle, les chrétiens d'Orient représentaient 20 % de la population du Moyen-Orient. Ils ne sont guère plus de 2 à 3 %[7] aujourd'hui.

La fécondité plus importante dans les familles musulmanes ne suffit pas à expliquer cette disparition. En Irak, les années de guerre (2003-2018) ont fait passer le nombre des chrétiens de 1 million à 300 000 personnes. En Syrie, avant la guerre civile, ils représentaient environ 5 à 7 % de la population (soit autour de 1,5 million de personnes). Selon Mgr Antoine Audo, évêque chaldéen d'Alep, la moitié d'entre eux seraient désormais en exil[8]. Quant aux 5 millions de coptes (chrétiens) d'Égypte, ils sont traités en citoyens de seconde zone. « Le paradoxe est qu'il y a cinquante ans ces questions-là [de coexistence religieuse] ne se posaient pas. En Égypte, on ne se demandait pas qui était musulman, chrétien ou juif. Aujourd'hui, il est impensable qu'un chrétien soit membre d'une équipe de foot nationale : s'il marquait un but, il serait sous les feux de la rampe ! Cette évolution ne s'est pas faite seulement en raison de l'islamisme radical, mais aussi dans une sorte d'imprégnation de la culture d'ensemble », confie le père Jean-Jacques Pérennès, directeur de l'école biblique et archéologique française de Jérusalem[9].

Les chrétiens d'Égypte constituent une cible de prédilection pour les groupes de combat terroristes. Ils sont notamment contraints de quitter progressivement le nord du Sinaï pour échapper aux exactions commises par les islamistes qui y ont une solide assise. Ainsi, les habitants de la ville d'Al-Arich (nord du Sinaï) vivent dans la terreur des expéditions des groupes terroristes affiliés à Daech. C'est toujours la même stratégie destinée à fracturer l'entente des populations de confessions différentes et employée par Daech, Al-Qaida et ses affidés dans le monde entier. Leurs tueurs pratiquent des visites nocturnes durant lesquelles ils exécutent devant leur famille les mâles coptes. Ils pillent ensuite la maison, détruisent les symboles chrétiens et repartent, laissant des femmes et des enfants terrorisés. Les chrétiens s'enfuiront le lendemain avec un maigre baluchon, entraînant avec eux la majeure partie des leurs.

Économie de moyens du côté de Daech, efficacité maximale en termes de terreur : c'est la marque de fabrique de l'islamisme de guerre. À l'envoyé spécial du *Monde*[10], une rescapée de l'une de ces expéditions terrifiantes, Nabila Fawzi Hanna, qui a perdu son mari et son fils exécutés devant ses yeux, raconte que les tueurs en turban n'ont pas frappé au hasard : « Ils connaissaient nos noms. Ils nous surveillaient. [...] Chrétiens et musulmans ont toujours vécu mélangés à Al-Arich, pas dans des quartiers distincts », dit-elle. Progressivement cette mixité des « familles » disparaît. On dénombre plus d'une centaine de chrétiens coptes tués ces dernières années[11].

Apostasie

D'autres communautés spirituelles sont visées par le totalitarisme salafiste pour leur « apostasie », leur « idolâtrie », leur « polythéisme » et leur caractère « hérétique » : ainsi les soufis, une branche spirituelle de l'islam haïe par Daech. À une centaine de kilomètres de ce même Al-Arich (village de Bir al-Abed), fin 2017, les relais du pseudo-État islamique[12] ont attaqué une mosquée soufie en pleine prière du vendredi. Bilan, trois cent vingt-cinq morts et plus de cent vingt blessés. C'est l'attentat le plus meurtrier depuis la destruction d'un Airbus A321, en 2015, qui ramenait chez eux des touristes russes partis de la station balnéaire de Charm el-Cheikh (deux cent vingt-quatre morts). Le président-maréchal Abdel Fattah al-Sissi (soumis à élection en mars 2018) a promis « le retour de la sécurité et de la stabilité très prochainement ». Cette attaque a été perpétrée par une équipe d'une quarantaine de tueurs. Ils ont fait exploser une bombe dans la mosquée avant d'assassiner à l'arme automatique toutes les personnes qui en sortaient.

Cela montre que, malgré la vigueur de l'État policier égyptien, il lui est très difficile de contrôler d'immenses zones. Dans cette région, comme au Sahel, les tueurs jouent de cette configuration : ils peuvent semer la terreur avec une « mise » militaire relativement modeste. Le « faible » militaire contourne le « fort » et joue des complicités sur zone pour donner une impression d'ubiquité.

L'attaque de Bir al-Abed ne s'explique pas seulement par la haine ancestrale des salafistes contre les soufis. Elle a aussi des raisons politiques. Cette sensibilité subtile et poétique de l'islam est en effet très répandue au sein de tribus locales (notamment les Sawarkas). Elles avaient dans un premier temps fait allégeance à Daech. Les chefs de Daech étaient passés par-dessus leur haine du soufisme pour accepter le bras armé de ces tribus locales. Le Caire vaut bien une cérémonie soufie… Les tribus se sont ravisées et ont fait finalement allégeance au gouvernement central du maréchal Al-Sissi (plus généreux financièrement ?). D'où le massacre de ces anciens alliés dont Daech a tout à coup redécouvert l'inacceptable apostasie…

L'État islamique a sans doute commis une erreur en provoquant ce bain de sang : malgré leurs différends, souvent séculaires, les tribus de la région se sont désormais coalisées pour éradiquer ses adeptes. C'est le même type d'erreur qu'Al-Qaida avait commis en Irak (en 2006) et qui avait permis au général américain Petraeus de récupérer le soutien actif des tribus sunnites, anciennement alliées des groupes de combat de Ben Laden. Dans les deux cas, ce qu'apportent de plus précieux les ralliements de ces tribus, ce n'est pas le nombre de fusils mais le renseignement : elles sont ici chez elles depuis la nuit des temps. Cet atout est majeur mais il n'est pas suffisant pour saturer la menace djihadiste qui s'infiltre par plusieurs fronts. Le raïs d'Égypte demeure ainsi confronté à une double difficulté : les actions répétées des affiliés à Daech au Sinaï (à l'est), dont nous venons de parler, mais également le retour en force d'Al-Qaida à la frontière ouest. S'infiltrant à travers la frontière libyenne, les concurrents de Daech (qui ont pour nom Jund al-Islam) ont marqué ces derniers temps leur retour d'influence en montant des embuscades. L'une d'entre elles a provoqué la mort d'une vingtaine de policiers tombés dans un traquenard à Wahat al-Bahariya (cent cinquante kilomètres au sud-ouest du Caire).

Partagée de fait entre trois puissances locales (à l'est, le maréchal Haftar ; à l'ouest, le gouvernement légal ; et, au sud, les tribus du désert), la Libye, sa voisine, est un centre fécond de déstabilisation régionale et internationale. Carrefour de tous les trafics (y compris d'esclaves), le pays offre nombre de niches pour la nébuleuse djihadiste. Pour autant, Daech, jadis implanté dans le golfe de Syrte, a perdu ses bastions et a dû éclater ses derniers groupes de combat à travers ce pays et plus au sud du Sahel. De nouveau très actifs, les autres groupes affiliés à Al-Qaida rayonnent vers l'Égypte, le Niger et le Mali (via le Niger ou en transitant le long de la frontière sud de l'Algérie[13]). La plupart de ces antennes terroristes ont des accords avec des groupes mafieux locaux, quand ils ne sont pas eux-mêmes des groupes mixtes mi-mafieux, mi-terroristes. Quand ils s'affrontent entre eux, ce n'est pas pour des raisons idéologiques mais pour le contrôle de zones qui rapportent et de trafics (migrants, cigarettes, drogues, armes, essence, etc.).

L'Orient se vide de ses différences

L'Orient est devenu un sol aride sur lequel ne pousseront bientôt que des religions sectaires. Les chrétiens sont bien souvent partis pour l'Occident et n'ont pas l'intention de revenir. Souvent, les raisons qui les ont poussés à partir perdurent : persécution, insécurité, restrictions sur la liberté religieuse. Non sans raison, on parle désormais de plus en plus de la « diaspora » des chrétiens d'Orient. L'Église elle-même est déchirée entre son devoir de solidarité et d'urgence pour aider les chrétiens à fuir les massacres et ses exhortations à rester sur place pour continuer à fertiliser ce sol de plus en plus privé de ses sels culturel et cultuel. Mohammad Nokkari, l'ancien directeur général de Dar el-Fatwa, la plus haute autorité sunnite libanaise, ne fait pas un autre constat dans *La Croix*[14] : « Les chrétiens étaient présents au Moyen-Orient avant les musulmans et ont le droit d'y rester implantés. Certes, la diaspora chrétienne joue un rôle prééminent en faveur de la région depuis l'étranger, mais la place des chrétiens d'Orient doit être ici, en bonne entente avec les musulmans. » L'Orient perd sa richesse humaine et culturelle : la lumière des juifs, des chrétiens, des yézidis s'efface, emportant avec elle dans la tombe ou l'exil la vitalité de cette terre.

En Syrie et en Irak, on peut mesurer très concrètement l'ampleur tragique de cet assèchement. Malgré la dislocation d'une bonne partie du califat de Daech (à cheval sur les deux pays), la peur et la guerre ont multiplié les milices communautaires armées. Cela éloigne d'autant la perspective d'une paix durable et d'une reconstruction par tous, pour tous. Personne n'a désormais confiance dans personne, excepté dans son clan forgé dans la lutte pour la survie. Le « vivre ensemble » a été dynamité. Après l'occupation djihadiste en Syrie et en Irak et la décomposition humaine et sociale qui s'est ensuivie, une recomposition dans la douleur se fait par regroupement identitaire avec acceptation (contrainte ou volontaire) d'un parrainage extérieur. Il y a là un effet puzzle qui conduit tout le monde à se regarder en chiens de faïence, même au sein d'une même famille confessionnelle.

Karakoch

La ville de Karakoch (près de Mossoul dans le nord de l'Irak) en est un bon exemple. À elle seule, c'est un résumé de ce qui se passe dans cette région où ressentiments, haines recuites, guerres des religions, affrontements mafieux se mêlent sous le regard des grands parrains de ce conflit régional. À l'été 2014, cette ville peuplée majoritairement de catholiques syriaques* est tombée sans coup férir aux mains des troupes de l'État islamique alors dans sa phase d'expansion territoriale. Environ cinquante mille chrétiens ont dû fuir pour échapper à la dictature sanglante djihado-islamiste. Ils l'ont fait le cœur lourd de ressentiment contre le gouvernement (à majorité chiite) qui n'a pas bougé le petit doigt pour les défendre mais également contre les Kurdes amis qui ne les ont pas protégés non plus, malgré leur armement et leurs soldats (les Peshmergas), et surtout contre leurs voisins sunnites qui, sitôt qu'ils ont été partis, se sont empressés d'occuper leurs maisons et de s'approprier les biens qu'ils n'avaient pas pu emporter**...

La ville a été reprise à l'État islamique fin 2016, dans le cadre des combats d'approche pour la libération de la grande ville régionale de Mossoul (elle sera reconquise en juillet de l'année suivante). On imagine aisément que

* C'était la première ville chrétienne d'Irak par l'ampleur de sa population.

** Dans ce type de situation, en Irak comme en Syrie, il existe des contre-exemples lumineux mais extrêmement minoritaires. Des voisins musulmans ont protégé autant qu'ils ont pu les biens de leurs voisins et amis chrétiens.

la libération n'a pas suffi à faire oublier un passé récent meurtri. À une situation *ante* faite de cohabitation des communautés religieuses ont succédé la défiance… et les milices armées sous pavillon religieux. Il y a peu de chances que les huit à neuf mille familles chrétiennes, exilées dans le pays ou à l'extérieur dans les camps de réfugiés, reviennent toutes dans cette ville à reconstruire. On imagine les difficultés pour récupérer son bien, son champ, sa maison détruite ou occupée par les voisins avec qui l'on prenait le thé jadis au soleil couchant, sur le pas de la porte.

Échaudés par les abandons successifs dont ils ont été les victimes, certains chrétiens sont bien revenus… mais en armes. En l'occurrence, celles qu'ils avaient utilisées pour chasser les terroristes de Daech. Quelques centaines d'entre eux ont formé les Unités de protection des plaines de Ninive (UPN). Ce n'est pas la seule milice communautaire de la zone nord du pays. Les unités paramilitaires chiites, armées par leur sponsor iranien, tiennent le haut du pavé, notamment celles articulées autour des Shabaks, une minorité active apparentée au chiisme (comme le sont les alaouites du président syrien Bachar el-Assad). Or les Shabaks n'aiment pas les chrétiens et sont même parvenus à fracturer leur front en ralliant à leur cause une autre milice armée pourtant chrétienne : les Brigades de Babylone. Des financements venus de Bagdad auraient facilité cet étrange glissement. L'argent apaise bien des conflits de conscience en période de disette. C'est d'ailleurs la seule valeur qui rassemble les suffrages de tous. Et dans cette région du monde fonctionne un vieux dicton : « Qui paye commande. » Les Iraniens payent beaucoup…

Comme on pouvait s'y attendre, les Unités de protection des plaines de Ninive et les Brigades de Babylone se sont affrontées pour le contrôle de la ville, comme pouvaient le faire jadis au Liban (dans les années 1980) différentes milices chrétiennes, s'entretuant pour la domination (militaire, politique et mafieuse) de telle ou telle zone. Elles ont dû être séparées par les autorités irakiennes. Une habitante témoigne : « Mon petit-neveu de quinze ans a rejoint les "Babylone", il n'est pas plus grand que sa kalachnikov. Chrétiens, Shabaks, Arabes, Kurdes, toute cette région est pleine de gamins armés prêts à se battre les uns contre les autres. Si ce sont eux qui doivent tenir cette région, alors il n'y a pas d'avenir[15]. » Au Moyen-Orient, comme en Afrique, toute une jeunesse appartient à une génération perdue, surtout si elle a été impliquée dans les combats et les exactions. Les cinquante nuances de guerre des prochaines décennies trouveront là de nombreux peintres détruits de l'intérieur et tout disposés à barbouiller de gris, de rouge ou de noir de nouvelles toiles sanglantes.

Ce phénomène de fracturation s'observe également du côté des yézidis. C'est d'autant plus tragique que les survivants du génocide devraient être soudés après avoir failli disparaître de la surface du globe. Dans la plaine de Ninive, des milices yézidies se sont alliées à des milices chiites (sous monitoring iranien) pour tenir le haut du pavé et contester aux Peshmergas (Kurdes, majoritairement sunnites) le contrôle du terrain. D'autres yézidis ont, au contraire, pris fait et cause pour l'indépendance du Kurdistan (référendum sauvage de la fin 2017). Les rescapés de cette communauté martyre, partagés par le soutien à deux clans antagonistes, sont désormais adversaires, voire ennemis. C'est dans ce degré fin d'observation que l'on mesure la puissance de l'onde tellurique qui parcourt la planète. Elle est accélératrice de particules mortifères.

4

Éradiquer le pluriel

À travers la planète, la notion de « bien commun », de patrimoine pluriel à préserver ensemble, bat de l'aile. Un mouvement forcené de différenciation semble pousser les uns et les autres à se diviser, à se retrancher, à prendre ses distances avec son « frère », son « cousin » catalogué comme « étranger ». Un slogan subliminal résonne : « Mon histoire n'est plus ton histoire. » Divorçons ! Deux pays, aussi éloignés qu'il est possible l'un de l'autre (six mille kilomètres les séparent), l'un en paix, l'autre en guerre ; l'un au sein de l'Union européenne, l'autre peinant à recouvrer toute sa souveraineté, l'un catholique, l'autre musulman, ont été confrontés, en 2017, à la volonté unilatérale de sécession de l'une de leurs provinces : l'Irak avec le Kurdistan et l'Espagne avec la Catalogne. Ces aspirations à l'indépendance, qui n'ont aucun lien entre elles – si ce n'est l'air du temps chauviniste –, ont ouvert la boîte de Pandore. Aussi peut-on craindre que les diabolisations réciproques ne créent de nouvelles fractures durables. À nouveau, c'est l'inversion du théorème de

Freud sur la civilisation : on s'insulte d'abord, puis on se jette des pierres. Et ensuite… Ensuite, la civilisation recule, la barbarie *soft* ou *hard* progresse. Chaque partie se dit prête à excommunier l'autre, c'est-à-dire au sens littéral de l'expression, écarter le « traître » de la communauté des « croyants ». Dans les deux cas, la violence de l'enfantement aux forceps de ces « indépendances » virtuelles n'a fait qu'exacerber les passions.

Forces d'occupation

La Catalogne et le Kurdistan partagent deux aspirations communes, toutes choses étant inégales par ailleurs : une volonté de ne rendre de comptes à personne d'autre qu'à soi-même et une prospérité économique qu'ils entendent ne plus partager avec les autres. Les questions économiques pèsent autant dans la balance que les attentes identitaires. Des régions prospères (on pense également à l'Italie du Nord ou à la Belgique) refusent de payer pour les autres, moins bien dotées ou moins dynamiques. Les Catalans ne veulent plus débourser chaque année 17 milliards d'euros pour les régions moins développées de l'Espagne, comme l'Andalousie. La marche du monde économique et la mondialisation ne sont pas sans effet sur cette bascule mentale. « Le lien économique entre les territoires a changé, souligne l'économiste Laurent Davezies (CNAM), qui enseigne à l'université Paris-Est-Créteil[1]. Avant l'ouverture de l'économie, les régions riches avaient besoin de main-d'œuvre dans les régions plus pauvres. Les plus aisées voyaient leur intérêt dans la solidarité territoriale, parce qu'elle permettait la consommation des produits qu'elles vendaient. Aujourd'hui, l'économie s'est dématérialisée, la main-d'œuvre se trouve dans les pays émergents, et les habitants des régions pauvres n'ont pas les moyens d'acheter les fabrications nationales. [...] Les régions indépendantistes ont estimé qu'elles feraient mieux d'investir leurs richesses dans leur propre compétitivité. »

Stupéfaits, les Européens ont assisté en 2017 à la montée en puissance en Espagne d'une détestation de l'autre, devenu étranger à « sa » patrie. L'Union européenne a d'ailleurs prévenu très tôt qu'elle ne reconnaîtrait pas la pseudo-indépendance des Catalans. La brutalisation du débat a été telle, dans ses ressorts psychologiques profonds, que l'on pouvait légitimement penser à la tragique époque de la guerre civile espagnole (1936-1939). Une blessure si profonde qu'elle n'est pas encore pleinement cicatrisée. La violence verbale a atteint des sommets qui ont suscité, fin 2017, un appel des modérés des deux clans à un « cessez-le-feu » (*sic*).

Allait-on envoyer des Casques bleus en Catalogne ? Les Catalans ultras parlent de « forces d'occupation » à propos de Madrid, depuis la suspension de leur autonomie, l'embastillement de ministres catalans et la décision de faire voter la province pour un scrutin réellement démocratique en faveur de la Constitution du nouveau Parlement de Catalogne. Depuis la Belgique, où il s'était réfugié pour éviter l'incarcération, le président déchu Carles Puigdemont a lancé des appels véhéments à la résistance, soutenu par deux cents maires venus sur place lui apporter leur soutien. La passion, la nostalgie, le travail de fond de certains médias et des relais d'opinion locaux en faveur d'une indépendance fantasmée ont créé de facto un fossé qui fragilise l'Espagne, pourtant parvenue avec courage et détermination à s'extraire du franquisme et de ses remugles.

Un combat fratricide

« Je n'ose plus parler [de l'indépendance]. Ma sœur, qui est médecin et avec qui je m'entends très bien, m'a traitée de fasciste quand je lui ai dit que tout ça me semblait une folie. Alors, on évite le sujet, c'est plus simple », confiait, à l'automne 2017, Maria[2], quarante-deux ans, une chargée de communication catalane. Elle précisait alors qu'elle souhaitait conserver l'anonymat pour ne pas essuyer de mesures de rétorsion de la part des indépendantistes. Les témoignages n'étaient pas rares sur les pressions exercées au quotidien sur les sceptiques. « Depuis que je m'exprime ouvertement, des parents d'élèves ne me parlent plus. Cela fait six mois que ma fille de neuf ans n'est plus invitée aux anniversaires de ses amis », affirme à l'envoyé spécial du *Monde* une autre Catalane qui recevait régulièrement sur WhatsApp des blagues ridiculisant les Espagnols. Quant à Inés Arrimadas, porte-parole du mouvement antinationaliste Ciudadanos, c'est son compte Twitter qui a été abreuvé d'insultes. Une femme lui a même souhaité de « se faire violer en groupe* ». « Pour moi, dit-elle au *Monde*, le gouvernement de la Généralité [autorité gouvernementale de la région autonome avant sa dissolution], qui criminalise notre positionnement politique, est responsable de ce climat. On nous traite d'antidémocrates, de fascistes, de traîtres parce que nous ne voulons pas de ce référendum. Le silence est une position plus confortable. Et c'est compréhensible. » De leur côté, les anti-indépendantistes n'ont pas été en reste : ils ont qualifié allégrement ceux de l'autre camp de « nazis » et de « putschistes ».

Même les écoles avaient été mobilisées dans ce combat fratricide. Des associations catalanes pro-indépendance avaient embauché les parents d'élèves pour tenir les bureaux de vote du référendum du dimanche 1er octobre 2017. Les unionistes ont dénoncé cette utilisation, selon eux contre nature, de lieux dédiés à l'enfance. Comme si les plus jeunes avaient été symboliquement embrigadés à travers ces réquisitions. Quelques jours avant le vote – qui devait déboucher sur de la violence du côté de la garde civile et de la police d'État envoyées pour bloquer les électeurs – plus de trois cents enseignants et directeurs d'établissement avaient apporté solennellement au président de la Généralité de Catalogne, Carles Puigdemont, les clés de leur école. Un geste de défi par rapport aux consignes de l'État interdisant que

* Cette insulte : « Va te faire violer ! » ou : « On va venir te violer ! » est un « classique » sur Internet, partout dans le monde. C'est d'autant plus monstrueux que le viol est une arme de guerre bien réelle : que ce soit en Irak et en Syrie (Daech), en Birmanie (contre les Rohingyas), en Afrique, etc.

les écoles soient prises en otages dans ce conflit politique.

Mais le président catalan leur avait donné par avance l'absolution plénière en allant répéter dans les médias : « Sentez-vous libérés de cette responsabilité. C'est moi et les ministres [de Catalogne] qui avons la responsabilité d'aller jusqu'au bout. Et nous irons jusqu'au bout. » Jusqu'au bout… L'expression en dit long sur la radicalisation des esprits, car, de l'autre côté, à Madrid, le Premier ministre, Mariano Rajoy, et le roi Felipe VI ont décidé eux aussi d'aller « jusqu'au bout » du respect de la Constitution espagnole qui fait, selon eux, de ce référendum un non-événement*. Le Premier ministre a même estimé à l'époque qu'il n'y avait rien à négocier et qu'il fallait que la Catalogne revienne à la raison si elle ne voulait pas que l'État central suspende l'autonomie et reprenne la main directement (décision qui a finalement été prise).

En riposte au chauvinisme catalan, les signes extérieurs d'un nationalisme espagnol exacerbé ont fait florès : le drapeau national rouge et or n'a jamais été autant arboré… sauf à l'époque du franquisme. Les slogans nationalistes ont fusé comme des balles en réaction aux événements : « *Viva España* », « *Viva la Guardia Civil* », « *Cataluña es España* », « *A por ellos !* » (On

* Celui-ci a donné 90 % au « oui » pour une participation de 42,3 % des électeurs. Sur les 5,3 millions d'électeurs catalans appelés à voter, seuls 2,26 millions avaient glissé un bulletin dans l'urne. Les formations hostiles au référendum avaient boycotté ce scrutin. 712 des 948 communes avaient accepté d'organiser le vote. Une grève générale a été déclenchée le lendemain du scrutin pour protester contre les violences policières.

va se les faire.) Les mêmes qui scandaient ces slogans demandaient au gouvernement Rajoy de mettre en prison sans tarder les leaders catalans (ce qui a été fait). La violence était à fleur de rue. Il ne fait pas bon être hétérodoxe d'un côté ou de l'autre du mur de haine qui s'est érigé. « Le rejet de l'autre, de l'Espagnol, de nous, est tel, que c'est insupportable : qu'ils s'en aillent les Catalans, mais que ceux qui ont organisé tout ça soient jugés et condamnés », affirme Juan, à Madrid[3]. Un esprit de guerre civile plane sur l'Espagne. Comment vivre ensemble quand tout est exacerbé, à vif ? Toutes ces blessures vont suppurer longtemps, créant un terreau favorable pour les extrémismes désireux de vendre, en douce, quelques bonnes doses de barbarie. Et cela, quel que soit le résultat des élections régionales imposées par Madrid à la fin de 2017. Il y aura des vainqueurs et des vaincus : une situation tragique pour une démocratie*.

L'hispanité

En évoquant sa propre histoire, Jean-Eric Schoettl, conseiller d'État honoraire, résume parfaitement la situation : « Mon enfance s'est passée auprès de ma grand-mère maternelle et de deux vieilles tantes, dans un bain ibérique où ces déclinaisons particulières de la *hispanidad* – être mexicain, catalan, basque, asturien, aragonais, cubain, sud-américain, pied-noir d'Oran ou

* Les trois partis indépendantistes ont obtenu la majorité en cumulé et gouvernent la Catalogne mais c'est le parti centriste libéral qui était arrivé en tête du scrutin.

même issu de cette diaspora ladina (judéo-espagnole) qui s'obstinait à parler la langue de Cervantès si longtemps après l'expulsion des juifs par les rois catholiques – étaient non des cloisons, mais les chatoiements d'un kaléidoscope hispanique depuis toujours pluriel, depuis toujours syncrétique. Cette communauté affective et culturelle est précisément ce qui incommode les indépendantistes catalans. Ils veulent extirper la part hispanique d'eux-mêmes. Leur fuite en avant ne traduit pas un projet positif mais un dessein éradicateur[4]. » L'ancien secrétaire général du Conseil constitutionnel ajoute que l'indépendantisme catalan est fondé sur « une conception ethnocentrique de la nation [...]. Les mêmes beaux esprits qui trouvent obscène la référence à une identité nationale française ou espagnole s'inclinent avec respect devant ces micro-nationalismes, comme les desiderata des minorités ou les prétentions communautaristes[5] ». Éradiquer le pluriel ! C'est effectivement une maladie courante de nos jours. C'est ce que le Prix Nobel de littérature Mario Vargas Llosa, écrivain péruvien naturalisé espagnol, a fait valoir en prenant position très vigoureusement contre l'indépendance. « La passion peut être destructrice et féroce quand l'animent le fanatisme et le racisme. La pire de toutes, celle qui a causé le plus de ravages dans l'histoire, c'est la passion nationaliste[6]. »

Une passion peut en cacher une autre, encore plus détestable. Il y a, en effet, une face cachée de cette opération « indépendance ». Elle laisse pantois. Ainsi la journaliste Natacha Tatu évoque dans un article « Les liaisons dangereuses[7] » entre indépendantistes et...

islamistes. « Pour rallier les musulmans*, les indépendantistes ont été jusqu'à leur promettre que l'islam deviendra une religion d'État », affirme-t-elle.

Depuis les attentats de Barcelone (été 2017), de nombreuses voix se sont élevées « pour rappeler que trop de sujets qui fâchent ont été mis sous le tapis : la montée de la radicalisation religieuse, le financement des mosquées, la formation des imams, la multiplication des foyers radicaux, en Catalogne notamment. La région possède soixante-dix mosquées d'orientation salafiste, sur la centaine que compte le pays. Même si la plupart des imams s'en défendent, ils ont été identifiés par les services de sécurité comme prônant un islam rigoriste, ultraconservateur. De leur côté les indépendantistes sont accusés d'avoir, par négligence ou opportunisme, fermé les yeux[8] », affirme Natacha Tatu. Or, les liens du Maroc et de l'Espagne font de cette dernière une terre facile de pénétration djihadiste. L'aveuglement des uns nourrit-il le fanatisme des autres ? Ce qui est certain, c'est que là où il y a fracture se précipitent les apôtres de Daech ou d'Al-Qaida.

---

* Cinq cent mille personnes sur sept millions et demi de Catalans.

5

La chimère de l'« ère nouvelle »

La situation au Kurdistan irakien est encore plus explosive qu'en Espagne, car tout le monde y est armé et le pays est toujours en guerre : conflit avec les survivants de Daech, tensions récurrentes entre milices, populations déplacées qui peinent à revenir, corruption active, réseaux mafieux prospères, défi colossal de reconstruction des zones détruites*, interventions directes ou indirectes des parrains (Iran, pays du Golfe, Turquie). Dans ce pays, meurtri par quinze années de combat (pour ne parler que de la dernière guerre déclenchée par les Américains en 2003), la paix n'est pas pour demain.

Un problème ne venant jamais seul, quasiment au même moment que les Catalans, les habitants du Kurdistan

* Les experts estiment à 173 milliards d'euros le coût de la reconstruction de la Syrie, un pays complètement détruit par la guerre (2011-2018). En 2018, elle n'était pas encore achevée au moment où nous écrivons. Aucun processus de paix sérieux n'avait encore été conclu malgré les efforts de l'ONU, des Russes et des Occidentaux.

irakien (et au-delà de cette région autonome reconnue par le pouvoir central) ont été appelés à voter pour un scrutin d'autodétermination (le 25 septembre 2017). Le résultat a été similaire à celui de Catalogne : le « oui » à l'indépendance l'a emporté avec 92,73 % des suffrages et une participation de 72 % des électeurs (sur 4,6 millions d'inscrits). Ce scrutin avait été organisé alors que les listes électorales étaient loin d'être clairement établies.

Le président de la région autonome, le Kurde Massoud Barzani, s'était empressé de proclamer le résultat, provoquant une explosion de colère dans la région. « Une ère nouvelle a commencé », avait-il lancé, sans pour autant proclamer officiellement l'indépendance du Kurdistan. La nouvelle ère a vécu ce que vivent les roses… le temps d'un matin. L'imprudent Barzani a été contraint d'annoncer très vite le gel des résultats du référendum et de demander un « cessez-le-feu » aux autorités de Bagdad. Et maintenant, il dénonce « l'oppression du gouvernement de Bagdad » sur les Kurdes. Histoire d'une pitoyable déconfiture kurde lourde de frustrations et de futurs affrontements.

Janus kurde

Le géopoliticien Gérard Chaliand, qui connaît bien les Kurdes et a de l'affection pour eux, ne cesse de souligner le sort fatal qui semble les empêcher de parvenir à former un véritable État indépendant. Mais en l'occurrence, leur pire ennemi, c'est eux-mêmes[1]. C'est un peuple sans terre mais surtout sans unité. En Irak, les clans Barzani (d'Erbil, PDK) et Talabani (de Kirkouk, UPK) incarnent ces deux faces ennemi-ami d'une sorte de Janus kurde grimaçant d'un côté, souriant de l'autre, chacun à son tour incarnant l'une ou l'autre de ces figures. Impair, passe et manque : sur le tapis vert du Kurdistan irakien, Barzani a perdu sa mise, et peut-être davantage demain. Quant à son vieux rival, Jalal Talabani[2], il a rendu l'âme quelques jours après le référendum. En voulant forcer le destin et proclamer l'indépendance d'un Kurdistan étendu à une zone riche n'appartenant pas à son autorité (autour de Kirkouk), Barzani a joué gros et perdu encore plus gros.

Le Kurdistan, qui cumule 40 % des réserves du pétrole brut irakien, a dû faire face à une double offensive destinée à le ramener dans le giron national : celle conjointe de pays frontaliers, l'Iran (chiite) et la Turquie (sunnite) – à coups de boycott, de fermetures de postes-frontières, de manœuvres militaires autour du Kurdistan et d'isolement diplomatique – et celle du gouvernement (à majorité chiite) de Bagdad. Les deux premiers pays craignent un réveil identitaire kurde chez eux[3] : le peuple kurde est en effet réparti sur ces trois pays et sur la Syrie.

Une ville retient particulièrement l'attention, car c'est la principale pomme de discorde du divorce irakien : Kirkouk. Cette grande agglomération du nord du pays compte 1,5 million d'habitants, dont un peu moins de 50 % de Kurdes[4] (majoritairement sunnites), 35 % d'Arabes (sunnites) et 15 % de Turkmènes (chiites). Cette cité phare en matière de revenu pétrolier et gazier ne fait pas partie officiellement de la zone autonome du Kurdistan (reconnue dans la Constitution irakienne). Les Kurdes y sont majoritaires mais doivent compter avec de fortes minorités hostiles à la mainmise du Kurdistan (centré sur Erbil) sur leur ville. Les Peshmergas kurdes y ont pris l'ascendant politique et militaire dès 2003 (invasion américaine), puis en s'opposant aux troupes de Daech (2014)[5]. Ils ont occupé le vide laissé par les forces irakiennes officielles. Elles avaient fui, sans demander leur reste, devant les illuminés de l'État islamique spécialistes de la décapitation. Pour les Kurdes « possession militaire vaut droit »... La plaine de Ninive et la région de Sinjar font l'objet depuis longtemps de leur convoitise. Le référendum était l'occasion d'annexer de fait une région source d'importants revenus. Faisant le forcing, Erbil a donc élargi à Kirkouk le vote illégal d'autodétermination de septembre 2017. Les Kurdes de Massoud Barzani ont pensé que ce coup de force politique ferait reculer Bagdad encore aux prises avec le reliquat des troupes de Daech. Sur place, les milices chiites, monitorées par Téhéran, ne l'ont pas entendu de cette oreille. Elles s'étaient également illustrées dans de nombreux combats contre Daech : pas question pour elles de se soumettre à la loi tribale kurde. C'est dire que la situation en Espagne ressemble à une bluette par rapport au dossier irakien qui peut, à tout moment, basculer dans une guerre ethnique et confessionnelle*.

Le Parlement irakien (boycotté par les élus kurdes) a voté très vite, à l'automne 2017, l'envoi de troupes vers Kirkouk pour mettre la pression sur le clan kurde des Talabani[6]. Les chefs de guerre kurdes de cette ville

* Les Kurdes sont majoritairement sunnites.

avaient annoncé qu'ils feraient face par les armes à une éventuelle « agression » des troupes nationales. En fait, ils sont partis très vite, évitant la confrontation directe avec les troupes de Bagdad, aguerries depuis leur long combat contre Daech. La Golden Division irakienne, l'élite des unités de contre-terrorisme (héroïne de la reprise de Mossoul sur Daech), a convergé vers Kirkouk. En quelques heures, elle en a chassé les combattants des milices kurdes qui n'ont pratiquement pas résisté (on a compté une trentaine de morts). Fait significatif, les habitants non kurdes (Turkmènes chiites et Arabes sunnites) ont accompagné de leurs crachats l'exode vers le Kurdistan des milices kurdes et de leurs familles entassées dans des véhicules hétéroclites. En partant, les Kurdes ont lancé aux envoyés spéciaux de la presse : « Les milices chiites sont pires que Daech. Ils violent les femmes et rudoient les enfants »… Une information non vérifiée, mais qui faisait écho à la réputation sulfureuse de ces miliciens.

Rétorsion

Cette défaite de Kirkouk n'est pas faite pour apaiser les tensions. L'opération s'est déroulée alors même que Daech tenait encore des positions. Les deux grands partis politiques kurdes (le PDK du clan Barzani-Erbil et l'UPK du clan Talabani-Kirkouk) se sont colletés violemment à cette occasion, se renvoyant mutuellement la responsabilité de la piteuse reculade de Kirkouk. Le PDK a reproché notamment à ses frères de l'UPK d'avoir pactisé secrètement avec des envoyés spéciaux irakiens pour livrer Kirkouk et la région du Sinja à Bagdad et priver ainsi le clan Barzani de la manne pétrolière lucrative de cette zone. C'est tout le Kurdistan qui se trouve depuis économiquement étranglé. Les autorités kurdes ne peuvent plus nourrir convenablement leur population, qui a fortement crû ces dernières années à cause de la guerre (réfugiés). Chaque jour, le Kurdistan pouvait compter (avec la production de la région de Kirkouk) sur cinq cent cinquante mille barils. Cette manne est tombée à moins de la moitié depuis la reprise en mai par le pouvoir central.

Pour parfaire le tableau, toute une série de mesures de rétorsion ont été adoptées par le Parlement de Bagdad pour mater le Kurdistan rebelle : fermeture de postes-frontières, ouverture de poursuites judiciaires contre les organisateurs du référendum sauvage, interdiction des vols vers les deux aéroports contrôlés par les Kurdes (Erbil et Souleymaniyé). Il a été demandé aux pays amis de fermer leurs antennes diplomatiques à Erbil. Le Premier ministre irakien, Haïder al-Abadi, n'a pas dit autre chose que son homologue espagnol en estimant que la consultation d'autodétermination relevait du simple « sondage ». Parallélisme des formes, un tribunal de Bagdad, saisi par le Conseil de sécurité nationale dirigé par le Premier ministre, a ordonné au mois d'octobre 2017 l'arrestation du président de la commission, ainsi que de deux de ses assesseurs, ayant organisé le scrutin. Ils se trouvent ainsi assignés à résidence au Kurdistan, s'ils ne veulent pas se faire arrêter en passant la frontière intérieure. Quant au président du Kurdistan autonome, Massoud Barzani, il a démissionné de sa présidence. Mais tout le monde s'accorde à penser qu'en conservant la main sur le PDK, il pourra continuer de tirer les ficelles et espérer revenir en force.

Daech n'a pas encore perdu complètement les derniers pans de son pseudo-califat* que déjà se profile le spectre d'une guerre civile avec son risque de débordement au-delà des frontières de l'Irak. Sur place, les milices se réarment et font provision de munitions. Les envoyés spéciaux de la presse internationale entendent partout le même écho dans les quartiers chiites : « Des gens vont mourir à cause des Kurdes. »

Le Premier ministre irakien, Al-Abadi, a fait, en 2017, la tournée des capitales amies pour s'assurer de leur soutien contre l'irrédentisme d'Erbil. Bagdad redoute, en effet, deux choses : le statu quo qui entérinerait l'indépendance de fait du Kurdistan malgré le boycott ; une guerre civile dans un pays déjà suffisamment meurtri. Surtout, ce conflit provoquerait sans aucun doute un repli des pays (notamment occidentaux), qui au sein d'une coalition internationale n'ont pas ménagé leurs efforts pour aider le pouvoir central à détruire

---

* Un groupe de combat de Daech a mené une attaque surprise meurtrière le 27 septembre 2017 (soit deux jours après le référendum) contre la ville de Ramadi (capitale de la province d'Al-Anbar) jadis fief de Daech (de 2014 à 2016). En 2017, Daech a diversifié son offre terroriste en pratiquant de nombreux attentats terroristes, parfois loin de ses derniers bastions. Dans la première moitié de 2017, l'État islamique, en recul partout dans son califat, est parvenu à mener mille cinq cents attaques terroristes dans une quinzaine de villes théoriquement libérées de son joug (Sources : *Combating Terrorism Center* de l'académie militaire de West Point).

l'État islamique. Or l'Irak a besoin de la communauté internationale, et singulièrement de l'Europe, pour se reconstruire.

Les Français, notamment, sont triplement concernés par la question kurdo-irakienne car ils ont appuyé les troupes loyalistes par leurs bombardements (artillerie et avions de combat) et également parce que leurs commandos des Forces spéciales ont formé et conseillé les combattants kurdes (armés en partie par la France). Paris est, par ailleurs, la ville diplomatique où se réunissent régulièrement les représentants de la soixantaine de pays qui soutiennent Bagdad. Le Premier ministre irakien s'est d'ailleurs rendu dans la capitale française peu de temps après le référendum, (le 5 octobre 2017) pour s'entretenir officiellement de la lutte contre le terrorisme avec le président Macron… et pas du référendum du Kurdistan. Très nationaliste, Al-Abadi ne souhaite pas apparaître comme dépendant de puissances étrangères, même de la France, membre permanent du Conseil de sécurité. Le président Macron a néanmoins proposé au Premier ministre que la France « aide l'Irak à ne pas laisser les tensions s'installer » entre Erbil et Bagdad. Outre ces propositions de bons offices, c'est la juste conscience à Bagdad et à Erbil que l'on a de danser sur un volcan qui peut freiner la course à l'abîme, à condition que la raison dame le pion à la passion.

Bienvenue en… Ambazonie

La « sécessionnite » étant une maladie contagieuse, d'autres régions du monde ont emboîté le pas. Le contexte change mais les motivations sont toujours les mêmes : échapper au contrôle d'un pouvoir central considéré comme « oppresseur ». Effet domino, à la même époque que le Kurdistan (octobre 2017), le Cameroun a été saisi de mouvements violents sur fond de demande d'indépendance de la minorité anglophone du sud-ouest du pays (20 % des 23 millions d'habitants). Par défi, les pro-indépendance ont proclamé symboliquement leur « libération » du joug de Yaoundé le 1er octobre 2017, date anniversaire de la réunification des régions francophone et anglophone dans le giron national[7]. Ils ont déjà trouvé leur drapeau et leur nom : l'Ambazonie. Les troubles ont débouché sur la mort de plusieurs personnes et l'isolement des régions concernées. Le bureau de l'Assemblée nationale a qualifié de « terroristes » les sécessionnistes.

La situation est toutefois différente de celles de la Catalogne et du Kurdistan qui jouissent déjà d'une grande autonomie. « La revendication des séparatistes traduit un sentiment historique de marginalisation exercée par le gouvernement central de Paul Biya [président de la République depuis… 1982], qui ne prend pas en compte les demandes des anglophones et les exclut des organes de décision, et surtout du système éducatif et judiciaire[8] », relève Lucas Lang, un religieux qui habite à Yaoundé.

À qui le tour ensuite ? La Corse, le Pays basque, la Flandre, la Lombardie, l'Écosse… Le résultat des premiers grands référendums sauvages de 2017 est catastrophique. Il laisse des pays déchirés, emplis d'amertume, l'un des camps attendant avec impatience le match retour pour prendre sa revanche. Le vent du sécessionnisme divise les peuples et délite « le vouloir vivre ensemble » cher à Ernest Renan. Il est lourd de sombres menaces.

6

La guerre des mémoires

Les multiples fractures qui sous-tendent ce nouveau Moyen Âge, dont nous dessinons les contours belligènes, trouvent dans l'histoire une matière protéinée pour nourrir sa boulimie guerrière. L'époque est au révisionnisme, version « nationalisme exacerbé ». Il permet de tout repeindre aux couleurs du « clan ». Ce dernier manipule l'histoire en lui intimant l'ordre de se grimer aux couleurs nationales revisitées. Le passé reconstruit se fait alors oriflamme pour guider la « juste » croisade contre les impies du moment. Nombreux sont les pays à être saisis de ce mal mémoriel.

Quand le nouveau « timonier », Xi Jinping, convoque la mémoire de la « Longue Marche* » de Mao, c'est pour magnifier l'extraordinaire capacité de résistance des troupes communistes à la pression des « laquais de l'impérialisme ». Il oublie évidemment d'évoquer

* Long périple (1934-1936) des troupes communistes fuyant du sud vers le nord pour échapper aux troupes nationalistes de Tchang Kaï-chek. La « Longue Marche » est devenue un épisode mythique dans la geste héroïque du communisme chinois.

la réalité d'un désastre militaire cuisant. À cause d'un commandement défaillant, les pertes et les désertions ont réduit de quatre-vingt mille à huit mille les compagnons d'armes de Mao Zedong. De l'art de transformer en épopée un revers majeur.

Dans un autre registre mémoriel, le Premier ministre japonais, Shinzō Abe, issu de la mouvance nationaliste, n'échappe pas à la loi du genre. Il souhaite que l'enseignement de l'histoire du Japon cesse d'être « masochiste » et fasse moins de place aux exactions criminelles des Japonais durant la Seconde Guerre mondiale (et même, auparavant, contre la Chine). Avec la menace de la Corée du Nord et la montée en puissance de la Chine rouge, le courant « patriotique » se renforce dans l'archipel nippon. La page « pacifiste » est en train d'être tournée. En septembre 2015, l'épouse du Premier ministre, Akie Abe, s'était rendue dans une école maternelle d'Osaka. Elle y avait incité les jeunes enfants à se tenir prêts « en cas de nécessité à [se] sacrifier pour la nation[1] ». La même année, le Premier ministre avait nommé comme ministre de la Défense Tomomi Inada. Cette ancienne avocate de cinquante-sept ans était connue pour ses positions très nationalistes. Comme juriste, elle avait justement défendu d'anciens officiers japonais qui s'étaient estimés diffamés par les propos de l'écrivain Kenzaburō rappelant leurs comportements criminels lors de la bataille d'Okinawa (1945).

Entrée en politique, Tomomi Inada avait fait scandale en niant les massacres de Nankin (Chine), en 1937 : pendant plusieurs semaines, les soldats de l'empire du Soleil-Levant avaient exécuté sauvagement (parfois en les enterrant vivants) plusieurs dizaines de milliers de civils et de soldats chinois désarmés. Des dizaines de milliers de femmes et d'enfants avaient été violés. Pourtant, Tomomi Inada estime que le Japon n'a pas à s'excuser soixante-dix ans après les faits. Elle fait partie des Japonais qui se rendent au sanctuaire Yasukuni-jinja : il célèbre la mémoire des soldats morts pour la patrie, y compris quand ils figurent sur la liste des criminels de guerre.

Cette tempétueuse ministre de la Défense a été contrainte de démissionner en juillet 2017. Le vice-ministre de la Défense et le chef d'état-major de l'armée de terre (des FAD : Forces d'autodéfense) également. Le départ forcé de celle qui était perçue comme sa protégée était présenté par la presse comme un coup dur pour Shinzō Abe, le Premier ministre. D'autant qu'elle était accusée d'avoir dissimulé des documents sur l'activité réelle des FAD au Sud-Soudan ; elles auraient été dans une posture plus « combattante » que ce que la Constitution autorise.

Mais c'était sans compter avec les provocations de la Corée du Nord qui ont soudé le pays autour de son chef nationaliste. Le Premier ministre Abe est sorti grand vainqueur des élections législatives de 2017, signe que sa posture d'autorité a eu un fort écho dans la population. La prochaine étape pourrait être, en 2018, la suppression de l'article 9 de la Constitution japonaise qui exprime le renoncement pour toujours à la guerre. Si ce vote était acquis, une page fondamentale de la Seconde Guerre mondiale dans cette région se tournerait. Considérée comme une simple force de police intérieure, fréquentée essentiellement par les rejetons de familles les moins doués, les Forces d'autodéfense pourraient bien dans les années qui viennent changer de portage, de calibre, de nom pour faire face à la Corée du Nord mais également à la Chine. Nul doute que l'on reverra la très révisionniste Tomomi Inada aux premiers rangs de « l'ère nouvelle » japonaise.

Le même courant de pensée se retrouve chez l'autre grand perdant de la Seconde Guerre mondiale : l'Allemagne. Nous avons déjà évoqué le retour dans le discours public de l'extrême droite du concept du *Völkisch*. L'AfD, le parti d'extrême droite qui a fait son entrée au Bundestag (quatre-vingt-douze élus), en 2017, fédère des Allemands très sensibles au discours antimigrants et, pour certains, désireux de redorer le blason des soldats allemands de 1939-1945 dont ce parti salue « le courage » au combat. Le fait de dire que ces hommes ont été « courageux » n'est pas en soi un crime intellectuel ou une hérésie. L'auteur a souvent entendu des vétérans français de la Seconde Guerre mondiale le constater, entre détestation et admiration. Le président français François Mitterrand, visitant en Allemagne un cimetière de Waffen-SS[2], l'avait lui-même souligné. En l'espèce, le lieu ne semblait pas des plus appropriés pour ce type de propos. En effet, le « courage » des Waffen-SS, plus que dans d'autres unités, s'est caractérisé surtout par le fait de commettre des crimes abominables sur les champs de bataille un peu partout en Europe.

Mais, dans le cas présent, le fait que ce soit un parti d'extrême droite qui entonne cette louange est pour le moins préoccupant et montre combien les barrières psychologiques ont sauté. L'histoire est convoquée par une mémoire biaisée, mise au garde-à-vous, avant de faire feu.

Chaque fois que cela se passe en Europe, le phénomène va de pair avec la volonté de découdre le tissu de l'Union européenne… avant d'en découdre peut-être un jour.

La bataille des deux Pologne

Les cas les plus extrêmes que nous ayons relevés dans cette volonté de réécriture de l'histoire, pour mieux excommunier le contrevenant au dogme nationaliste, se trouvent en Croatie et en Pologne.

En Croatie, la coalition de droite extrême qui est au pouvoir cherche, avec la bénédiction d'une partie du clergé catholique, à revenir sur l'histoire tragique de ce pays durant la Seconde Guerre mondiale. Le rôle des Oustachis est notamment revu à la hausse. À la tête d'un État fasciste, soutenus par les forces de l'Axe (Allemagne nazie, Italie fasciste et Japon impérial), ces terroristes nationalistes hostiles à la Yougoslavie créée par les Européens après la Grande Guerre ont mis en œuvre, de 1941 à 1945, un régime d'une brutalité insigne. Les crimes contre l'humanité, contre les Serbes, les Juifs et les Tziganes, ont été nombreux. Or ce sont ces alliés des nazis qu'un certain courant de pensée au pouvoir veut réhabiliter en tant que Croates « patriotes » de pure obédience. Comme le fait remarquer l'écrivain croate Jergović, il est devenu assez habituel que le terme « antifasciste » soit utilisé comme une insulte à l'égard d'une personne dont le patriotisme croate ne serait pas assez absolu. Il va sans dire que cette attitude se double d'une forte détestation de l'Europe.

À mille kilomètres de là, toujours en Europe et toujours au sein de l'Union européenne, des métastases assez similaires ont fait souche. « Il y a désormais deux Pologne. Nous n'avons pas les mêmes informations, ni les mêmes valeurs. C'est comme si nous étions en train de perdre notre langue commune. Nous ne nous écoutons plus, nous ne nous parlons plus. Et pire encore, nous n'avons même pas envie de nous parler[3]. » Terrible constat que celui du professeur Karol Modzelewski, spécialiste d'histoire médiévale et dont les quatre-vingt-un ans donnent du poids au propos. Pour cet ancien de Solidarność, le fossé est désormais infranchissable entre les conservateurs eurosceptiques au pouvoir et les libéraux pro-européens. Parmi les sujets de discorde : l'histoire nationale, devenue enjeu de combats mémoriels furieux.

Alors que la Pologne s'apprête à fêter le centenaire de son indépendance (1918-2018), le pouvoir central nationaliste et antieuropéen souhaite faire de cet anniversaire un moment particulier pour exalter le passé « exceptionnel » du pays. Le propos n'a rien de choquant. La question est : qu'est-ce qui est « exceptionnel », et est-ce « exceptionnel » pour tout le monde ? Depuis plusieurs mois, de nombreuses manifestations et expositions ont eu lieu pour inviter les Polonais à se souder autour d'une certaine idée de leur mémoire et… autour de leurs autorités.

L'ouverture, en 2017, du tout nouveau musée de la Seconde Guerre mondiale à Gdańsk a fait l'objet de nombreuses querelles idéologiques. Le comité scientifique de ce musée – aux très belles formes futuristes inclinées, tout de brique rouge et de verre – a légitimement souhaité élargir le propos à plusieurs aspects de la guerre afin de ne pas traiter que du cas polonais. La réaction de Varsovie ne s'est pas fait attendre et est très révélatrice des crispations du temps présent. Le ministre de la Culture, Piotr Gliński, a bruyamment protesté : « Le contenu [du musée] devrait être conforme aux principes de l'actuelle politique historique et à la raison d'État. » Le vice-ministre de la Culture, Jarosław Sellin, a renchéri : « Notre destin pendant la Seconde Guerre mondiale a été si spécifique et exceptionnel qu'il faut en parler en détail, sans diluer le récit en racontant le malheur de tout le monde[4]. »

De la réaction à l'action… Le directeur du musée de Gdańsk, Paweł Machcewicz, a été limogé. Un tribunal a même autorisé le ministère de la Culture à revoir de fond en comble le propos historique du musée. Ce que ne supporte pas le gouvernement de droite conservatrice du parti Droit et Justice (PiS), c'est que ce musée ait été tenu sur les fonts baptismaux, en 2007, par l'ancien Premier ministre Donald Tusk (centriste pro-européen, aujourd'hui président du Conseil européen). Né à Gdańsk, l'Européen Tusk, bête noire de Varsovie*, a voulu que ce musée tienne un propos universaliste et pas seulement « nationaliste ». Le résultat était trop beau. Si bien que sa reprise en main idéologique signe une défaite pour la Pologne mais également pour l'Europe entière. C'est chaque fois un peu de sa *raison d'être* qui

* Les autorités polonaises ont tout fait pour empêcher Donald Tusk d'être à nouveau président du Conseil européen en 2017. Donald Tusk est l'une des personnalités européennes les plus averties dans son analyse de l'évolution de la menace nationaliste en Europe.

est grignotée par la *raison d'État* dénaturée par le chauvinisme[5].

À la fin 2017, une manifestation a rassemblé plus de soixante mille personnes à Varsovie[6]. Les mots d'ordre avaient été fournis par les organisateurs, à savoir la Jeunesse de Grande Pologne et le Camp national radical (héritier d'un ancien mouvement fasciste du même nom). Avec de tels leaders, le résultat fut sans surprise : « La Pologne blanche, la Pologne pure », « Foutez le camp avec vos réfugiés », « L'islam dehors »... Les soixante mille personnes défilant n'étaient pas toutes d'accord avec ces slogans, mais elles étaient venues dire leur soutien à la politique nationaliste du gouvernement.

Les divisions que nous avons évoquées plus haut à propos du musée de Gdańsk se sont retrouvées au sein de l'exécutif polonais. Tandis que le chef de l'État, Andrzej Duda, a dénoncé cette démonstration de rue en affirmant : « Il n'y a pas de place dans notre pays pour la xénophobie, l'antisémitisme et le nationalisme pathologique », un membre du gouvernement a soutenu ce « spectacle magnifique » en condamnant la couverture que les médias en avaient faite. Tous les manifestants n'étaient pas des fascistes racistes. Mais tous souhaitaient exprimer leur peur de voir « la Pologne catholique » emportée par le vent d'un multiculturalisme que les réfugiés venant de Syrie et d'Irak viendraient dynamiser. *Mutatis mutandis*, tous les pays européens sont confrontés à ce même phénomène.

D'une façon générale, les relations de la Pologne se sont durcies avec les autres pays de l'UE. Les tabous d'hier ont volé en éclats. Ainsi la chancelière allemande Angela Merkel a-t-elle cessé de faire du politiquement correct avec un pays qui fut le premier à être envahi par l'Allemagne nazie. « Il n'est simplement plus possible de nous taire, de ne rien dire pour avoir la paix. L'État de droit en Pologne, c'est un sujet grave. Les principes de l'État de droit sont le fondement de la coopération au sein de l'Union européenne », a-t-elle déclaré solennellement en août 2017. De son côté, le parlementaire Jarosław Kaczyński (le véritable homme fort du régime), au verbe antieuropéen marqué, a d'une part souhaité que son pays accueille très tôt après son élection le président Trump et a relancé le dossier de « réparations énormes » que Berlin devraient à Varsovie pour solder les crimes du nazisme.

C'est la même veine radicalisée que l'on retrouve dans les échanges entre le président Macron et la Première ministre polonaise, Beata Szydło (au pouvoir depuis 2015). Cette dernière déteste se faire rappeler à l'ordre, fût-ce par la France (historiquement grande alliée de son pays). « Peut-être que les déclarations arrogantes [du président français] sont dues à son manque d'expérience et de pratique politique, ce que j'observe avec compréhension, mais j'attends qu'il rattrape rapidement ses lacunes et qu'il soit à l'avenir plus réservé. Je [lui] conseille de s'occuper des affaires de son pays, il réussira alors peut-être à avoir les mêmes résultats économiques et le même niveau de sécurité pour ses citoyens que ceux garantis par la Pologne*. » « Arrogance », disait-elle…

* La France avait critiqué notamment la position défaillante de Varsovie sur les travailleurs détachés. La directive européenne de 1996 qui permet à un travailleur européen d'aller travailler dans un autre pays de façon temporaire, sans voir son contrat de travail s'aligner automatiquement sur celui du pays le mieux-disant, a

Pathologies

D'autres pays, comme la Catalogne, dont nous avons déjà parlé, se sont placés sous les auspices de leurs « mémoires » de guerre…

Un très grand tableau d'Antoni Estruchi Bros, peint en 1907, montre une foule de paysans catalans, armés de faucilles et de haches, préparant des fagots pour alimenter un bûcher et partant au combat sous la bannière brandie du Christ. Des moines et des prêtres sont là, en procession, puisque cette démonstration a lieu le jour de *Corpus Christi.* Il va d'ailleurs prendre le titre de *Corpus de sang*. Non, ce n'est pas une scène des Croisades… Ce qui est représenté sur cette toile brûlante, à coups de visages vengeurs et déterminés, c'est la *guerra de los Segadores…* de 1640. La guerre des faucheurs ou des moissonneurs, en castillan. Cette référence historique s'est répandue comme une traînée de poudre du côté des indépendantistes catalans, fin 2017.

D'autant plus facilement que l'hymne officiel de la province autonome de Catalogne est justement : *Els Segadors* (« les faucheurs » en catalan). Adopté en 1993, il reprend une chanson populaire ancienne arrangée à la fin du XIXe siècle pour célébrer justement cette révolte armée sanglante du milieu du XVIIe siècle. Durant la guerre de Trente Ans (1618-1648), qui oppose l'Espagne à la France, des troupes castillanes

---

été progressivement détournée pour permettre un dumping social durable. La presse a souvent mis en avant l'exemple du « plombier polonais », sous-payé dans le bâtiment, et faisant concurrence aux travailleurs locaux.

séjournent en Catalogne. La Couronne espagnole connaît une crise économique due au conflit et un ralentissement du commerce avec l'Amérique. Le pouvoir central demande à ses différents satellites (royaumes et provinces) de contribuer plus énergiquement à l'effort de guerre porté par Madrid. Pour sa part, la province de Catalogne le souhaite d'autant moins qu'elle ne veut pas embrasser les querelles dispendieuses de la Couronne. La Catalogne, qui occupe une position stratégique au sud du royaume de France, doit néanmoins faire bonne figure aux troupes castillanes qui y casernent. Elle doit également assurer une partie du gîte et du couvert, ce qui ne va pas sans tensions. En 1640, des paysans se révoltent contre les troupes castillanes dont ils supportent de plus en plus mal les manières (et le coût d'entretien) et contre des mesures du pouvoir central que l'on nommerait aujourd'hui « harmonisation fiscale » entre les différents territoires du royaume.

Après des soubresauts violents dans les campagnes contre les troupes d'« occupation » espagnole, le 16 juin des faucheurs (paysans) armés de leurs faucilles et de leurs fourches lancent une attaque sur Barcelone. Les soldats et fonctionnaires d'État qui s'y trouvent sont promptement occis. La jacquerie se répand d'autant plus vite que les troupes sous les ordres de Madrid sont en campagne contre la France. La République catalane est proclamée. Cela ne convient pas à l'aristocratie locale qui ne souhaite pas que ce mouvement déborde le cadre d'une protestation musclée contre l'« arrogante » Castille. Aussi le mouvement se transforme-t-il rapidement en insurrection populaire contre les « possédants », nobles et bourgeois de la province.

Cela a un petit avant-goût de Révolution française. Dans ce conflit intestin, une députation catalane va même demander assistance… à la France de Louis XIII, en guerre contre la Couronne espagnole. Les révolutionnaires sont bientôt confrontés à une situation ubuesque, puisque à la place d'une armée espagnole ils vont devoir faire de la place à une armée française… dont ils doivent payer, en partie, la solde. Louis XIII est même proclamé « comte de Barcelone ». En 1652, la révolte populaire est sévèrement matée et, en 1659, le traité des Pyrénées met fin au conflit entre la France et l'Espagne. La Catalogne a perdu dans l'affaire une partie de son territoire au profit de la France (une portion du comté de Cerdagne, le Vallespir, le Conflent et le Roussillon).

Cette affaire est donc un souvenir noir. Pourtant, il inspire l'hymne national actuel de la *Generalitat de Catalunya*. Dis-moi ce que tu chantes et je te dirai ce que tu as dans la tête… Cela a d'autant plus de sens que le jour de la fête nationale catalane n'a rien de beaucoup plus joyeux : la Diada célèbre le 11 septembre 1714, un jour de deuil. Il marque l'écrasement de Barcelone par les troupes franco-espagnoles. Pendant la guerre de Succession d'Espagne, la Catalogne avait choisi de suivre les Habsbourg plutôt que les Bourbons. Mal lui en a pris. Entre une révolte populaire violemment réprimée (1659) et un soutien politique puni manu militari (1714), la Catalogne semble avoir un goût prononcé pour célébrer le souvenir des désastres et le sang. C'est une sorte de moderne *Viva la muerte*[7] ! « Le nationalisme catalan a rêvé d'une nation et s'est inventé un ennemi espagnol pour exister. Le problème est que cette vision de la Catalogne comme l'éternelle victime de Madrid est passionnelle, instrumentalisée et fausse. Plus qu'un problème historique, c'est un problème fabriqué et extraordinairement émotionnel. La société catalane est en proie à une pathologie nationaliste anachronique, vieille de cent cinquante ans, et qui resurgit aujourd'hui. Et il est devenu presque impossible de démêler tout ça[8] », affirme l'historien Benoît Pellistrandi. Cette mémoire révolutionnaire et victimaire a été fortement sollicitée lors du référendum d'autodétermination de la Catalogne en 2017. Elle renvoie désormais dos à dos défenseurs de l'indépendance et artisans de l'unité. Chacun semble vouloir raviver les mânes du passé, surtout quand elles ont été symboles de fractures et de répudiation mutuelle. À force de ressasser un passé victimaire, on finit par édifier un présent délétère. La guerre des mémoires est une des sources qui détruisent le plus sûrement le « vouloir vivre ensemble », qui instrumentalisent l'histoire pour vicier le présent. C'est une machine à dénoncer les traîtres à la « patrie ». Les mémoires de l'histoire sont alors serties comme autant de cartouches avant la bataille. Inspectons la giberne d'autres tireurs.

Matilda

L'hystérie nationaliste sévit également dans la très sainte Russie. Un film, sorti en 2017, *Matilda*, y a provoqué de vives tensions. L'objet du « blasphème » paraît pourtant bien mince. Ce film raconte la romance entre le jeune Nicolas, futur tsar de toutes les Russies, et une ballerine du Bolchoï, Matilda*. Nicolas II a, par la suite, eu une vie familiale des plus stables et pleine de tendresse pour son épouse, d'origine allemande, et ses cinq enfants (tous massacrés par les bolcheviks en 1918). On ne lui connaît aucune liaison hors mariage. Mais le simple fait d'évoquer une aventure du « saint » homme a suscité une levée de boucliers qui en dit long sur l'état mental de certains groupes extrémistes.

Des centaines de gérants de salle à travers le pays ont été prévenus que leur cinéma brûlerait s'ils passaient ce film hérétique. Les dirigeants d'un mystérieux groupe État chrétien-Sainte Russie[9] a été à la pointe du combat en lien avec les réseaux ultra-orthodoxes. Ils estiment que ce film est « l'œuvre de Satan ». Des marches de protestation ont eu lieu avec des scènes d'exorcisme : des affiches et des portraits du réalisateur ont été solennellement réduits en cendres en place publique. « Si ce film est montré, Dieu punira la Russie. Par une catastrophe naturelle, ou par d'autres moyens », a prévenu le père Vsevolod Chaplin, ancien porte-parole du Patriarcat de Moscou. Cet ultra a pesté contre les autorités et les religieux modérés qui ont condamné… les condamnations surréalistes de *Matilda*. Un autre groupuscule, la Croix du tsar, a emboîté le pas. La procureure de Crimée, Natalia Poklonskaya, aurait été sensibilisée par celui-ci aux dangers de ce « brûlot ». On aurait même vu, à Sébastopol, un buste de Nicolas II

* Le film laisse entendre que Nicolas aurait été tenté d'abdiquer pour pouvoir épouser Matilda, comme le fit bien plus tard le duc de Windsor en renonçant à la Couronne britannique pour épouser une femme divorcée.

pleurer des larmes de myrrhe… « Il existe aujourd'hui dans le pays des forces qui ont pour mission de discréditer ce saint et avec lui l'Église tout entière », clame le leader de la Croix du tsar, Alexandre Porojniakov. Quant au mécène Sergueï Aliev, il attribue la mort de Nicolas II à un « complot des Juifs ». « La Russie est le dernier espoir de Dieu », clament en chœur les anti-*Matilda*.

Le patriarche de Moscou, Kirill, reste silencieux : s'il condamne *Matilda*, il sera accusé d'encourager les actions violentes des ultras de l'orthodoxie, s'il approuve sa diffusion, il va les faire enrager et les pousser à l'action[10]. C'est ce que l'on nomme un dilemme cornélien.

7

C'est tellement nul que c'est bien…

Réécrire l'histoire, proposer des versions idéologiquement orientées, délimiter au scalpel la ligne de démarcation entre la bonne et la mauvaise mémoire, passer systématiquement du récit au roman national est l'un des marqueurs de l'époque. Il signe en creux une attente : celle de populations qui se sentent menacées dans *leur* histoire par le poids d'une géographie débridée, sans limite ni frontière[1]. Dans le noir de temps chaotiques, ils veulent pour avoir moins peur qu'on leur raconte des… histoires.

Il n'y a là rien de très nouveau. Depuis la nuit des temps, les pouvoirs en place, quand ils sont sans contre-pouvoirs, veulent à tout prix dorer le blason clanique-national dont ils sont désormais les hérauts et les héros. En poussant un peu plus loin le raisonnement, on peut d'ailleurs estimer que la vague de fake news (fausses nouvelles sciemment répandues) qui emplit une partie de notre espace (et singulièrement celui de la Toile) n'est pas seulement subie mais également voulue, attendue. La réécriture du réel est une réassurance contre la peur. C'est un bien piètre analgésique, mais, faute de mieux…

Les peuples ne subissent donc plus la propagande, ils en redemandent. Ils appellent de leurs vœux le bourrage de crâne, la « vérité » reconstruite sur commande, la tromperie grossière. Tout, plutôt que de faire face à un monde de complexités, de surprises stratégiques et d'interactions multiples. C'est le règne de la simplification à outrance, de la recherche d'un binaire reposant pour les sens et l'esprit. Le « mentir-vrai » est au tribalisme ce que l'hypoderme est à la peau, une structure profonde.

Certains ne veulent pas de dirigeants sophistiqués comme Barack Obama, mais des thaumaturges et des gourous à poigne qui savent manier le verbe tranchant de la post-vérité[2] ou de la radicalité religieuse. Il y a bien sûr des résistances (on l'a vu en France) mais la tendance est puissante. C'est d'ailleurs cohérent avec l'envie de barbarie et de tyrannie : il s'agit de nourrir cette attente y compris en « inventant » la réalité. D'ailleurs, le mot « post-vérité » (*post-truth*) a été consacré mot de l'année par le dictionnaire Oxford en 2016. Seuls les esprits fâcheux y ont vu un lien avec l'adoption du Brexit…

Les tables de la loi

Les intellectuels peuvent bien s'arracher les cheveux, le phénomène promet d'être profond et durable – même s'il n'est pas nouveau[3] – tant que notre monde sera sens dessus dessous et multipliera les sources de peur. On ne demande pas aux chefs de clan de décrire le réel, on leur demande de faire des prêches conformes aux tables de la loi du groupe. Le monde est devenu « religieux* » à la façon des télévangélistes et des adeptes de Daech : incantations, condamnations et diabolisations sont leurs mamelles. La raison est persona non grata. Durant la campagne calamiteuse du Brexit, Nigel Farage et Boris Johnson (aujourd'hui ministre des Affaires étrangères...), deux fervents brexiteurs, ont menti comme des arracheurs de dents en promettant monts et merveilles aux électeurs. Les classes moyennes ont suivi mais également une partie de la gentry saisie de la nostalgie de l'Empire britannique qui, à la « grande époque », ne tenait compte que de ses intérêts bien compris.

Les plus âgés ont résisté, eux qui ont connu la guerre ou sont nés après-guerre, tout comme les plus jeunes : les premiers savent à quel point l'Europe est un antidote à la guerre ; les seconds sont transfrontières et collaboratifs. Les spécialistes des questions européennes ont tenté de mettre en garde contre les effets déstabilisants d'une sortie. En vain. Farage et Johnson s'étaient exclamés : « Le peuple en a marre des experts ! » Ils avaient parfaitement senti le centre de gravité de l'opinion publique et ils lui ont servi avec empressement le

---

* Cela n'a rien à voir avec la spiritualité comprise comme un travail de foi personnel, intérieur et communautaire dans le cadre d'une religion. Dans les cas que nous évoquons, il s'agit d'une manipulation de la religion à des fins idéologiques. La spiritualité rapproche les hommes ; la religion instrumentalisée les divise.

brouet attendu. Qu'importe la brutalité du réveil après une bonne cuite nationaliste…

La révolution numérique, en diffusant les messages de la « nouvelle » vérité, en nivelant les discours (le pire est véhiculé plus aisément que le propos des « sachants » et « savants »), facilite la propagation de la sottise érigée en pensée ultime. « Ce monde saturé d'informations est anxiogène pour ceux qui ne parviennent plus à les hiérarchiser, ni même à les filtrer, explique Jayson Harsin, professeur à l'American University of Paris[4]. Cela les pousse à se tourner vers des univers familiers, où ils ne trouveront que des avis proches des leurs, des sortes de "bulles de filtre" comme les a appelées le militant américain Eli Pariser. C'est précisément ce que leur proposent les algorithmes de Facebook ou de Twitter. Mais aussi le moteur de recherche de Google qui, pour mieux vendre ses pubs, trie ses réponses en fonction de la navigation passée de l'internaute. Ainsi ces algorithmes sont-ils des *boîtes noires* qui enferment les citoyens dans leurs convictions et privilégient des contenus viraux qui s'adressent à l'affect et circulent rapidement. » Il souligne également que l'explosion du nombre des acteurs et des supports de la communication, l'accélération du temps ont un résultat funeste : d'une part, il devient plus efficace de parler au cœur des citoyens qu'à leur cerveau (au niveau *tripal*, comme nous l'appelons) et, dans le brouhaha médiatique et internautique, « Ceux qui hier faisaient autorité ne parviennent plus à faire valoir le caractère scientifique de leur démarche. » C'est le combat perdu de l'encyclopédiste pointilleux contre l'homme au doigt mouillé…

Tout cela encourage une violence verbale d'un niveau sidérant, qui rappelle les années 1930 et celles de la guerre froide. On peut désormais exprimer ouvertement sa pensée barbare sans aucun complexe. « Progressivement les choses ont changé, [en Allemagne] on hait ouvertement et sans vergogne [...]. Sur Internet les commentaires violents sont de moins en moins dissimulés derrière des pseudonymes. Idem pour les lettres d'insultes que les journalistes sont habitués à recevoir dans les rédactions, et qui portent aujourd'hui les adresse et signature de leurs expéditeurs, preuve qu'ils se sentent protégés », constate amèrement la journaliste allemande Carolin Emcke[5]. Les pays qui y échappent sont ceux qui sont mal connectés.

Un monde d'après la vérité

L'inventeur de ce concept de « post-vérité », l'écrivain Steve Tesich (1942-1996), a estimé que le mal venait de loin. L'affaire du Watergate (1972) et les mensonges à répétition du président Nixon (qui démissionne en 1974) auraient conduit le peuple américain à avoir une peur bleue de la cruelle vérité. « Nous ne voulions plus [après le Watergate] de mauvaises nouvelles, nous attendions dorénavant de notre gouvernement qu'il nous protège de la vérité[6] », disait-il. Quand la réalité des faits est trop blessante pour l'ego, mieux vaut en changer. « Tous les dictateurs jusqu'à ce jour[7], écrivait Tesich, ont travaillé à supprimer la vérité. Nous [Américains], par notre action, affirmons que ce n'est plus nécessaire, nous avons acquis un mécanisme spirituel qui peut priver la vérité de toute importance. En tant que peuple libre, nous avons décidé librement que nous voulions vivre dans un monde *d'après la vérité* [souligné par nous]. Dans ce monde, nous sommes dorénavant privés de critères par lesquels nous pouvons évaluer les choses, de sorte que nous choisissons de voir la vertu dans la banalité. *C'est tellement nul que c'est bien*. Nous appliquons cette philosophie à tous les aspects de notre vie[8]. » Cette approche permet de bannir « le despotisme du vrai ». L'entre-soi et l'estime de soi sont alors préservés, puisque les membres du clan considèrent tous comme vrai ce qui est faux… « C'est tellement nul que c'est bien », terrible phrase tellement bien incarnée de nos jours.

C'est ce mécanisme qui a été porté à incandescence par un Donald Trump ou par les brexiteurs en Grande-Bretagne. Il a été formidablement servi par la Toile, lieu impavide de propagation mondiale du « mentir-vrai ».

Déjà, après le traumatisme violent des attentats du 11 septembre 2001, l'administration Bush s'était lancée très vite dans une politique du mensonge d'État pour faire croire que l'Irak de Saddam Hussein avait une responsabilité dans ces attaques (commises par un groupe terroriste à majorité saoudienne…), mais surtout pour monter de toutes pièces un faux procès en détention d'« armes de destruction massive ». L'immense majorité des médias américains est devenu alors adepte du concept de post-vérité, se faisant le relais servile d'un bidonnage assez grossier[9] censé redonner au *clan* estime de soi et confiance dans ses chefs ; des chefs pourtant singulièrement défaillants dans leur capacité à protéger.

Cette tendance s'est poursuivie et amplifiée quand la politique militaire américaine en Irak (invasion en 2003) est devenue de plus en plus défaillante. Un rapport du Congrès bipartisan a révélé, en 2006, que l'administration Bush avait sciemment menti et fait publier des articles dans la presse qui peignaient une situation maîtrisée alors que l'Irak s'enfonçait dans le chaos et que les corps des GI revenaient de plus en plus nombreux[10]. Victime de cette propagande, savourée par une population traumatisée en quête de réassurance psychologique, le général Petraeus qui, sur place, ne cessait de clamer le réel, s'est fait maltraiter, brocarder, écarter par son autorité supérieure… avant d'être rappelé très vite pour un *surge* (sursaut), car la guerre ne peut longtemps se contenter de faux et usage de faux. Il est impossible, durablement, d'effacer les morts du tableau noir de la démocratie.

La France de Jacques Chirac, elle-même, pour s'être opposée avec pertinence à ce mensonge d'État érigé en dogme, a également payé le prix fort de son refus de la post-vérité des faucons de Washington. Ces derniers jouissent aujourd'hui d'une paisible retraite. Mais les problèmes qu'ils ont contribué à créer sont toujours là.

« La vérité vous rendra libres »

Même dans une démocratie mature, bordée de médias aux aguets, avec une élite intellectuelle mobilisée, cette envie de post-vérité peut parfaitement s'épanouir. Le président Trump et son équipe ont popularisé le concept de fake news ou de « vérité alternative ». La dictature du réel, chère au chef de guerre Trotski, n'a pour eux aucune importance. Cela conduit la Maison-Blanche à consommer à haute dose des porte-parole assez vite carbonisés auprès de la presse, mais qu'importe. Il y en a toujours de rechange. On peut voir sur Internet un montage d'images prises côté pupitre du porte-parole de la présidence, qui montre les mines effondrées, surprises ou consternées des journalistes accrédités à la Maison-Blanche en entendant les énormités débitées, sans trop de conviction, par les orateurs trumpiens. Ces derniers font ce pour quoi ils sont payés : débiter aux électeurs acquis une pitance publicitaire pauvre en informations vérifiées mais riche en idéologies recyclées. À leurs yeux, le problème vient de l'écran que les journalistes tendent entre le prêcheur et ses fidèles. Aussi, le président Trump a popularisé le concept du « journaliste amical », le seul à pouvoir prendre des vessies pour des lanternes : « Êtes-vous un journaliste amical ? Y a-t-il un journaliste amical dans la salle ? » a-t-il lancé à plusieurs reprises au début de son mandat. Cela se passe au début du XXIe siècle dans le pays le plus puissant du monde.

Les médias peuvent bien hurler à la supercherie, ils sont disqualifiés d'entrée de jeu, puisqu'ils avaient tous prédit l'impossible victoire de l'improbable homme d'affaires à la mèche orange et aux saillies racistes[11]. L'important, c'est une forme de culte de la personnalité décomplexée, même si aux États-Unis elle est régulièrement brocardée par la presse, les sportifs et les artistes.

Qu'importe au final, Trump est toujours là avec le feu nucléaire sous la main.

Mais le mal est profond et peut même atteindre les services secrets américains. Leur travail est de serrer au plus près le réel de la menace. Faire de l'idéologie ou de la post-vérité dans une agence de renseignement, c'est assurément condamner à mort par aveuglement un certain nombre de ses compatriotes. Durant la guerre d'Irak, ces services de renseignement américains ont été sommés de « coller » à la posture idéologique du moment. Les agents récalcitrants, les journalistes rebelles et les diplomates indépendants d'esprit ont été mis sous pression, voire ont fait l'objet d'opérations de déstabilisation personnelle[12].

Il semble que le président Trump ait décidé pour sa part, dès son arrivée en fonction, de soumettre à ses caprices les agences de renseignement qui n'avaient pas l'intention de pratiquer langue de bois et fake news, notamment sur les ingérences russes dans sa campagne. Directeur de la National Security Agency (1999-2005) et de la CIA (2006-2009), Michael V. Hayden a estimé, peu après la prise de fonction du quarante-cinquième président des États-Unis, que : « La relation entre le nouveau président et les agences de renseignement qui le servent s'annonce difficile par les temps qui courent. Il est difficile d'imaginer une plus turbulente transition que celle à laquelle nous assistons, avec la volonté conjuguée de marginaliser et de politiser la communauté du renseignement[13]. » En mai 2017, le patron du FBI, James Comey, trop curieux sur les implications de la Russie dans la campagne électorale, était brutalement remercié.

Le pape François lui-même s'est ému de cette propension planétaire à traficoter le réel en tricotant une maille à l'envers… une maille à l'envers. S'appuyant sur un verset de l'Évangile, « La vérité vous rendra libres » (Jean, VIII, 32), le Saint-Père a annoncé que la prochaine Journée mondiale des communications sociales serait consacrée aux fake news, c'est-à-dire, selon le communiqué du Vatican : « Aux informations infondées qui contribuent à générer et à alimenter une forte polarisation des opinions. » « Polarisation », ce langage diplomatique peut se traduire en langue prosaïque par : « Envie de tyrannie »… Elle est consubstantielle à *l'envie de barbarie* que nous venons de décrire. Les peuples déboussolés demandent des chefs charismatiques et providentiels pour guider leur colère et trouver les « bons » boucs émissaires…

DEUXIÈME PARTIE

Comme une envie de tyrannie

Là où croît le péril, croît aussi ce qui sauve.

Friedrich Hölderlin

Il faut sans doute expliciter le sens de notre démarche pour ceux que l'emploi du mot « tyran » pourrait dérouter. Nous l'utilisons ici sous deux acceptions : d'une part la contemporaine, qui désigne un despote, un dictateur qui exerce un pouvoir quasiment sans contrôle et qui muselle les paroles « déviantes » par rapport au credo national (on pense notamment à Erdogan, Poutine[1], Xi Jinping, Kim Jong-un, Maduro, Duterte, Bachar el-Assad[2], l'ayatollah Khamenei[3], etc.) ; d'autre part, la conception ancienne, qui fait référence à cette habitude prise dans la Grèce antique de faire appel à des *tyrans* pour mettre un terme à une période de désordre et de décadence. Dans son traité intitulé *Politique*, Aristote (384-322 av. J.-C.) les positionne dans un cadre monarchique non héréditaire et non électif, mais encadré néanmoins par la loi. « Chez les anciens Grecs, certains devenaient de cette manière des monarques que l'on appelait aisymnètes*. » Le terme

* Aisymnète : personnage apte à régler les dissensions, les querelles, fin connaisseur des règles du protocole, des us et coutumes… Aristote, *Politique*, Livre III. Voir Wikipédia, rubriques « Tyran » et « Aristote ».

« tyran » n'était pas alors péjoratif (il le deviendra avec Platon). Il désignait des personnages à qui l'on donne une autorité exorbitante par rapport au droit habituel pour mettre un terme à la discorde et à la guerre civile. Ils concentraient dans leurs mains tous les pouvoirs et étaient politiquement *irresponsables* (pas de vote de défiance des « assemblées »). À l'origine, le tyran est un démagogue, au sens étymologique du terme, c'est-à-dire qu'il « guide le peuple » : il prétend défendre les intérêts de ce dernier (contre les élites) pour gagner ses suffrages, être élu, puis pour s'imposer ensuite en échappant à son contrôle. Le démagogue devenait alors un tyran au sens où nous l'entendons aujourd'hui. Dans la Grèce ancienne, nombre de tyrans prenaient des accents plébéiens pour séduire le peuple alors qu'ils étaient d'origine patricienne et qu'ils allaient par la suite favoriser outrageusement leur propre clan d'origine. Donald Trump n'a rien inventé…

Le président américain se meut dans le cadre d'une vraie démocratie mais sa posture mentale et son verbe sont bien d'inspiration démagogique, au sens contemporain. Il est de la catégorie des tyrans imprécateurs*. Mais il est soumis à élection et à des contre-pouvoirs. Il a mesuré combien sa tyrannie naturelle pouvait souffrir de ces derniers.

Quant à Emmanuel Macron – nous l'expliciterons plus loin –, il entre dans la catégorie des tyrans selon Aristote (terme non péjoratif). Même s'il s'en

* Durant ses meetings, Donald Trump affectionne la posture du doigt levé vers le ciel : signe subliminal qui indique, à la façon des télévangélistes, de qui il tient son pouvoir.

différencie, bien sûr, par plusieurs aspects : il est soumis au suffrage populaire dans le cadre d'une république qui, même si elle ressemble fort à une « monarchie élective », est dotée de contre-pouvoirs, d'une séparation des pouvoirs et d'une limitation du nombre de mandats présidentiels (comme pour Trump). L'émergence de ces deux personnages atypiques, nouveaux en politique, dit quelque chose de l'attente des peuples en période de grands troubles même si tout sépare le Français de l'Américain : l'âge, la culture, la psychologie, etc. L'Américain veut en découdre avec la terre entière[4], tandis que le Français veut coudre et recoudre[5]. L'un sectionne, l'autre relie. Le tyran d'Aristote contre celui de Platon. Le tyran moderne peut donc présenter deux visages en fonction des humeurs du peuple qui l'a hissé sur le pavois. Mais dans un certain nombre de pays, les dictateurs se passent d'élections ou les transforment en formalités administratives. Quant aux apprentis tyranneaux, ils se multiplient sous l'œil complice ou agacé des grands.

1

Le Fils du ciel et du dérèglement mondial

« Le tyran des temps présents est le fils naturel du dérèglement global, engendré dans le crépuscule des superpuissances et l'effondrement inexorable de leur système d'alliances », relève avec justesse Christian Makarian[1]. Dans un système mondial où il n'y a plus de polarité dominante, de leader détesté mais incontesté[2], d'alliances solides, le bateau international vogue au gré des flots, sans cartes sûres, sans compas pour donner la direction, sans équipages toujours fiables, sans alliés parfaitement fréquentables. Dans ses flancs, ballottés par la succession des tempêtes stratégiques, les passagers vomissent, appellent au secours, suppliant qu'on les nantisse d'un capitaine impavide et intrépide qui tiendra fermement la barre en donnant un cap. L'homme providentiel fera l'objet de louanges même s'il a tendance à enchaîner son peuple à son banc de rameurs. Le tyran est le produit de ce monde à la renverse qui distille la peur, si mauvaise conseillère. Mais ce que ne sait pas toujours le peuple passager, quand il se donne à un homme fort, c'est que ce dernier, une fois aux commandes, n'entend plus passer la main…

Les tyrans modernes ont tous un point commun avec ceux d'hier : ils se rêvent inamovibles. Plus ils bétonnent leur pouvoir, plus ils rendent quasiment impossible une éventuelle transition politique. Sans ordre de préséance, observons quelques-uns de ces capitaines à poigne qui pensent agir sous le regard de leur « dieu » totémique, qu'ils soient croyants ou athées. Les tyrans se veulent immortels : ils étaient divinisés dans l'Antiquité. Pourquoi pas de nos jours ?

Comme le souligne *The Economist*, à propos de Vladimir Poutine : « Plus il est puissant aujourd'hui, plus ce sera difficile d'organiser sa succession[3]. » Le magazine britannique invite, au passage, le tyran Poutine à méditer le sort de Nicolas II, emporté en 1917 par une défaite militaire. L'ancien officier du KGB connaît son histoire, et il en tient compte quand il choisit « ses » guerres avec précaution, en cherchant le gain maximal pour la mise minimale. Les autocrates savent que leur prestige ne pourrait survivre à la déroute. C'est l'un des paradoxes des tyrannies tentées par la violence mais toujours conscientes que l'échec est proscrit, car il frapperait de plein fouet le magistère absolu du Russe. C'est également ce que le magazine britannique note pour Erdogan, proche aujourd'hui du maître du Kremlin : « Avec le bénéfice de l'état d'urgence, récemment prolongé de six mois, [il] bénéficie de pouvoirs sans contrôle. Mais en orientant ses purges y compris du côté des maires de son propre parti [AKP], il a révélé une certaine dose d'anxiété. » Le tyran ne dort jamais sur ses deux oreilles. Son clan a une vocation naturelle à s'étendre – il a besoin de dévots en nombre –, mais il a tendance à réduire son centre de gravité à la cuisson par peur de la trahison ou d'un manque de fanatisme de bon aloi. Poutine pratique également de façon sporadique de spectaculaires épurations de ses entourages.

Cette pression sur le premier cercle du pouvoir (tandis que les médias aux ordres encadrent le peuple) permet de s'assurer d'une non-remise en cause du *Líder máximo*. Le numéro un russe aime, par exemple, se faire filmer en train de « remonter les bretelles » de l'un de ses ministres. La mise à mort psychologique (qui précède l'éviction politique) se fait selon un rituel médiatisé immuable. D'un ton infiniment calme, Vladimir Poutine pose une cascade de questions à la victime expiatoire. Ces questions se resserrent comme un nœud coulant autour de la tête d'un condamné qui sait ce qui l'attend car il a déjà assisté à ce type de spectacle en se félicitant, à l'époque, de ne pas en être « la vedette ». Cette exécution s'opère devant ses camarades en cercle. Ils y assistent muets et passifs, le nez planté sur la feutrine de la table de réunion. Faire des exemples à l'aveugle permet de régner par la terreur. On est très loin des pratiques meurtrières des grands « tyrans-fauves » du XXe siècle (Hitler, Staline, Mao) mais le système joue toujours sur la peur avec une certaine efficacité. Il rappelle ainsi à chacun qu'il est le seul détenteur du dogme de l'« infaillibilité politique ».

Alors que l'Église catholique n'évoque pratiquement plus le dogme de l'« infaillibilité pontificale » du successeur de saint Pierre, le concept s'est laïcisé et répandu bien au-delà du petit Vatican. Bien qu'officiellement athée, la Chine communiste n'y échappe pas. Avec le nouveau chef du céleste Empire rouge, Xi Jinping, elle a même pris une pente très accentuée.

Vatican marxiste-léniniste

Assise sur le dogme d'infaillibilité maoïste, la Chine serait-elle en train de devenir une sorte de « Vatican » marxiste-léniniste, les porte-avions en plus et l'humilité du pape François en moins ? Fin 2017, le XIXe Congrès du Parti communiste chinois a consacré l'empereur rouge, Xi Jinping, digne héritier de Mao Zedong[4], et a tracé les contours d'une Chine conquérante jusqu'en 2049, date du centenaire de la République populaire. « Camarades, s'est exclamé le président chinois, le socialisme à la chinoise est entré dans une nouvelle ère. » On notera que l'expression « nouvelle ère » fait florès de nos jours : on la retrouve aussi bien en Catalogne qu'au Kurdistan irakien, en Turquie qu'en Russie, aux États-Unis comme en Chine. « Cours, cours, camarade, le monde nouveau est devant toi[5]... » Le leader chinois a l'intention de faire du neuf avec du vieux. Pas question de brader l'héritage de Confucius et de Mao, si cela peut servir de corset idéologique. « [Il] ne commettra pas les mêmes erreurs que les camarades de l'Union soviétique ; il n'est aucunement question de "démaoïser" la Chine. Mieux, il a l'intention de revenir sur le chemin parcouru par ses prédécesseurs en "remaoïsant" le régime[6] », souligne François Bougon. Quant à Confucius (mort en 551 av. J.-C.), il est enrôlé de force sous la bannière rouge et de plus en plus souvent cité mais pas dans le texte. Ses aspects les plus critiques, par rapport aux pouvoirs établis, ont été soigneusement écartés. C'est du Confucius *light*… *made in communist China* et le Parti communiste ne s'en nourrit pas pour une réflexion. « Xi Jinping ne fait que picorer la pensée du grand philosophe. Il s'en sert d'abord comme de maximes qui lui sont utiles pour appuyer ses démonstrations et expliquer le sens de son action dans le cadre d'une "dictature éclairée"[7]… » En posture de prédicateur, le nouveau grand timonier répète aux Chinois : « Quand le peuple a la foi, la nation a la force. » Comme quoi une démarche présentée comme « spirituelle » n'est pas incompatible avec le bon vieux matérialisme marxiste-léniniste. À condition que la foi de la masse se porte vers le tyran du moment.

En flattant ainsi la croupe de l'histoire, et les mânes des grands esprits, Xi remonte volontairement plus haut que l'échine communiste. C'est la Chine éternelle, hier centrale (d'où l'expression « empire du Milieu »), qui est de retour avec une furieuse revanche à prendre sur les XIXe et XXe siècles, cette époque où elle fut dépecée en tranches menues par les Occidentaux et les Japonais. À Shanghai, on peut voir l'énorme emprise qu'avait la concession française* dans la ville. Elle est bordée de platanes venus de France pour délimiter une zone qui a bénéficié du principe d'exterritorialité (comme pour une ambassade). C'est une humiliation qui n'a jamais

* Américains, Britanniques, Japonais, etc., avaient les mêmes concessions territoriales bénéficiant du même privilège diplomatique.

été oubliée et dont les vestiges sont là, toujours présents, dans le sol et dans les cœurs.

Xi s'estime dépositaire de cette histoire ancestrale, car son épaisseur dit quelque chose de sa propre puissance. Il n'est pas question de la limiter à la seule aire communiste. Quand il se retourne et quand il se projette, son regard brasse plus large. Il est le continuateur des grands empereurs jaunes* et rouges qui ont façonné la Chine éternelle. Les premiers n'étaient-ils pas les « Fils du ciel », tenant leur pouvoir d'une force surnaturelle dans laquelle le peuple avait *foi* ? Mao n'était-il pas, finalement, le dernier véritable empereur, subtilisant à Puyi (1906-1967) sa place ?

Dans son discours *ex cathedra* aux fidèles (soixante-neuf pages…), le numéro un chinois a donc fixé à 2049 l'horizon du « grand renouveau national » qui « hissera [le pays] au premier rang du monde ». Toutes les motions ont été approuvées à l'unanimité à main levée. Une belle unité de façade qui tranche avec les déboires des démocraties qui n'en finissent pas de changer de majorité ou de faire une place aux extrémistes qui promettent de tout casser. La perspective 2049 a été comprise par tous comme la traduction de la volonté de Xi de se projeter au pouvoir le plus longtemps possible, bien au-delà des dix ans traditionnels du mandat présidentiel en deux temps (2012-2022). En mars 2018, c'était chose faite. Le verrou des deux mandats a sauté pour offrir au président chinois une présidence à vie. On l'a dit plus

* Dans la Chine ancienne, le jaune, symbole de sagesse, de bonheur et de beauté, est la couleur de l'empereur.

haut, les « tyrans » conçoivent difficilement l'idée d'abandonner un jour le pouvoir en des mains nécessairement impies.

À voir les deux mille deux cents délégués du XIXe Congrès du Parti communiste chinois (PCC), en rang d'oignons de couleur uniforme[8], applaudissant à l'unisson la promesse de Xi d'un nouveau « grand bond en avant », on mesure que la réalité intrinsèque du régime est loin de ce que l'on peut voir lors des déplacements tout sourire du numéro un chinois. La scène n'était pas très différente de celles du petit frère nord-coréen et de son unanimisme béat de commande à chacune de ses apparitions. C'est un point que l'on a déjà souligné pour l'Arabie saoudite ou l'Iran : la Chine, elle aussi, parle couramment l'« occidental » quand elle vient en Europe ou aux États-Unis, mais elle retrouve très vite sa phraséologie naturelle de retour dans son empire. Il ne faut pas se laisser abuser par les sourires internationaux du leader chinois. Son amabilité de façade, ses rappels à la bienséance diplomatique et à la coopération économique entre tous sont merveilleusement servis par les foucades intempestives d'un Donald Trump. Il est le calme, l'autre est l'agité. Cela ferait presque oublier la nature même d'un régime chinois qui reste répressif, ultranationaliste et marxiste, bref structurellement tyrannique, même s'il sait se montrer extrêmement manœuvrier et très entreprenant sur le plan du commerce international. La Chine étend son emprise partout dans le monde et ses méthodes ne relèvent pas toutes de l'orthodoxie. L'espionnage industriel est une seconde nature, une ardente obligation portée par un nationalisme chevillé au corps. L'oblique est une voie prisée par les Chinois.

La stratégie de jade

Pékin préfère, et de loin, partir à la conquête du monde en déployant des stratégies subtiles et souples de domination économique et commerciale. C'est tellement plus simple d'acheter les « bijoux de famille » des Occidentaux et de les supplanter dans leurs anciens espaces de domination, que de se risquer à livrer bataille. Le fait de suivre les lignes du veinage du monde, plutôt que de prétendre les couper brutalement, s'inscrit profondément dans la philosophie et la cosmogonie chinoises. Ainsi un artisan ne travaillera jamais le jade en force, mais cherchera toujours à le façonner à sa main en suivant ses veines naturelles, à les épouser au plus près pour mieux atteindre son but final[9]. Le jade est une pierre particulièrement dure, mais elle finira par prendre la forme que l'habile artisan chinois veut lui donner. De plus, Pékin considère que l'Occident est devenu une pierre « molle », donc facile à travailler, à pénétrer.

L'option guerrière n'est donc pas la première à laquelle songe la Chine. Cette option n'est pas crainte pour sa brutalité mais parce qu'elle est mauvaise pour le business, et on ne sait jamais comment cela peut tourner. Aussi l'empire du Milieu de Xi, la main sur le cœur, déploie-t-il un discours international très pacifique, voire pacifiste. Faut-il le croire ? Non ! Il faut confronter les propos externes pour la galerie et les discours en interne. Un constat s'impose : depuis la venue de Xi, la posture militaire chinoise est indéniablement conquérante et le propos désormais décomplexé. Pékin s'est lancé dans un reformatage de ses armées depuis 2015 : moins de gras, plus de muscles ; moins de forces terrestres, plus de forces de projection (marine et aviation). Que dit le commandant en chef, qui a pris rang aux côtés de Mao Zedong, dans le panthéon chinois actuel ? « Une force armée est faite pour se battre. Nos militaires doivent considérer la préparation au combat comme l'objectif principal de leur travail et ils doivent se concentrer sur la manière de vaincre quand ils seront appelés à se battre[10]. »

À l'adresse de Taïwan, plaie béante pour le nationalisme chinois, Xi Jinping a lancé une subtile métaphore lourde de sens : « Le sang est plus lourd que l'eau ! » En clair, la petite Taïwan et sa barrière de mer ne pourront pas résister éternellement à la réunification… Son isolationnisme, qui réfute de facto et de jure l'infaillibilité du dogme communiste, est une insulte au génie de la Chine et de son timonier. Au temps de la splendeur communiste, une des accusations les plus utilisées et les plus éculées, lors de ses procès à grand spectacle, était celle de « fractionnisme ». Elle reste en vigueur, car l'infaillibilité impériale ne peut accepter l'hérésie du « différent ». Tôt ou tard, Taïwan devra se rendre à la raison – ou de force – quand les Américains auront été écartés de la région. Pour l'anecdote, c'est d'ailleurs à l'issue d'un simulacre de procès pour « fractionnisme » que le Nord-Coréen Kim Jong-un, au début de son règne, a fait condamner à mort son propre oncle (le mari de sa tante). On ne se refait pas : communiste un jour, communiste toujours !

Panthéon rouge

La suprême habileté de Xi Jinping est d'avoir fait inscrire sa pensée de son vivant dans les tables de la charte du Parti communiste chinois (c'est une première dans les annales du PCC). Le procédé est diabolique, car, comme le souligne Christopher K. Johnson, spécialiste de la Chine au Center for Strategic and International Studies et ancien analyste de la CIA : « Si vous vous opposez à lui, ce ne sera plus seulement un désaccord avec le chef du Parti ou la personne même de Xi Jinping. Ce sera défier [*challenging*] la ligne du Parti elle-même[11]. » Avec le dogme marxiste-léniniste augmenté de la pensée de Xi, après l'avoir été de celles de Mao et de Deng Xiaoping, le PCC devient l'instrument de guerre idéologique du président chinois. La primauté du chef ne peut plus être désolidarisée de celle du Parti. Or le PCC est la colonne vertébrale du système. La boucle est bouclée. Du moins en apparence. Le dogme de l'« infaillibilité » théologale a un éternel talon d'Achille : « La botte dictatoriale du réel », pour reprendre la formule de Léon Trotski, bolchevik de la première heure et organisateur de l'Armée rouge.

Pour écarter les effets indésirables de ce fâcheux « réel », le tyran chinois a déjà largement fait le ménage en mettant sous contrôle le monde intellectuel et internautique. Bien mieux, le régime est en train de bâtir un système de notation sociale des Chinois. La révolution numérique va permettre au « Big Brother » chinois de surveiller la conformité du peuple aux attentes du système. Cette structure de « crédit social », qui verra le jour en 2020, devrait permettre de comptabiliser et de centraliser toutes les incartades du peuple. « L'idée est de collecter des centaines de données sur les individus et les entreprises, de leur capacité à tenir leurs engagements commerciaux jusqu'à leur comportement sur les réseaux sociaux, en passant par le respect du code de la route[12] », explique la sinologue Séverine Arsène. Les « mauvais » Chinois seront sanctionnés en voyant certaines de leurs prestations supprimées… en attendant pis ? On voit très vite ce qu'un pouvoir tyrannique peut faire d'un tel instrument. S'il fonctionne (le problème est celui de la masse d'informations à gérer pour une population de 1,4 milliard d'habitants…), nul doute que d'autres tyrans se pencheront avec attention sur son fonctionnement. Le cauchemar de George Orwell[13] pourrait enfin prendre chair. Le goulag chinois a de beaux jours devant lui, car il est clair que le régime de Xi entend faire mentir l'adage qui veut que le développement économique intérieur d'un pays s'accompagne d'un assouplissement du contrôle politique et une extension des libertés publiques.

Tout est bon pour assurer une forme de « pureté » du système autour du dogme communiste. Le combat contre la corruption a permis au secrétaire général du PCC de déblayer le terrain de ses opposants potentiels les plus influents ou les plus visibles*. Il a également veillé à ce qu'aucun successeur putatif ne figure dans l'organe de commandement du PCC. Les dirigeants choisis sont tous de sa génération (il est né en 1954). La place est nette et le message pour la planète est clair : la Chine est bien réveillée et elle est en marche pour prendre rang aux premières loges du concert des nations.

Le rêve suprémaciste chinois

En France, la révolution industrielle, particulièrement bien gérée par Napoléon III, avait permis à l'Empire de passer d'un système autoritaire (post-coup d'État de 1851) à un empire libéral sur la fin. Ce n'est pas dans les plans de Xi : il veut tenir très courtes les rênes idéologiques de sa monture. Sous réserve d'enquêtes difficiles à conduire sur le terrain, compte tenu de la nature du régime mais également de l'importance de la population à sonder et interroger, qui rendraient compte d'une réalité différente, il ne semble pas que les classes moyennes qui s'enrichissent en Chine, qui voyagent et reviennent au bercail, aient envie de cumuler « pouvoir d'achat » et « liberté de penser ». Elles semblent pour l'heure se contenter du premier et voir dans la puissance montante de Xi une réponse

* Depuis 2012, sept cent cinquante mille responsables nationaux ou régionaux ont été punis (sanctions disciplinaires, rétrogradation, destitution, amendes, etc.) ; trente-cinq mille six cents poursuivis en justice ; et 10 % des deux cent cinq membres du comité central ont été mis en prison.

tyrannique et nationaliste qui leur va bien dans un contexte général désordonné.

Ces Chinois des classes moyennes qui parcourent le monde vont en France ou en Italie, aiment aussi poser un pied sur les sables des îlots qui ont été confisqués par Pékin en mer de Chine méridionale au grand dam de ses voisins et des États-Unis. Devant les caméras, ces Chinois proclament leur « bonheur » de fouler une terre indiscutablement chinoise…

Sera-ce suffisant pour faire taire le principe de Trotski à propos du poids vengeur du réel ? Certains observateurs estiment que le colosse chinois a des pieds d'argile qui menacent de rompre à tout moment. Pour Nicolas Baverez, qui fait partie de ceux qui dénoncent depuis longtemps la fragilité du modèle chinois, entre capitalisme sauvage à l'international, posture agressive en mer de Chine méridionale et propension totalitaire à l'intérieur, « […] la concentration de tous les pouvoirs entre les mains du nouvel Empereur rouge et le renouveau totalitaire pourraient se retourner contre la poursuite de la transformation du pays. Le mode de développement de la Chine est insoutenable sur le plan économique, social et environnemental[14] ». Trop de contradictions et de tensions qui conduisent notamment à des dérives financières et stratégiques.

La course à la croissance à tout prix a gelé la restructuration indispensable des cent cinquante-cinq mille entreprises publiques ; 80 % du PIB est nourri par ce que Baverez appelle « une finance de l'ombre » ; l'endettement de la Chine est passé de 150 à 260 % du PIB en dix ans. Un tyran peut-il entendre cela ? Impossible, ce serait passible de trahison. Le souverain est infaillible.

Il ne peut ni se tromper ni déchoir. *Volens nolens*, les peuples acceptent, ou applaudissent l'émergence de ces nouveaux tyrans. En Chine, ils n'ont pas vraiment le choix, ni voix au chapitre. Ailleurs, c'est affaire de propagande, de peur distillée et de manipulations.

2

La revanche de l'« homme malade »

Notre passage en revue des tyrans en herbe, ou déjà bien mûrs, ne pouvait ignorer la figure du sultan ottoman. Dans notre précédent livre, nous l'avions classé dans la catégorie des « autocrates messianiques autoproclamés ». Le président Erdogan est devenu d'autant plus dictatorial que son infaillibilité « ottomane » a bien failli brûler vive dans son avion, quelque part au-dessus de la Turquie, lors de la tentative de coup d'État des 15 et 16 juillet 2015. Il s'en est fallu de peu qu'il ne soit abattu par des pilotes putschistes. Depuis, c'est la grande purge. Le tyran d'Ankara a mis son pays en coupe réglée. Il ne se passe pas un jour sans que l'on apprenne de nouvelles mesures répressives : arrestations massives dans les milieux de la magistrature, du monde militaire, professoral, religieux, intellectuel, militant des droits de l'homme*, journalistique

* Pour donner un exemple parmi mille : en octobre 2017, onze défenseurs des droits de l'homme sont passés en justice pour « terrorisme ». S'ils n'étaient sinistres, les chefs d'accusation pourraient faire sourire, car les accusés, jugés par des magistrats aux ordres,

(notamment les étrangers qui tentent de travailler sur le conflit intérieur avec les Kurdes) ; appels publics à la délation des « traîtres et des putschistes » contre rétribution (jusqu'à 90 000 euros pour les « grosses prises ») ; démission forcée de membres de l'AKP (parti du président) jugés trop tièdes ; dénonciation de l'étranger, et singulièrement de l'Europe[1] (Angela Merkel a été traitée de « nazie »), camouflet infligé à l'OTAN, chantage envers l'Europe à propos des migrants, etc. Dans la foulée du coup d'État, ce sont cent mille personnes qui ont été limogées, dont trente mille enseignants, avec une brutalité inouïe : privés d'emploi, de passeport (ainsi que leur épouse), d'assurance. Ceux qui ne sont pas en prison (trente-sept mille personnes y croupissent ou ont été mises en garde à vue depuis le coup d'État raté) sont devenus des parias.

Don de Dieu

La réalité est systématiquement déformée pour faire de la Turquie un pays assiégé. Le président Erdogan a qualifié le putsch raté de « don de Dieu ». Il lui a permis d'avancer plus vite dans la voie de l'islamisation qu'il avait lancée bien avant juillet 2015. Les nombreux pôles de résistance démocratique et laïque sont attaqués

ont été accusés pêle-mêle de complicité avec tout ce que l'État turc considère comme ses ennemis : le PKK (kurde), la confrérie Gülen (accusée d'avoir fomenté le putsch de juillet 2015), le DHKP-C (une organisation d'extrême gauche qui prône la violence), l'étranger, etc.

systématiquement et démantelés. La peur est omniprésente. Le régime vit en pleine paranoïa antiaméricaine et antioccidentale. « Nous n'avons plus besoin de vous », ne cesse de proclamer le nouveau sultan à l'adresse de l'Europe et des États-Unis. Obsédé par le traité de Sèvres (1920) qui a euthanasié l'homme malade de l'Europe[2] – l'Empire ottoman –, le régime d'Erdogan vit en permanence dans la peur d'un complot destiné à briser son rêve d'une résurrection néo-ottomane. Les formes habituelles de la diplomatie, surtout entre alliés, ont volé en éclats au profit d'une rhétorique guerrière.

Les États-Unis (où s'est réfugié le prédicateur et chef de confrérie Fethullah Gülen – ancien ami intime d'Erdogan –, considéré par Ankara comme l'instigateur du putsch*), sont devenus la bête noire du régime. « La tentative de coup d'État n'était pas le seul fait des gülenistes, il s'agissait avant tout d'une intervention bien réelle des États-Unis en Turquie », affirme Ibrahim Karagül, l'éditorialiste-vedette des islamo-conservateurs dans le journal pro-gouvernemental *Yeni Şafak* (10 octobre 2017)[3]. Un sondage publié par le Pew Research Center, un think tank américain, révélait, en 2017, que 70 % des Turcs interrogés se sentaient menacés par « le pouvoir et l'influence des États-Unis dans le monde », contre 44 % quatre ans plus tôt.

---

* La Turquie ne cesse de demander aux États-Unis l'extradition du prédicateur et homme d'affaires F. Gülen. Le refus de Washington de s'exécuter est un casus belli – parmi d'autres – entre les deux pays. De ce fait, les États-Unis sont fréquemment accusés par les responsables turcs de « complicité » dans la tentative de putsch.

Parmi les marqueurs qui font d'un leader un tyran, il y en a un qui émerge. C'est celui de l'instabilité et de la réversibilité de ses alliances diplomatiques ou amicales. Les États tyranniques ont des partenariats à géométrie variable en fonction de leurs intérêts immédiats et de leurs foucades : alliés ici, ennemis ailleurs ; amis un jour, adversaires un autre, à l'image, par exemple, de la relation tumultueuse russo-turque, turco-israélienne ou turco-américaine.

En 2011, la Russie et la Turquie étaient les meilleures amies du monde même si elles avaient choisi des camps différents en Syrie : la Turquie détestait le régime de Damas, et soutenait la rébellion armée, tandis que la Russie appuyait le clan alaouite (Bachar el-Assad). Le mimétisme entre les deux leaders atteignait un tel point que les commentateurs parlaient de la « poutinisation » d'Erdogan[4]. Le problème avec les hyper-nationalistes messianiques, c'est leur caractère sanguin. Cette belle entente a volé en éclats en novembre 2015 quand un avion russe « égaré » dans l'espace aérien turc a été abattu par la chasse d'Ankara. Le président russe a immédiatement dénoncé « le coup de poignard dans le dos » de son ex-ami. Il s'est ensuivi une crise diplomatique de haute intensité, le président Poutine traitant en public son homologue turc (et ses proches) de tous les noms d'oiseaux (trafiquants, prévaricateurs, etc.).

L'année suivante, lors d'une visite à Moscou, le président Erdogan a présenté des excuses un peu tarabiscotées pour la mort des pilotes russes… et une nouvelle période rose a pris la suite. Ankara a fait mieux que se réconcilier : il a acheté, fin 2017, à la Russie poutinienne un système complet de défense antiaérienne (quatre batteries de missiles sol-air S-400). Il s'agit de matériels militaires majeurs pour un coût évalué à 2,5 milliards d'euros. La livraison est prévue en 2020. Cela pose évidemment un sérieux problème d'interopérabilité avec les systèmes otaniens et une claque politique majeure à l'adresse des Américains, fournisseurs habituels de l'armée turque. L'affaire est pour le moins cocasse : à quand un avion russe abattu par un système de défense sol-air russe dans l'espace aérien turc ?

Désormais Ankara se détache de plus en plus de l'Occident, pratiquant vis-à-vis de l'Europe un habile chantage, car il a dans ses camps deux millions de réfugiés qu'il peut à tout moment lâcher dans la nature. Et Bruxelles sait parfaitement de quel côté ces migrants iront. Ces tensions se traduisent par d'étranges chassés-croisés diplomatiques : la Turquie semble désormais prête à se rapprocher de la Russie et de l'Iran (alliés pourtant d'un régime qu'Ankara déteste : celui de Damas), mais également de l'Inde où règne le très nationaliste Premier ministre hindou Narendra Modi*. Entre ultra-nationalistes, on se comprend…

* L'intolérance religieuse n'a jamais été aussi forte en Inde (elle est classée en quatrième position par le Pew Research Center) : les minorités religieuses sont menacées tout comme les « rationalistes » athées qui refusent la religion. En 2017, l'État le plus peuplé d'Inde, l'Uttar Pradesh (200 millions d'habitants), a élu comme gouverneur Yogi Adityanath, bien connu en Inde pour sa violence (verbale et physique) contre les musulmans. Ce prêtre hindou de quarante-quatre ans a été élu dans la foulée des élections générales qui ont porté les dirigeants du parti nationaliste hindou au pouvoir (le Bharatiya Janata Party ou BJP). Yogi Adityanath est impliqué dans dix-huit affaires criminelles, dont une tentative de meurtre. Fin 2017, il décidait de retirer le sublime Taj Mahal

Lassés de ces provocations, les États-Unis ont suspendu, fin 2017, la délivrance de visas aux ressortissants turcs*, les plaçant ainsi au même niveau que le Soudan, la Libye ou le Yémen. Or, on l'aurait presque oublié, la Turquie est membre de l'OTAN depuis l'origine et faisait hier figure de meilleur élève de la classe. Fluidité des temps, des mœurs et des alliances. Et ce n'est pas le seul contentieux avec les États-Unis. Signe supplémentaire du délitement des alliances, le vieux principe selon lequel l'ennemi de mon ami est mon ennemi ne fonctionne plus. La Turquie considère les Kurdes syriens comme ses ennemis[5] ; la Turquie est l'allié militaire des États-Unis, mais Washington est ami des Kurdes syriens, qu'il arme et conseille dans le combat contre Daech en Syrie… Ce genre d'imbroglio est permanent au Levant.

En 2018, cela a pris un tour extrêmement préoccupant : les forces armées turques ont pénétré dans le nord de la Syrie pour attaquer l'enclave kurde d'Afrin. Ankara considère que c'est un nid de terroristes du PKK, milice politico-militaire (marxiste) contre laquelle elle lutte sur son propre sol. Cette milice, qui ne représente qu'une fraction des Kurdes syriens, n'a pas le soutien de la coalition internationale conduite par les Américains : non seulement elle n'a jamais combattu Daech, mais elle a souvent donné des gages d'amitié au régime criminel de Damas (notamment en

(temple d'amour) de la liste officielle des sites à visiter parce que c'est un édifice… musulman.

* Ankara a aussitôt décrété la réciproque, refusant aux Américains d'entrer en Turquie sans visa.

participant au siège d'Alep, place forte des révolutionnaires anti-Bachar). Mais le risque est que l'appétit turc ne s'aiguise et ne vise ensuite les autres forces kurdes aujourd'hui armées, encadrées, formées par les Occidentaux... Ces derniers se retrouveraient alors avec sur les bras des alliés kurdo-syriens, d'un côté, et des alliés institutionnels de l'autre (la Turquie) ouvertement en guerre.

Rappelons que, faisant partie de l'OTAN, la Turquie bénéficie, comme les vingt-huit autres membres, de la clause « Mousquetaire » : « Un pour tous, tous pour un ». L'article 5 du traité prévoit, en effet, de considérer une attaque contre l'un des membres comme une attaque contre tous. Il n'est pas certain qu'au sein de l'OTAN (surtout depuis la répression violente du putsch) tout le monde se sentirait concerné par une attaque contre la Turquie.

Balkanisation

Si la dérive islamo-dictatoriale du régime se limitait aux frontières de la Turquie, ce serait déjà très grave, mais au moins contenu. Le problème est que cela fait des émules. La tyrannie et la barbarie font envie. Elles apparaissent à de nombreux peuples comme la bonne réponse aux défis du temps. Quand le président Erdogan marie sa fille, en 2016, le journaliste et écrivain croate Miljenko Jergović[6] relève la présence de trois invités étrangers de marque : les Premiers ministres albanais et pakistanais ainsi que le représentant de la communauté bosniaque au sein du gouvernement collégial de Bosnie-Herzégovine. Trois chefs musulmans.

Le Pakistanais Sharif est un fervent soutien du leader turc, en qui il voit un fer de lance du renouveau de l'islam mondial : « Un calife moderne qui allierait l'autorité d'un président américain avec celle d'un pape romain », écrit Jergović. L'Albanais Rama est plus circonspect sur les rêves de grandeur du nouveau sultan. Mais il vaut mieux être avec lui que contre lui. Quant à Bakir Izetbegović, le Bosniaque, fils de feu le président Alija Izetbegović, comme son père, il voit la Turquie comme le protecteur naturel de la Bosnie-Herzégovine[7], bien que trois ethnies et trois religions y cohabitent (les Bosno-musulmans, les Serbes-orthodoxes et les Croates-catholiques). Ce « protectorat » naturel n'a rien pour déplaire au sultan Erdogan. Il flatte son ego de « calife » et son envie de tyrannie « éclairée » par les lumières de l'islam.

Du côté des Serbes de Bosnie, la grande figure tutélaire se nomme Poutine. Sur fond d'orthodoxie galopante, l'influence russe se fait de plus en plus forte dans les Balkans. « Accablés et démoralisés depuis des décennies par la pauvreté, le nationalisme, le cléricalisme et les politiques populistes, les citoyens ordinaires sont désespérés, plus attirés par les dictateurs que par les démocrates. [...] Les Balkans sont, une fois encore, devenus la scène de manœuvres diplomatiques qui risquent un jour de prendre une tournure militaire. C'est ici que les Russes, après une absence d'un demi-siècle, opèrent leur retour sur la scène européenne. C'est ici que les Turcs réaffirment leur présence dans les régions dont ils ont été chassés il y a plus d'un siècle », observe

Jergović avant de conclure sur un avertissement que nous devrions prendre très au sérieux : « L'Europe n'a pas encore tout à fait perdu les Balkans, mais cela ne tardera pas si elle reste aveugle aux conséquences qui pourraient résulter d'une telle perte. Le prix de l'européanisation des Balkans est sans doute plus élevé aujourd'hui qu'il ne l'était il y a vingt ans [...]. Mais ce prix sera infiniment moindre que celui qu'il faudra payer en cas de balkanisation* de l'Europe[8]. »

Si on veut retenir un signal faible de cette « balkanisation » des esprits, il faut savoir que, la veille de la condamnation à perpétuité de l'ex-général Ratko Mladić pour le génocide de Srebrenica par le Tribunal pénal international pour l'ex-Yougoslavie (TPIY), le très nationaliste président de la Serbie de Bosnie (la RS), Milorad Dodik, a déclaré que de toute façon Mladić resterait « une légende du peuple serbe ». La « légende » en question a fait exécuter sept mille Bosno-musulmans en juillet 1995. Ceux qui refusent cette logique du clan au nom de la défense des droits supérieurs des êtres humains (on n'applaudit pas un

---

* Le terme « balkanisation » est souvent utilisé pour décrire une situation de grande confusion, de déchirement et d'éclatement sur fond de nationalisme exacerbé. Il fait référence implicitement aux guerres balkaniques sanglantes du début du XXe siècle qui ont déchiré cette région secouée par les nationalismes (bulgare, serbe, monténégrin, grec, etc.) et dominée, directement ou indirectement, par les Russes, les Austro-Hongrois et les Ottomans. La Première Guerre mondiale est née à Sarajevo (Bosnie-Herzégovine), dans les Balkans, après l'assassinat de l'archiduc austro-hongrois François-Ferdinand par un nationaliste serbe. Le terme « libanisation » est pratiqué dans le même sens, car il y a dix-sept confessions différentes dans ce petit pays à l'unité fragile.

génocidaire fût-il de son clan) sont terriblement isolés dans ces pays. Soit ils se taisent, soit ils partent. D'une certaine façon, les événements récents en Espagne, avec la Catalogne, n'ont pas arrangé leur situation. La mondialisation de la communication et de l'information a un terrible impact : les mauvais exemples se propagent très vite et font envie à des populations fragiles en quête de mâles dominants. En Serbie comme en Croatie, les idoles internationales ont pour noms : Trump, Orbán (Hongrie), Wilders (Pays-Bas), Le Pen (France), Farage (Grande-Bretagne), Lindner (Allemagne), etc. La mondialisation facilite les effets miroirs et les phénomènes de contagion.

3

Nostalgies mémorielles

Si l'on pouvait scanner le cerveau d'un tyran, qu'y trouverait-on, en plus de ce que nous avons déjà décrit ? Une mémoire historique blessée, un puissant désir de revanche sur le passé. Un moteur puissant qui, en mode action, prend l'allure d'une nostalgie revancharde. Le tyran moderne se veut le grand thaumaturge, le grand réparateur des blessures du peuple. Sa « sainteté » autoproclamée suinte de cette conviction intime que l'on retrouve souvent exprimée clairement dans les discours ou les écrits destinés à l'interne. Histoire et présent se confondent pour alimenter l'envie furieuse d'en découdre avec ceux qui vous ont humilié jadis. Le lecteur occidental doit donc avoir en permanence à l'esprit que la mémoire historique – souvent hystérique – des peuples et des dirigeants tyranniques est une grille d'analyse qu'il faut posséder même si elle est très éloignée de ses propres canons mentaux.

Sur bien des continents, c'est le plus souvent une mémoire meurtrie, passionnelle, tribale et « tripale », très éloignée de celle, académiste, des historiens. Cette mémoire a été façonnée, puis transmise, par les brûlures des temps passés. Elle est à géométrie variable pour un même espace en fonction de l'ethnie, du clan ou de la religion d'appartenance. Ce qui est mémoire triomphale ici est souvenir tragique de l'autre côté de la colline. Ce référentiel, teinté de dépit et de haine, mêlé de sang et de volonté de vengeance ou de revanche, constitue souvent l'arrière-plan de ces nuances de guerre et des tensions contemporaines.

C'est ainsi, par exemple, que l'on ne comprend rien à la politique poutinienne sans prendre en compte une forme de double nostalgie impériale qui a un large écho dans une partie de la population russe qui s'est sentie profondément déclassée après la chute de l'Empire soviétique et qui se souvient des belles heures de la Grande Russie impériale orthodoxe. Les Arabo-musulmans se souviennent avec nostalgie, et rage…, des temps anciens où Bagdad était la capitale de l'Empire abbasside (VIIIe-XIIIe siècle) et rayonnait dans le monde. De même, la Turquie d'Erdogan vit dans le souvenir de l'Empire ottoman jadis dominant sur le bassin méditerranéen, et au-delà, après avoir supplanté les Arabo-musulmans. Cela ne veut pas dire qu'Ankara veuille reconstituer stricto sensu la puissance de la Sublime Porte, mais qu'elle regarde les événements contemporains à travers la lecture de cartes d'état-major sépia qui pointent autour d'elle des terres qui jadis lui appartenaient. Nostalgie, nostalgie… Le nouveau sultan d'Ankara entend être le phare de l'islam dans les décennies qui viennent. Il projette son pays dans un rôle de contre-modèle, opposé à la fois au royaume saoudien sunnite *décadent* et à l'Empire perse chiite *impie*.

« L'espoir du monde musulman, c'est la Turquie, et l'espoir de la Turquie, c'est vous ! » ne cesse de dire Erdogan dans ses meetings. Mais en disant « vous », il pense « moi ». Un ancien dirigeant de son parti (l'AKP) le confirme : « Il est sûr d'être toujours dans le juste et convaincu d'avoir été désigné par Dieu pour diriger le pays[1]. » Pour parvenir à concrétiser son rêve de restauration et de grandeur, il doit le forger dans le plus pur métal islamique pour en faire un exemple pour toute la communauté des croyants (l'oumma). Exemplarité rime avec brutalité.

Si le tyran d'Ankara, Recep Tayyip Erdogan, ne souhaite pas reconstituer territorialement parlant l'Empire ottoman, il entend éviter toutes nouvelles pertes de territoires. C'est une obsession pour Ankara, qui est prêt à se fâcher avec ses anciens alliés (les États-Unis), avec les Européens (on l'a vu), et même ses nouveaux, les Russes, quand ces derniers invitent leurs ennemis mortels, les Kurdes syriens, à une table de négociation à Sotchi (fin 2017) ou quand ils regardent d'un air complaisant le référendum d'indépendance des Kurdes irakiens. C'est pour cela que la Turquie conduit une guerre cruelle contre ses Kurdes de l'intérieur et contre leurs frères syriens. Elle fait tout pour que les conquêtes des Kurdes syriens dans le nord de la Syrie ne puissent jamais jouir d'une continuité territoriale, amorce d'un funeste futur Kurdistan syrien. Pour atteindre cet objectif stratégique, l'armée turque intervient elle-même directement dans ce sens et s'appuie également sur zone syrienne sur des groupes de combat turkmènes. Ces derniers ont pris pour nom de guerre ceux des plus cruels des grands vizirs de l'ère ottomane… Tout un programme ! Dans la région, c'est d'ailleurs le seul point qui unisse la Syrie, la Turquie, l'Irak et l'Iran : pas question que le peuple kurde puisse se retrouver un jour avec une terre commune qui fracturerait l'unité nationale de ces pays. Ces quatre pays se réjouissent chaque jour davantage des profondes divisions du clan kurde, notamment en Irak avec les clans Talabani et Barzani.

Damas la sanglante

Le régime criminel de Damas* a, lui aussi, la mémoire longue. Le tyran Bachar el-Assad est une sorte de « monstre » mémoriel. Il porte très haut la mémoire de braise de son peuple. Soutenu par Téhéran et Moscou, et par des milices chiites venues du Liban, d'Afghanistan et d'Irak, il ne fera jamais la moindre concession politique. C'est une grave illusion de le croire, car l'idée même n'appartient aucunement à la grammaire alaouite. Cette secte chiite, méprisée et marginalisée au cours des siècles par les *bons* musulmans, a pris sa revanche au XXe siècle par la force. Le père de Bachar el-Assad, le général Hafez el-Assad, a fait un coup d'État militaire en 1970. Les alaouites

* Responsable d'une terrible répression dès les premiers balbutiements du printemps syrien (2011), recourant aux arrestations arbitraires et aux détentions sans jugement, pratiquant massacres et tortures, utilisant l'arme chimique proscrite par la communauté internationale, le régime de Damas est l'un des plus criminels de ce début de siècle. Il a fait bien plus de morts dans la région que Daech lui-même. Mais, à la différence de l'État islamique, il se garde bien d'exhiber ses crimes de guerre.

représentent, selon les sources, de 10 à 14 % de la population.

L'idée de lâcher ne serait-ce qu'un pouce de pouvoir fait resurgir dans leur cœur et leur esprit le spectre d'une nouvelle relégation dans les oubliettes de l'histoire. Même leurs parrains iraniens et russes ne pourront les y contraindre. Toute concession éventuelle sera de façade ou pour gagner du temps, et reprendre la main, toute la main. Les alaouites ont, par prudence, procédé très tôt à l'épuration ethnique du pays alaouite[2] quand ils pensaient au début de la guerre ne pas pouvoir tenir tout le pays pour avoir une éventuelle base arrière en cas de catastrophe.

Bachar veut être le seul prince en son pays. Et comme tous les tyrans c'est lui qui doit concentrer tous les pouvoirs, même s'il est contraint de dealer momentanément avec plus gros que lui. Il reste sourd aux appels de Moscou visant à ouvrir le jeu politique pour déboucher sur une paix durable. Pour Bachar el-Assad, le pouvoir ne se partage pas. Il doit être pleinement restauré autour de son clan, les autres minorités ne pouvant espérer que la protection du pouvoir central autocratique, comme avant le printemps syrien (2011), déclencheur de la guerre civile par la brutalité de la répression des forces de Damas. Les Russes ont souvent dit qu'ils n'étaient pas attachés à la personne de Bachar. Mais cela ne change rien : le clan alaouite fait bloc, d'autant plus que les éléments modérés, jugés « traîtres » et « faibles », ont déjà quitté la Syrie (souvent au début du conflit) ou ont été éliminés.

Les Russes manifestent leur agacement devant cette psychorigidité par de menues humiliations qui ne changent pas radicalement la donne. Ainsi, après l'effroyable reconquête d'Alep (grande ville du Nord, bastion de la rébellion, tombée fin 2016), Moscou a interdit à Bachar el-Assad de s'y rendre en un triomphal cortège. Au moment où nous écrivons, il n'a toujours pas pu y aller. Mais cela n'entame en rien la coopération militaire entre Moscou et Damas. Les alaouites ont le temps… tout le temps. Ne viennent-ils pas de la décharge publique de l'histoire ?

Mais poursuivons notre introspection des méandres de cette nostalgie revancharde en allant à la rencontre d'autres chiites, solidement implantés plus à l'est, du côté de Bagdad, et que je préfère à dessein nommer les « Sassanides ».

4

Quand les Sassanides dictent à nouveau l'histoire du Moyen-Orient

Dans l'épique et sombre galerie des batailles au Levant, l'Iran a su profiter du chaos généralisé pour avancer vers son rêve de restauration d'un âge d'or perdu : celui des Sassanides. Les Perses ont eux aussi la mémoire longue. Depuis la nuit des temps, l'Iran est une terre de prédilection pour le jeu d'échecs et la poésie. Cette dernière tient une place si importante dans la vie publique que les petits Iraniens apprennent à lire en la déchiffrant. Elle chante souvent l'âge d'or des Sassanides[1]. Cette civilisation puissante et érudite a régné pendant plus de quatre siècles (224-651 apr. J.-C.) sur un immense empire englobant l'Iran actuel, les territoires regroupés dans l'Irak d'aujourd'hui, l'Arménie, la Transcaucasie (Sud-Caucase), l'Anatolie (en Turquie aujourd'hui) et la frange occidentale de l'Afghanistan, sans compter une partie de la Syrie, du Pakistan, du golfe Persique, de la péninsule Arabique.

Cet empire a rayonné diplomatiquement, culturellement et économiquement jusqu'en Europe, en Asie et en Afrique. À l'époque de leur splendeur, les Perses sassanides étaient zoroastriens[2]. Ils sont submergés au début du VIIe siècle par les cavaliers arabo-musulmans en pleine expansion territoriale (ils viennent des sables d'Arabie). Pour cette puissance coloniale en marche, qui brandit les oriflammes du Prophète, l'Empire sassanide était une proie tentante.

Comme dans tous les empires aux étendues immenses, le pouvoir central perse a eu du mal à gérer les distances et à maintenir toutes ses entités géographiques dans son giron. C'est le talon d'Achille de tous les grands empires. Dans les combats entre Arabo-musulmans et Perses sassanides, ces derniers résistaient militairement un temps grâce à une arme de guerre que l'on qualifierait aujourd'hui de « spéciale » : les éléphants de combat. Ils leur ont permis de l'emporter dans un premier temps sur les chevaux de la cavalerie arabo-musulmane. Cette dernière a donc dû s'y prendre à plusieurs reprises (il lui a fallu une quinzaine d'années) pour détruire les armées sassanides en apprenant à ne plus avoir peur de ces mastodontes caparaçonnés sur lesquels étaient campés des archers qui les criblaient de flèches.

De défaite en défaite, l'Empire sassanide s'est effondré sous les coups de boutoir de la nouvelle foi armée : l'islam. Il a dû laisser la place à une puissance hégémonique cherchant à convaincre fermement les peuples conquis de se convertir à la « vraie foi » pour avoir toute leur place dans le nouvel empire. Monothéistes, les juifs, les chrétiens et les zoroastriens ont eu la possibilité d'échapper à la conversion forcée, de fait, à l'islam. Mais il y avait une contrepartie, établie par le

Prophète lui-même : ceux qui refusaient la soumission à la « vraie foi » devenaient des citoyens de deuxième catégorie. Ils ne pouvaient officiellement servir ni dans la haute fonction publique ni dans les armées du califat.

Les adeptes de ces trois religions étaient financièrement punis de leur aveuglement spirituel par le paiement d'un impôt spécial, la dhimma. Juifs, chrétiens et zoroastriens devenaient alors des dhimmi. Normalement, ce statut imposait au pouvoir islamique de protéger les membres de ces religions (ceux qui n'avaient pas cette protection, et refusaient l'islam, étaient tués ou réduits en esclavage). Cette garantie fut à géométrie variable selon les époques et les territoires conquis. Aussi nombre de zoroastriens perses ont-ils préféré quitter leur terre natale pour l'Asie centrale plutôt que de subir le joug de la nouvelle religion du colonisateur arabo-musulman. D'autant que le nouveau pouvoir imposait la langue arabe aux populations passées sous son contrôle[3].

Il faut bien prendre la mesure du traumatisme imposé par l'expansion de ce nouvel empire. Gilbert Sinoué rappelle qu'un simple coup d'œil sur les cartes est édifiant : « Trente ans après la mort de Mohammed [662], le monde islamique s'étendait de la Cyrénaïque, en Libye, à Boukhara et à Samarkand, englobant une partie de l'Afghanistan : au nord, il montait jusqu'au Caucase, avec des parts importantes des rives de la mer Caspienne ; au sud, il comprenait toute la péninsule Arabique. » L'auteur souligne la « rapidité » de cette expansion. Ce n'est pas la puissance spirituelle de la religion qui a permis cette invasion : « L'expansion islamique se heurta à des résistances souvent farouches, surtout quand elle arrachait ses conquêtes à des empires et des royaumes établis. [...] Cette expansion se fit bien sûr au fil de l'épée[4]. »

Querelles d'ego et conflit géostratégique

Les Perses d'aujourd'hui rappellent volontiers à leurs interlocuteurs qu'ils ne sont pas arabes même s'ils partagent aujourd'hui la même religion qu'eux[5]... enfin presque. Pendant neuf siècles (VIIe-XVIe siècle), les Perses de l'Empire arabo-musulman ont été sunnites. Ils ont embrassé ensuite le chiisme[6] apparu peu après la mort du Prophète pour une querelle de succession[7]. Dans une mer sunnite (la religion dominante dans l'islam), l'Iran actuel est la grande terre du chiisme[8]. Aussi une sourde rivalité l'oppose-t-elle à l'État héritier de ceux qui avaient défait ce pays au VIIe siècle, et qui représente aujourd'hui la grande entité à polarité négative qui domine le monde musulman-sunnite : l'Arabie saoudite et ses alliés du Golfe.

« Il ne s'agit pas seulement d'une querelle d'ego entre sunnites (les Saoudiens) et chiites (les Iraniens), explique Henry Laurens, professeur au Collège de France[9], mais d'un conflit géopolitique majeur. L'Iran recherche à tout prix l'accès à la Méditerranée. Ces deux derniers siècles, le pays a toujours été battu militairement. [...] Il cherche donc à constituer une "ceinture de sécurité" destinée à protéger le cœur du pays en déplaçant les lieux du conflit. Son soutien, ancien, au

Hezbollah* (qui signifie, littéralement, le parti de Dieu), au Liban, était le premier maillon de cet arc chiite. La raison de son alliance au régime de Bachar el-Assad en Syrie est beaucoup moins une prétendue “solidarité” entre chiites qu’une ambition géographique. Avec le contrôle d’une bonne part de l’Irak et de la Syrie et son influence majeure au Liban, l’Iran dispose de ce bouclier. »

L’Iran affronte d’ailleurs son grand rival saoudien au Yémen[10] par houthis interposés (forte minorité chiite). C’est une des nuances étranges des affrontements actuels : cette guerre fait de nombreux morts et oppose par le truchement de milices deux grandes puissances régionales dans l’indifférence générale. Sans images, sans traitement médiatique, sans solution diplomatique, elle dure depuis 2015 et est un des angles morts de l’actualité guerrière, qui fait pourtant de nombreux morts civils, notamment à la suite de bombardements saoudiens, sur des objectifs civils**. Les Saoudiens

* Le Hezbollah a une branche politique, très active sur le terrain social : elle compte deux ministres sur les trente du gouvernement et douze députés sur cent vingt-huit ; et une branche militaire, aguerrie et bien équipée, qui comprendrait de vingt à trente mille hommes. Les États-Unis ont classé ce mouvement dans la case « Organisations terroristes ». L’Europe n’a classé dans cette rubrique que son organisation militaire.

** Une commission onusienne d’experts sur les crimes de guerre au Yémen a été constituée en 2017 après deux ans de guerre. Le directeur de Human Rights Watch, John Fisher, a estimé alors que cela devrait mettre un terme à « deux ans d’impunité ». Début janvier 2018, rien n’avait changé… Les combats sont toujours d’une extrême violence et la population prise en otage. L’exacerbation de la rivalité Iran-Arabie saoudite ne laisse pas présager un rapide règlement diplomatique du conflit.

ont constitué, en 2015, une ligue de combattants au sol, forte de cinq mille hommes, avec les Émiratis, les Qataris et les Bahreïnis. Bahreïn, satellite de l'Arabie saoudite, craint plus que tout qu'une victoire des chiites houthistes au Yémen ne relance dans son propre pays le mouvement de contestation chiite (les chiites y sont largement majoritaires mais n'ont pas le pouvoir) qu'il a réprimé dans le sang en 2011 avec l'aide de Riyad. Quant aux Américains, ils sont à la manœuvre avec des forces spéciales aux côtés de leurs alliés saoudiens. Ils procèdent également à des appuis aériens. Pour Téhéran, ce conflit oublié reste marginal par rapport à son grand projet stratégique.

Entre Printemps arabe avorté, montée du fanatisme sunnite[11], guerres régionales à outrance, les Perses ont fait mieux que de tirer leur épingle du jeu au Levant et en Mésopotamie. « Ils dictent l'histoire du Moyen-Orient contemporain[12] », va jusqu'à dire Alain Frachon, fin connaisseur de la marche du monde dans cette région. Leur grand ennemi, Riyad, semblait en apnée[13] malgré le soutien indéfectible du président Trump. Le pays est aussi sectaire et cruel sur le plan religieux que son frère ennemi saoudien.

Succès et ambiguïté

Au-delà de l'instauration d'une sorte de proto-Empire perse, le régime des ayatollahs peut se féliciter de deux succès diplomatiques marquants. Il est parvenu à rompre le front sunnite, emmené par Riyad, en développant des relations de bon voisinage, de part et d'autre du golfe Persique, avec le Qatar sunnite[14]. Au passage, rappelons que ce pays, qui s'est lancé depuis plusieurs années dans une stratégie tous azimuts d'influence mondiale (y compris en Europe) – ce qui agace prodigieusement Riyad –, soutient partout où il le peut le mouvement des Frères musulmans (salafisme politique). À ce titre, pour le président-maréchal égyptien Abdel Fattah al-Sissi, qui a mis en prison les Frères musulmans, le Qatar, bien que sunnite comme l'Égypte[15], est un ennemi mortel.

C'est dire que ceux qui parlent d'une guerre de religion entre « Occident chrétien » et « monde musulman » doivent de toute urgence revoir leurs fiches. Le monde musulman est extrêmement fracturé et les djihadistes ont globalement tué plus de musulmans que de chrétiens ou de juifs. Le double jeu de Doha – du moins selon la perception de ses frères du golfe Persique –, un pied dans le Conseil de coopération du Golfe, un autre du côté de Téhéran, a fini en déchirure musculaire. Le Qatar a été mis au ban des nations arabes sunnites pour cette « trahison » au profit du « serpent perse[16] ». Mais pour Doha, de bonnes affaires valent mieux que de mauvaises rivalités qui peuvent à tout moment dégénérer en guerre. Et, contrairement à la vulgate marxiste, les hommes d'affaires détestent les guerres qui rompent le fil du commerce international…

L'autre atout clé de l'Iran se joue du côté de la Chine. Cette dernière développe une stratégie de puissance partout dans le monde. C'est le premier partenaire économique de l'Iran. Et la Perse est pour l'empire du Milieu une pièce maîtresse dans un projet grandiose :

celui d'une nouvelle « route de la soie » voulue par Pékin pour relier la Chine à l'Europe (autoroutes et réseaux ferroviaires). Aussi la position stratégique de la Perse (hier comme aujourd'hui) fait-elle l'objet de tous les soins de Pékin qui déverse des capitaux colossaux. En outre, la levée progressive des sanctions économiques (contrepartie de l'accord sur le nucléaire iranien) permet à Téhéran de renflouer en partie ses caisses fragilisées par des années d'embargo et d'envisager sereinement l'avenir, là où son ennemi saoudien connaît des ratés consécutifs à l'effondrement du prix du baril de pétrole et à la faiblesse de sa diversification économique[17].

Par ce biais, on mesure bien à quel point les dossiers internationaux sont liés de multiples façons. Très investie en Iran et ailleurs dans le monde, la Chine cherche à tout prix à éviter des confrontations militaires directes qui gêneraient son grand projet d'expansion mondiale pour les cinquante ans à venir. Adepte du général chinois Sun Tse (VIe siècle av. J.-C.), les Chinois préfèrent le *soft power* de l'influence surmultipliée que la guerre directe. Sun Tse enseigne d'ailleurs dans son maître ouvrage – *L'Art de la guerre* – que le stratège habile parvient, notamment par l'action psychologique, à terrasser son adversaire sans combattre directement. Mais dans ce genre de situation, il vaut mieux avoir deux fers au feu... Aussi la Chine s'est-elle lancée, sous la férule de son leader Xi Jinping, dans un programme de réarmement impressionnant, spécialement dans le domaine naval.

La percée iranienne a créé un raidissement sunnite qui favorise l'expansion de sa forme la plus radicale :

le terrorisme salafiste. Fait significatif, pour la première fois, à l'été 2017, l'Iran a été frappé sur son sol par un double attentat sophistiqué. Un premier groupe de quatre combattants de Daech déguisés en femmes a attaqué le Parlement à Téhéran. Simultanément, un commando suicide attaquait à l'arme automatique le mausolée de Khomeyni, très fréquenté par les Iraniens, avant de se faire sauter avec des ceintures explosives*. Il semblerait qu'une troisième équipe ait été neutralisée avant d'avoir pu passer à l'action.

Faisant flèche de tout bois dans cette période de grande confusion et de propagande, les autorités ont accusé les services secrets de l'Arabie saoudite et des États-Unis d'être derrière ces assauts, pourtant formellement revendiqués par un communiqué de l'État islamique. Le président Trump n'ayant pas cessé de dénoncer l'Iran comme une force déstabilisatrice pour toute la région qui sèmerait, selon lui, « la mort et le chaos dans le monde », il récolte la monnaie de sa pièce. Trump a apparemment choisi son camp : celui du vieil allié saoudien et des pays du Golfe avec qui il a fait jadis pas mal d'affaires.

Jérusalem, ô Jérusalem

Mais ce personnage imprévisible est capable de se mettre à dos un jour l'allié qu'il s'est forgé la veille. Donald Trump semble vouloir s'octroyer résolument le rôle du Monsieur Plus de la conflictualisation. Dès qu'il

* Une quinzaine de personnes ont été tuées.

passe devant une plaie internationale ouverte, il paraît incapable de se retenir d'y déverser un flot d'éructations acides ou de se lancer en solo dans des initiatives improbables. Dernier exemple en date : l'installation à Jérusalem de l'ambassade des États-Unis[18]. L'initiative ravit le Premier ministre Benyamin Netanyahou et consterne le reste du monde. L'homme d'affaires reconverti dans la politique affiche un mépris souverain pour les accords internationaux, notamment ceux d'Oslo (signés par son pays en 1993) qui prévoyaient de renvoyer le futur statut de la ville à un accord entre Palestiniens et Israéliens. Certains imaginaient, par exemple, une même capitale sous statut international pour les deux États.

En décembre 2017, Donald Trump a jeté une pelletée de plus sur le cercueil déjà bien enfoui du règlement pacifique de ce conflit qui fête, en 2018, son soixante-dixième anniversaire. Incapable de maîtriser la théorie des ensembles complexes appliquée aux relations internationales, ce personnage entend fracasser ce qui tient encore debout au nom d'une vision égotique de la diplomatie. Il confond bowling et piste diplomatique. C'est d'autant plus catastrophique que l'interconnexion des dossiers et la superposition des ensembles de conflictualité provoquent de multiples ondes de déstabilisation supplémentaires dans un monde qui en génère déjà beaucoup naturellement.

En prenant cette décision sur Jérusalem, le président américain s'est mis à dos tous ses alliés sunnites, Arabie saoudite en tête, et cela au moment même où il a opté pour ce camp afin de faire face à l'« Empire » perse. Autre conséquence désastreuse, en choisissant à travers un symbole détonant un camp contre l'autre, Washington abandonne la posture de médiateur de bonne volonté du conflit israélo-palestinien. Une fois de plus, le camp des modérés et de ceux qui veulent *recoudre* recule ; celui des ultras et de ceux qui veulent *en découdre* s'étend. Quant aux troupes américaines déployées au Levant, en Mésopotamie et en Afghanistan, elles pourraient bien faire l'objet d'attaques terroristes renouvelées. Certaines milices paramilitaires chiites ont déclaré que les GI en Irak étaient désormais des cibles…

Soleimani le « céleste »

Téhéran est donc en passe de réaliser son rêve : peser et disposer d'un continuum d'influence chiite de la Méditerranée au golfe Persique. Les têtes de pont perses courent sur des milliers de kilomètres, du Hezbollah libanais, en passant par les alaouites de Bachar el-Assad (Syrie), puis par l'Irak à majorité chiite, pour, enfin, rejoindre son propre pays, la république islamique d'Iran qui fêtera, en 2019, ses quarante ans d'existence. Téhéran sait également pouvoir compter en Afghanistan (à sa frontière est) sur la minorité chiite des Hazaras* qui combat d'ailleurs en Syrie aux côtés des frères alaouites (secte chiite). De la belle ouvrage, même si les mailles de cet empire sont encore un peu distendues ici ou là.

---

* Souvent persécutés ou marginalisés, les Hazaras chiites sont les alaouites de l'Afghanistan.

Un homme joue un rôle essentiel dans la consolidation du bastion perse. Il est en bonne place sur la liste noire des Américains, des Saoudiens, d'Israël... et de l'État islamique (Daech) qui le considère comme un ennemi mortel : « Oh sunnites ! L'alliance entre les juifs et les chiites est claire aujourd'hui. Voici l'Iran, allié à l'Amérique, se partageant les rôles dans leur guerre contre l'islam et les sunnites. Le leader de cette bataille est l'immonde Safavide[19] Soleimani : il est leur maître et celui qui reçoit leurs bénédictions. » Ce message, posté en 2016 sur le dark Net par Abou Mohammed al-Adnani, un des porte-parole de Daech, est assez rare pour être souligné. Il est peu fréquent, en effet, qu'un chef de guerre se voie offrir par son ennemi une telle consécration. La place prise par le général de brigade Ghassem Soleimani dans le conflit au Levant et en Mésopotamie en fait une figure quasi légendaire aujourd'hui.

Soleimani est né en 1957, à Rabor, un village de montagne pauvre dans l'est de l'Iran. La révolution iranienne (il a vingt-deux ans) va lui offrir l'occasion de faire valoir ses qualités guerrières, tout particulièrement lors de la guerre Iran-Irak (1980-1988). Dix ans après la fin de ce conflit atroce, il prend le commandement des Forces Al-Qods (« Jérusalem » en arabe, il s'agit des forces spéciales des Gardiens de la révolution islamique en Iran) qu'il avait rejointes lors de l'an I de la révolution de Khomeyni. À l'étranger, il s'est notamment impliqué dans la montée en puissance de la milice libanaise du Hezbollah ; une milice responsable de la mort d'un grand nombre de soldats français et américains au début des années 1980[20]. Par la suite, il est souvent présenté comme l'un des organisateurs de la « résistance » chiite en Irak contre les Américains après leur invasion-libération de 2003.

Depuis le début de la guerre civile en Syrie (rapidement devenue internationale), il serait le chef des brigades internationales chiites venues au secours de Damas (dix mille hommes[21] très manœuvriers, habiles au combat urbain, aux coups de main derrière les lignes ennemies et peu regardants sur les méthodes…). C'est un maître ès opérations clandestines. Il est toujours très actif en Irak : une vidéo le montre entrant triomphalement dans Tikrit (Irak) libéré, en avril 2015, de l'emprise de Daech.

Cheveux et barbe poivre et sel soigneusement taillés – avec un petit air *british* à la Sean Connery dans le film *À la poursuite d'Octobre rouge* –, il a plutôt belle allure. Les militaires diraient de lui qu'il a une « gueule de chef ». Petit de taille, c'est un adepte du body-building et de la méditation. L'homme est souvent décrit comme fiable et fidèle en amitié, discret et n'élevant jamais la voix. Mais il en impose par sa seule présence. C'est la coqueluche des médias iraniens et il attire la curiosité de la presse internationale depuis 2013. Il porte le plus souvent la tenue verte à larges pattes d'épaule de l'unité d'élite des Gardiens de la révolution (les forces Al-Qods). Les Gardiens de la révolution sont considérés par Washington comme le bras armé le plus pernicieux de l'« État voyou » iranien.

Soleimani est souvent représenté dans la presse de son pays en train de prier pour bien souligner au nom de qui il combat… Mais un ancien ambassadeur américain en Iran, Ryan Crocker (2007-2009), tempère cette mise en scène d'un officier dévot[22]. Ses sources lui ont dit que l'homme n'était pas foncièrement religieux, qu'il allait à la mosquée de façon épisodique : « La religion ne le guide pas. C'est le nationalisme qui l'inspire, et il aime le combat. » Un reître, donc, plus qu'un moine-soldat. Bien dans la veine du besoin contemporain de « tyran » déterminé et combatif.

Le général américain David Petraeus – un des meilleurs connaisseurs de la zone : il a commandé en Irak et connaît sa réputation – trouve « préoccupant » le fait qu'il soit sorti de l'ombre. Il se demande d'ailleurs si, à un moment, Bagdad n'aura pas de mal « à faire rentrer le génie [Soleimani] dans sa boîte[23] ». Petraeus ajoute : « La menace qui pèse à long terme sur l'Irak, ce sont les milices chiites soutenues par l'Iran, qui font tout leur possible pour ruiner les efforts politiques inclusifs dont Bagdad a tant besoin. » Le général américain voit juste. L'Arabie saoudite, elle-même, tente de stimuler la fibre nationaliste irakienne pour monter Bagdad contre ses « frères » envahissants de Téhéran. Pour le moment, le « génie » reste omniprésent... même s'il commence à agacer sérieusement le gouvernement irakien derrière les sourires et les accolades de façade.

Mystification ?

Ce personnage clé, inconnu du grand public, apparaît aujourd'hui comme une sorte de proconsul iranien en Irak, en Syrie et au Liban. Il est vu partout, dans les ruines d'Alep, à Tikrit, à Beyrouth chez ses amis du Hezbollah, et même à Moscou, dépliant des cartes d'état-major sous les yeux de Vladimir Poutine, en 2015, quand les Russes se sont décidés à entrer en guerre en Syrie, aux côtés de Damas et de Téhéran. C'est lui qui les aurait convaincus de jouer main dans la main avec les miliciens du Hezbollah, leur expliquant que ce n'était plus une simple milice pour le combat urbain mais une véritable force armée capable de conduire des opérations sophistiquées combinant les appuis (artillerie), le renseignement (drones), les blindés et l'infanterie.

Le *New Yorker*[24] a surnommé ce général « le commandant fantôme » tandis que *Le Monde* le qualifiait de « “Che Guevara” [qui] parcourt toujours le monde ». Dans son pays, les observateurs disent qu'il est « céleste », inspiré de Dieu… Lui-même, en 2009, face caméra, livrait cette confidence : « Le champ de bataille est le paradis perdu de l'humanité. Le paradis où la vertu et les actes des hommes sont au plus haut. » On trouve des propos très semblables dans la littérature militaire prussienne du XIXe siècle[25] : cette idée du dépassement de soi dans la grande confrontation guerrière de la vie et de la mort, dans la conviction que seuls les peuples « faibles » ont à redouter la grande épreuve… Le proconsul serait-il prussien de cœur ? Le directeur du quotidien *Javan* – lié aux Gardiens de la révolution – dit de lui : « Depuis la révolution, il est dans la guerre. Les gens comme lui ont peur de mourir dans leur lit. Il veut être un martyr[26]. » Lui-même a souvent expliqué dans des entretiens qu'il voulait rester un soldat jusqu'à la fin de sa vie, « si Dieu le veut ».

Pour un personnage « céleste », il a en tout cas les pieds bien plantés dans le sol. Il est l'un des maîtres d'œuvre et d'ouvrage de la forteresse chiite, développant sur place une activité aussi bien militaire, financière que diplomatique. Il est sans conteste l'homme de l'axe chiite. Mais une question se pose : pourquoi le régime des ayatollahs a-t-il décidé de révéler l'identité et les faits d'armes du chef de ses forces spéciales ? Une tenace tradition militaire veut que les patrons des forces spéciales dans le monde fassent preuve de discrétion et demeurent dans l'obscurité. Pourquoi le proconsul perse au Levant et en Mésopotamie échappe-t-il à la règle ?

La guerre a besoin de héros et il semble que le régime perse ait voulu en donner un à la foule… et à ses ennemis, quitte peut-être à gonfler ses succès et à laisser dans l'ombre d'autres personnages, tout aussi importants que lui mais agissant dans la coulisse. C'est une vieille méthode de prestidigitateur : on éclaire ici pour détourner l'attention de là, et agir ailleurs en toute tranquillité. Soleimani offrait le profil idéal, car c'est un vrai général, avec des faits d'armes bien réels, son image impressionne la pellicule et c'est un personnage qui n'a jamais manifesté d'ambitions personnelles (en 2016, il exclut de se présenter à l'élection présidentielle). C'est un point important : il ne faudrait pas que le « héros » de propagande se prenne pour un « sauveur » et devienne tout à coup incontrôlable. S'il joue un rôle, il le fait bien. Il sert loyalement la propagande perse dans la région et au-delà. Va-t-il s'impliquer plus directement dans la crise du Liban[27], depuis que Riyad s'est déclaré en guerre contre Beyrouth ? Ou Téhéran lui réserve-t-il un autre rôle de composition ?

Signe d'une atmosphère volatile, le portrait du « céleste » général a été brûlé en place publique et piétiné par la foule en colère lors des manifestations hostiles au pouvoir du début de l'année 2018[28]. La tyrannie des ayatollahs a été conspuée par une foule demandant moins de guerre, plus de droits, plus de pain et de développement[29]. La figure du Che Guevara iranien est devenue pour une partie de la population (issue des classes modestes et moyennes) celle d'un « chien de guerre » du pouvoir théocratique dont les actions extérieures minent le développement intérieur et vident leurs assiettes du minimum vital. Quand on vit mal, qu'on ne voit aucune amélioration à l'horizon et que l'on constate chaque jour un peu plus que passe-droits et corruption s'étendent, la restauration de feu l'empire des Sassanides ne fait aucunement rêver. Le pouvoir des mollahs fait l'objet de plus en plus de contestations. Comme en Union soviétique à la grande époque, le petit peuple se venge de la dictature en se racontant des histoires acides qui disent sa détestation d'un régime théocratique rapace. Voici l'une de celles qui ont cours en ce moment : « Un mollah étant tombé dans un puits, il appelle au secours. L'entendant, des passants se précipitent et veulent l'aider à sortir. "Donne ton bras !" lui disent-ils en se penchant pour le faire sortir. Au fond du puits le mollah ne bouge pas d'un pouce. "Mais donne ton bras !" répètent en chœur les charitables passants sans plus d'effet sur l'homme en noir toujours immobile. Vient à passer un autre mollah. On se précipite sur lui. "Comment faire pour aider cet homme qui ne veut pas se laisser aider ? — Vous vous y prenez très mal, gronde l'homme au turban. Il faut tendre vers lui vos mains en disant : 'Prends nos mains, prends nos mains !' Vous verrez qu'il le fera alors[30]"... »

L'année 2018 fera-t-elle émerger un « Printemps perse » qui fissurerait du dedans la puissante forteresse bâtie si péniblement au-dehors par des hommes comme le général Soleimani ? La question n'a rien d'académique et montre, une fois de plus, que ce siècle est friand de surprises stratégiques qui viennent en permanence miner les idées trop bien établies. Ces soubresauts sont suivis avec une attention décuplée par l'ennemi historique de la Perse, l'Arabie saoudite, plongée elle-même dans un grand tumulte.

5

Traitement de choc pour État schizophrène

Il y a encore peu de temps, l'Arabie saoudite n'avait aucun « preux » à mettre en face de celui que son frère ennemi, l'Iran, avait forgé à travers la figure charismatique du général Soleimani. Qu'importe que l'image de ce général soit un peu écornée aujourd'hui, le besoin de figure tutélaire demeure. Souvent très âgés, parfois malades, généralement en surcharge pondérale, les grands commandeurs du royaume des sables n'ont pas vraiment l'allure de héros des temps modernes, jeunes, dynamiques. Est-ce ce vide de « grand homme » que le prince héritier saoudien, Mohammed ben Salmane (MBS), trente-deux ans, a voulu combler en attirant désormais toute la lumière sur lui ? En 2017, avec la bénédiction de son royal père, âgé et malade, il a pris virilement la barre pour conduire le vaisseau des sables vers un avenir radieux. Il a compris qu'un peuple déboussolé – parfois tenté par l'offre morbide de Daech – demande des tyrans charismatiques, déterminés, brutaux s'il le faut, et, surtout, seuls aux manettes et bien visibles de tous.

Mais les tyrans savent également intérieurement qu'ils sont toujours en mode survie, voire en sursis. Ils sont perpétuellement tendus pour que ce provisoire s'installe dans la durée, comme on l'a vu. Encore faut-il éviter les coups du sort et les lames aiguisées. Aussi le prince Ben Salmane change-t-il de mosquée tous les vendredis pour ne pas se faire assassiner à la sortie, comme cela est arrivé dans le passé à l'un de ses lointains parents. Mais que désire et que peut faire au juste ce nouveau venu dans la cour des tyrans qui se veulent modernes et éclairés, lui qui n'a pas hésité à « embastiller » momentanément le Premier ministre d'un pays étranger (le Liban) ? Sous sa férule, le pays choisira-t-il radicalement entre réformes de fond et gesticulation incantatoire ? MBS sera-t-il une comète ou un tyran durable ?

Un royaume qui tue le temps

L'Arabie saoudite a toujours eu du mal à sortir de ses contradictions. L'écrivain Kamel Daoud parle à son propos d'un « État schizophrène », tout sourire en Occident et des plus barbares à la maison, avec décapitations publiques et discours de haine contre Israël, les apostats et les mécréants. Cette schizophrénie ambiante était palpable à bien des niveaux ces dernières années. Tandis que son fils, Mohammed ben Salmane, parlait ouverture, réforme, islam de paix, son père, le roi Salman, quatre-vingt-un ans, décidait de créer à Médine, ville sainte de l'islam, un institut spécialisé dans les hadith du Prophète. Parallèlement au Coran, les hadith sont censés répertorier les paroles et les actions de Mahomet. Ils font l'objet de nombreuses controverses de la part des théologiens de l'islam. Les salafistes s'appuient souvent dessus pour justifier leur obscurantisme et leur fondamentalisme. Ouverture proclamée d'un côté, fermeture institutionnalisée de l'autre… Jusqu'en 2017, le royaume des Saoud donnait donc le sentiment de naviguer à vue, pétri de contradictions et menacé de l'intérieur par une jeunesse qui, sur les réseaux sociaux, allait souvent voir du côté du dark Net ce que disaient les salafistes djihadistes de Daech. Après lecture du contenu des sites djihado-terroristes, les jeunes Saoudiens étaient nombreux à déduire que leur pays, protecteur des lieux saints de l'islam (La Mecque et Médine), avait rejoint depuis longtemps le camp des mécréants en faisant alliance avec les Américains.

Pour les autorités, il était urgent d'agir afin de sortir de toutes ces contradictions que le caricaturiste algérien Le Hic illustrait en montrant le roi d'Arabie saoudite avec un revolver posé sur sa propre tempe alors qu'il expliquait qu'il entendait lutter contre le djihado-terrorisme. « Cela résume tout le paradoxe », souligne le journaliste et écrivain algérien Kamel Daoud en commentant cette caricature[1]. L'Arabie saoudite a commencé alors à faire la guerre aux cellules dormantes ou actives de Daech sur son territoire et à mettre en place des structures de déradicalisation. Le régime a tenté également, ici ou là, de lancer quelques réformes sociales cosmétiques, mais le pays était tenu solidement par un clergé wahhabite (salafisme radical hérité du

XVIIIe siècle) qui entendait ne rien lâcher de ses prérogatives sociétales et religieuses.

« Ce royaume va mal, tue le temps* et forme ceux qui tuent les gens, passivement ou pas », notait encore l'écrivain Kamel Daoud qui concluait : « Les femmes saoudiennes peuvent conduire, mais dans un pays qui ne sait pas où il va**. » Mais tout cela, c'était avant le coup de force du prince héritier, en novembre 2017, dont on ne sait si l'on doit saluer la volonté de trancher le nœud gordien des contradictions de son pays ou craindre l'impulsivité maladive[2], prologue à la chronique d'une nouvelle guerre avec la Perse…

Aux forceps

Qui est vraiment ce nouveau tyran ? Ce chirurgien de choc se nomme donc Mohammed ben Salmane – surnommé MBS – vice-Premier ministre, ministre de la Défense[3] et héritier en titre. Il a désormais tous les pouvoirs sans le titre de roi. Bien moins diplômé que ses demi-frères (il n'a qu'une modeste licence de droit obtenue à l'université du Roi-Saoud de Riyad), traînant

* Toute la difficulté de la révolution réformatrice qui semble s'amorcer sera de mettre au travail une population qui n'en a plus l'habitude et qui traditionnellement estime que, comme dans les temps anciens, le travail est une activité dévalorisante réservée aux femmes et aux esclaves modernes. Les tribus du désert ont toujours vécu sur ce mode de pensée… qui a la vie dure.

** Allusion à une réforme de la fin 2017 autorisant les femmes à conduire sans la présence d'un homme référant à côté d'elle. Cette mesure ne faisait que leur restituer un droit qui leur avait été enlevé dans le passé.

derrière lui une réputation d'ancien fêtard, il est pourtant devenu il y a trois ans le successeur officiel de son père, le roi Salmane. Il est le fils de la princesse Fahda bint Fallah ben Sultan, troisième épouse dans l'ordre protocolaire, ce qui, dans une monarchie, est un atout maître. Choyé par son père, aujourd'hui malade, couvé par sa mère, en bonne santé, il semble disposer des pleins pouvoirs en attendant une succession royale en bonne et due forme quand le roi sera rappelé à Dieu ou passera la main.

Avant sa prise de pouvoir de 2017, le prince a multiplié auprès des visiteurs et investisseurs étrangers les déclarations les plus modernistes sur la nécessité de prôner une religion pleine de « tolérance » et de « bonté ». Pour lui, l'obscurantisme est un frein au développement. Il faut se débarrasser du carcan du wahhabisme et mettre les Saoudiens au travail. Il pensait à la jeunesse saoudienne qui, sans horizon économique séduisant, finirait par se tourner en masse vers l'obscurantisme religieux le plus radical.

Quelques jours avant son coup d'éclat, MBS faisait ce constat lucide : « 70 % de la population saoudienne a moins de trente ans et, franchement, nous n'allons pas passer trente ans de plus à nous accommoder d'idées extrémistes et nous allons les détruire maintenant et tout de suite. » Des propos tenus devant un public de journalistes et d'hommes d'affaires occidentaux étonnés et dubitatifs devant la radicalité du propos[4]. Encore un double discours à la saoudienne ? Son objectif affiché, dès 2015, était clairement de faire passer son pays du Moyen Âge économique (pays de rentiers et de fonctionnaires) à la modernité d'un royaume tourné vers l'entrepreneuriat privé et l'économie durable. Une révolution d'autant plus nécessaire que la rente pétrolière ne pourra plus à l'avenir assurer des fins de mois heureuses à un peuple largement assisté, subventionné et désœuvré.

Les déclarations du prince nourrissaient alors le frêle espoir d'une révolution culturelle dans ce pays qui, depuis les années 1970, a gangrené à coup de pétrodollars le monde sunnite d'un fondamentalisme abrutissant. Les djihadistes (Al-Qaida et Daech) sont les enfants naturels du wahhabisme saoudien. Il semble que MBS en ait pris toute la mesure, réalisant l'extrême vulnérabilité du royaume, concurrencé à l'extérieur par le bouclier perse et miné de l'intérieur par une jeunesse en mal d'idéal et de projet. Mais si le nouvel autocrate de l'Arabie saoudite n'est pas renversé[5] ou assassiné[6], s'il parvient à mettre en place un islam éclairé, un retournement de tendance au sein du sunnisme ne pourrait sans doute émerger que dans vingt ou trente ans... En attendant, il faut faire face à la prolifération des métastases.

Quand il a pris le pouvoir, ses motivations n'étaient pas toutes limitées à cette perception d'une chronique d'un désastre annoncé à cause du sectarisme répandu par Riyad depuis les années 1960. Le prince savait que sa position d'héritier restait incertaine, très incertaine, car les guerres intestines de succession ne sont jamais vraiment terminées au royaume des Saoud. Dans son livre sur l'Arabie saoudite[7], Fatiha Dazi-Héni souligne le fait que la monarchie saoudienne reste « fragile par son incapacité à régler définitivement et institutionnellement la question de la succession ». Normalement, une règle bédouine non écrite veut que l'on trouve des arrangements, des accommodements, des compensations : les perdants de la course doivent s'y retrouver... positions, prébendes, titres, argent, etc.

Pour sortir de ce système, le prince héritier Ben Salmane a décidé sans ambages d'appliquer à son pays une thérapie aussi musclée qu'inédite : l'amputation plutôt que l'homéopathie. Il a donc tout simplement fait embastiller* une cinquantaine des dignitaires du pays, parmi lesquels onze princes du sang comme lui. Le ministre commandant la garde prétorienne du régime (quatre-vingt mille hommes), Mitab ben Abdallah (fils du précédent souverain), a fait partie de la fournée. Cette conquête brutale du pouvoir a sidéré tous les spécialistes de l'Arabie saoudite. Quant aux milieux économiques internationaux, ils ont vu disparaître dans la tourmente leurs meilleurs interlocuteurs. Un paradoxe ! Depuis, les princes sont libérés au compte-gouttes contre des rançons colossales.

La raison affichée de ces limogeages ? La corruption ! Un prétexte qui relève presque de l'humour dans un pays où les membres des familles régnantes ne font traditionnellement pas de différence entre leurs poches et celles de l'État. La rumeur veut que certains auraient vraiment trop abusé d'un système en cours d'essoufflement**... Le prince Ben Salmane s'est

* En Arabie saoudite, la « bastille » où se trouvent mis au secret les princes récalcitrants est un palace cinq étoiles de la capitale.

** On leur aurait proposé un deal pour pouvoir être libérés : rembourser l'État de sommes qu'ils auraient indûment mises dans leurs profondes poches. L'un de ces princes a été relâché, fin 2017, après avoir rendu un milliard de dollars. Ces « rançons » modernes sont intégrées au budget de l'État.

inspiré des modèles chinois, russe et turc pour faire le ménage autour de lui. Une sorte d'opération « mains propres » dans les sables du désert. « Ben Salmane fait du Poutine, il casse tous les oligarques qui peuvent lui barrer la route », confiait un homme d'affaires après le coup de force[8]. Qu'importe le prétexte, qui amuse les foules, si on a l'ivresse du pouvoir et, sans doute, l'espoir de le conserver très longtemps, à l'image des autres tyrans du moment qui se projettent dans des horizons toujours plus lointains.

Mohammed ben Salmane a compris la double aspiration de la jeunesse de son pays : ouverture et tyrannie… éventuellement « éclairée »… Pourquoi pas un « Louvre II » dans les sables d'Arabie ? Les motifs profonds de ce coup de torchon – qui pourrait se retourner in fine contre le jeune trublion – sont hautement politiques. « Il veut être à la fois le grand modernisateur autoritaire qui met à bas le système saoudien traditionnel [le pouvoir religieux aux imams ; le pouvoir politique et économique aux familles régnantes] et le porte-étendard du volontarisme saoudien face à l'Iran. L'histoire s'accélère. Nous sommes peut-être à la veille d'une nouvelle guerre régionale », expliquait, en novembre 2017, Stéphane Lacroix, professeur à Sciences Po[9].

Les trois coups

Les trois coups de cette confrontation annoncée ont sans doute déjà résonné sur la scène du théâtre moyen-oriental. Et le malheureux Liban (avec son million de réfugiés) en a fait les frais. Le Premier ministre libanais, Saad Hariri[10], a été convoqué en Arabie saoudite début novembre 2017 par le nouvel homme fort MBS. À son arrivée à l'aéroport, on lui a confisqué son portable et son passeport comme à un vulgaire trafiquant. Il a cru un moment qu'il allait être embastillé dans le même hôtel de luxe où se trouvaient déjà un certain nombre de princes saoudiens. Il a dû attendre quatre heures dans cette situation embarrassante avant d'être sommé d'annoncer sa démission en direct sur les médias saoudiens. Le tyran de Riyad estimait que le Premier ministre libanais s'était montré bien trop conciliant ces derniers temps avec l'Iran[11] et ses alliés locaux du Hezbollah. Muni d'une partition écrite par les Saoudiens, le Premier ministre du Liban Saad Hariri a accusé dans les médias le Hezbollah d'en vouloir à sa vie. Face à cette menace, il préférait donc démissionner. Qu'importe la taille énorme de cette ficelle grotesque utilisée pour le pendre. Elle n'a trompé personne. Hariri était ainsi congédié sans préavis par son « tuteur » tyrannique, comme cela se pratique fréquemment dans ce royaume des sables avec les « serviteurs » étrangers qui ont démérité. Le « parrain » a tenu son « filleul » rênes courtes, en l'humiliant au passage pour bien montrer sa servitude. Même les chiites et les chrétiens libanais se sont sentis blessés par le sort réservé à leur Premier ministre sunnite*. Sans l'intervention preste et

* Au Liban, où coexistent dix-sept religions, la tradition politique veut que le chef de l'État soit chrétien, le Premier ministre, sunnite, et le président de la Chambre des députés, chiite. Le

habile de la France[12], Saad Hariri serait peut-être encore retenu « amicalement » à Riyad.

Au final, cette affaire gérée de façon brouillonne a plutôt joué contre MBS en soudant les Libanais contre la grossièreté de ses méthodes. Certains de ses cousins princiers y ont vu une nouvelle preuve de sa fébrilité, de son improvisation et de sa tyrannie mal contrôlée. Le Hezbollah, quant à lui, a eu beau jeu de dénoncer une atteinte à la démocratie et à la souveraineté du Liban. Devenu incontournable au pays du Cèdre, et, comme on l'a vu, l'une des milices les plus actives en Syrie, depuis 2013, pour consolider le grand axe perso-chiite, le « parti de Dieu » se sent pousser des ailes. Lui déclarer ainsi la guerre symboliquement revenait à le renforcer et à envoyer immanquablement un crachat sur les babouches du grand ayatollah Khamenei, le chef religieux et militaire de l'Iran.

À peine le prince héritier saoudien avait-il mis en œuvre son opération de destitution de son filleul libanais, qu'un missile était envoyé du Yémen sur la capitale Riyad (il a été intercepté avant de frapper le sol). L'expéditeur n'était autre que la milice chiite houthie, activement soutenue par Téhéran dans cette guerre invisible. Pour les Saoudiens, la responsabilité de l'Iran ne faisait aucun doute. Un contentieux de plus sur une liste sans fin…

---

président du Liban, le général Michel Aoun, est allié avec le Hezbollah (chiite) à travers son parti chrétien libanais.

Alliance contre nature

Pour tenter de reprendre la main en Syrie, l'Arabie saoudite cherche, depuis 2017, à fédérer autour d'elle ce qui reste des forces d'opposition à Bachar et à ses alliés chiites. Le prince veut revenir dans le jeu et contester à Téhéran sa domination au Levant (y compris en tentant également de réveiller, comme on l'a dit, le sentiment national irakien contre la mainmise des Iraniens). Quant aux États-Unis, après avoir désigné sans ambiguïté l'axe du mal (l'Iran), ils ne peuvent que se féliciter de voir leur allié saoudien sortir du bois et se mettre en ordre de bataille politique, institutionnel, confessionnel et militaire. Cela pourrait être, en 2018, une nouvelle nuance de guerre aux couleurs vives.

Mais derrière les trois principaux protagonistes de ce drame oriental (États-Unis, Iran et Arabie saoudite) apparaît déjà un quatrième « acteur »… Paradoxe, Israël se retrouve avoir désormais des intérêts communs avec la détestée Riyad, où l'antisémitisme et l'antisionisme fleurissent abondamment aux balcons et derrière les moucharabiehs. Une illustration de plus de l'étrange ballet diplomatique syncopé qui secoue le monde depuis plus d'une décennie. Fin 2017, médusés, les observateurs ont assisté à la mise sur pied d'une sorte d'axe anti-Perse : il fédère les États-Unis, l'Arabie saoudite (et les pays du Golfe, moins le Qatar) et Israël. Ce n'était pas nécessairement l'idée originelle des leaders israéliens. Il y a quelques années, ils espéraient plutôt parvenir un jour à un accord ouvert ou tacite avec les Perses, jugés infiniment plus sûrs que les Arabes[13].

Mais la logique géostratégique en a décidé autrement. C'est un signe supplémentaire de ce que nous avons décrit plus haut : l'instabilité chronique des alliances, le rapprochement des contraires. Plus rien n'est désormais impossible. Au passage, cela montre que le conflit israélo-palestinien est rangé pour longtemps au rayon des vieux accessoires... Même les pays arabes ne font plus semblant de s'en préoccuper.

Sous influence du Hezbollah[14], le fragile Liban devient une menace géostratégique insupportable pour Tel-Aviv. Les services de renseignement israéliens sont parmi les meilleurs du monde et Israël est en guerre depuis des décennies. La montée en puissance du « parti de Dieu » ne leur a donc pas échappé. Pas plus qu'aux services secrets français[15] (la France est présente par ailleurs au Sud-Liban au sein de la FINUL). Le Hezbollah n'est plus la petite start-up terroriste des années 1980. Il s'est acheté une respectabilité politique au Liban où il pèse, notamment par ses actions sociales dans ses fiefs de Beyrouth et du Sud-Liban. Son leader, Hassan Nasrallah, est adulé par une partie de la population et craint par les autres. La force armée du Hezbollah (dix mille hommes, en prenant les évaluations hautes), du Yémen à la Syrie, a fait ses preuves. Qui arrêtera cette force dotée d'un armement assez complet, à l'exception des avions de combat ?

En novembre 2017, en Syrie, la branche militaire du Hezbollah a célébré sa quatrième année d'engagement par un grand défilé militaire avec une gamme étonnante de matériel, du plutôt léger (automitrailleuses, camions, lanceurs de missiles) au plutôt lourd (chars de combat). On peut d'ailleurs se demander si une partie du matériel de guerre de l'armée syrienne n'a pas été transférée aux mains du « parti de Dieu ». La question est : va-t-il l'emporter avec lui en rentrant au Liban où il dispose déjà d'une gamme assez complète de matériels ?

Deux axes d'attaque ?

Le journaliste du *Figaro* Georges Malbrunot, un des mieux informés de la place de Paris, s'est penché sur un rapport des services de renseignement français (très actifs dans la zone). On peut y lire à propos de la « dotation » de l'armée du Hezbollah : « Chars T-55 [matériels russes anciens], véhicules de transport de troupes, nombre important de pièces d'artillerie, dont des canons tractés et des lance-roquettes multiples, missiles antichars, missiles de longue et moyenne portée[16]. » Georges Malbrunot a également recueilli un témoignage d'un Libanais proche du Hezbollah extrêmement révélateur de ce qui se passe dans la tête d'un certain nombre de ses militants : « Nous aussi, nous avons nos scouts. Après avoir fait un premier pèlerinage sur les lieux saints en Iran, des enfants de douze ou treize ans sont évalués et, lorsqu'ils atteignent quatorze ans, les plus motivés sont renvoyés dans des camps d'entraînement pour devenir des combattants. Notre engagement en Syrie fait de nous une armée qui n'est plus une armée de guérilla. Nous sommes maintenant une armée qui a la possibilité d'entrer en Galilée [Israël], si demain un conflit devait éclater. Nous ne le souhaitons pas. Mais Israël doit savoir que s'il déclenche une guerre, elle ne se limitera pas au sud du Liban. Ce ne sera pas un conflit défensif. Nous entrerons en Galilée. » Une des « divisions » libanaise est dédiée à cette mission…

Mentalement un Rubicon a déjà été franchi. Reste à trouver l'allumette[17]. Déjà en 2006, le Hezbollah était sorti du conflit avec Israël par une sorte de match nul au sol. Mais ce résultat a représenté pour la rue libanaise, et singulièrement chiite, une grande victoire psychologique. Elle marque encore tous les esprits libanais. La réputation d'invincibilité de Tsahal (l'armée israélienne) avait été sérieusement écornée à cette époque.

Le Hezbollah s'est taillé depuis quelque temps un fief en Syrie dans la région de Qouneitra (sud de Damas). Un retour sur son investissement lourd dans la guerre civile de Syrie. Cette position, non loin du Golan occupé par Tsahal, pourrait être demain une base d'assaut en cas de nouveau conflit avec les Israéliens. Certes, rien n'indique que la milice libanaise souhaite en découdre. Mais sait-on jamais ce qui, sur un malentendu, pourrait se passer sur cette terre gorgée de sang ? Les épées de Damoclès ne manquent pas et menacent à tout moment de se décrocher. Les missiles à longue portée de l'Iran sont une autre menace inacceptable pour Tsahal (surtout s'ils se retrouvent dans les mains du Hezbollah). Téhéran a déjà fait savoir à la France (l'un des rares pays à pouvoir parler avec tout le monde, et qui se démène pour éviter le pire) qu'il n'acceptera jamais de faire des concessions sur ses capacités balistiques pour rassurer les États-Unis dans le cadre d'un renforcement de l'accord sur le nucléaire. C'est donc un casus belli potentiel pour Tsahal même si, à l'heure actuelle, personne dans la région ne veut d'un autre conflit ouvert.

Les balances de forces sont en effet déséquilibrées : les Iraniens disposent d'hommes et de brigades internationales aguerris mais leurs armements conventionnels sont de facture ancienne ; les pays du Golfe – et singulièrement l'Arabie saoudite – ont des matériels militaires sophistiqués (grâce notamment aux États-Unis et à la France) mais ils n'ont pas les soldats expérimentés pour les servir (sauf dans l'armée de l'air). Israël possède les deux, mais n'envisage jamais de gaieté de cœur d'entrer en guerre, car il tient comme à la prunelle de ses yeux à la vie de ses soldats.

Du côté américain, les généraux qui entourent l'imprévisible commandant en chef sont tout sauf des va-t-en-guerre aux idées courtes. Le gendre de Donald Trump, Jadre Kushner, conseiller spécial du président, passe sa vie dans la zone. L'un des problèmes américains, c'est qu'ils ont plusieurs fers au feu, et que l'état de leur armée ne permet absolument pas de s'engager massivement sur plusieurs théâtres. Ils ne peuvent pas faire la guerre à la Corée du Nord (selon le scénario que nous allons évoquer plus loin), s'engager très directement dans une montée de tension au Moyen-Orient (dans le cadre d'un conflit direct entre Riyad et Téhéran), poursuivre les opérations en Syrie et en Irak pour chasser les dernières forces de Daech et d'Al-Qaida, alors même qu'ils ont augmenté leur posture militaire en Afghanistan, au Yémen et en Afrique (notamment au Niger où la mort de quatre Bérets verts des forces spéciales a suscité, fin 2017, une minitempête politique au Congrès et dans la presse). Sans compter les coups de main donnés ici ou là, aux Philippines (reprise de Marawi) ou à l'Arabie saoudite

(Yémen), par exemple, et les multiples opérations de formation d'armées étrangères. Nous l'avons dit, même les Américains n'ont plus les moyens…

En outre, chaque protagoniste a observé les confrontations récentes, leur coût financier et leur bilan politique et humain. Le conflit en Irak (entrée des Américains en 2003, sortie en 2011), la guerre du Yémen (depuis 2015), la guerre en Syrie (depuis 2011), les guerres entre Israël et le Hezbollah au Sud-Liban (1982 et 2006) et contre Gaza (2008, 2012, 2014) sont là pour rappeler qu'ils ne résolvent rien dans la durée, bien au contraire. Mais la raison suffira-t-elle à bloquer le choc des haines ?

6

Moscow: the place to be…

Dans tous les paysages déliquescents, il est des entités ou des personnes qui manifestent d'étonnants talents manœuvriers. Comme si le chaos ambiant stimulait leur esprit d'entreprendre et leur imagination. Enterré trop vite par certains, l'ours russe est sorti de sa tanière en constatant la débâcle des glaces internationales. Dans le choc des icebergs nationalistes et la fonte des banquises étatiques, il a prouvé que sa corpulence naturelle et sa diète récente ne l'avaient en rien handicapé.

En autocrate avisé, le tsar Poutine a son propre agenda en tête pour poursuivre sa stratégie de créneaux. Il se représente d'ailleurs en 2018 pour un nouveau mandat présidentiel et il peut vendre désormais à ses électeurs le retour de la grande Russie dans le concert des nations. La fierté ne nourrit pas toujours son monde[1] – on le voit en Iran – mais ce n'est pas rien après les années d'humiliations de l'ère Eltsine. Le maître du Kremlin a habilement joué de toutes les faiblesses du système global (et singulièrement du déclin américain) pour se repositionner. Mais ce qui est acquis un jour peut être remis en cause le lendemain. Poutine connaît cette loi d'airain qui semble régir ce début de siècle. Tout est fragile et négociable. Le tyran – tout tyran qu'il est – doit composer avec un quotidien extrêmement imprévisible et l'indiscipline chronique de ses vassaux. Mais, pour l'instant, quels sont les gains engrangés et les alliances nouées par le Kremlin ?

Dans la guerre de Syrie, la Russie a été un allié de l'Iran très efficace, sans états d'âme mais encombrant. Cette alliance baroque entre le chiisme et l'orthodoxie forgée au feu des combats n'est pas sans ombre ni ambiguïté. Les deux pays combattent certes pour le régime de fer qui siège à Damas mais leurs objectifs stratégiques ne coïncident pas. L'Iran estime d'ailleurs que son partenaire est arrivé bien tard (2015 contre 2013 pour Téhéran), et que ce sont les troupes iraniennes et leurs supplétifs qui ont payé au sol le prix du sang[2], tandis que les Russes faisaient confortablement la guerre du ciel.

Poutine a fait preuve au Levant d'un sens aigu des opportunités à saisir. Il a magistralement raflé la mise en sauvant Bachar et le clan alaouite d'un effondrement total. Il a permis la reprise de la ville d'Alep, bastion emblématique de l'opposition armée tenu depuis 2011. Au passage, il a conforté ses bases militaires (maritime à Tartous et aérienne à Lattaquié). Le reste est pour lui de la littérature… persane. « Iraniens et Russes sont […] en désaccord sur leurs alliances avec des pays tiers, en l'occurrence Israël et les États-Unis. Ainsi Téhéran s'irrite des bonnes relations que Moscou entretient avec Jérusalem alors que l'aviation israélienne frappe régulièrement les hommes du Hezbollah, voire les forces loyalistes [de Damas] en toute impunité. Téhéran s'inquiète également des risques que ce même pouvoir moscovite le sacrifie dans un deal global avec les Américains, menace d'autant plus grave, selon eux, que Donald Trump a fait le choix de revenir à l'alliance pure et dure avec Riyad », note Jean-Pierre Loubet dans son travail universitaire sur *L'Internationalisation de la guerre en Syrie. 2011-2017*[3].

Toujours au chapitre des divergences entre alliés, on trouve le discours conciliant de Moscou sur le référendum d'indépendance kurde en Irak. C'est un point de crispation qui n'est pas négligeable même s'il est pour l'instant marginal dans le contexte global. Poutine l'a tenu pour se ménager les bonnes grâces d'un futur pays assis sur un pactole pétrolier et avec lequel il entend développer un fructueux business. Cela ne fait l'affaire ni des autorités (chiites) de Bagdad ni de leurs grands parrains de Téhéran (chiites également). Qu'importe, on ne peut être ami avec tout le monde, tout le temps. On retrouve ici l'inclination de Poutine pour la Realpolitik. Mais ce qu'il peut apprécier tactiquement chez les autres, il le déteste chez lui. C'est ainsi que le Kremlin a mis fin en 2017 à la semi-autonomie du Tatarstan au sein de la fédération de Russie. Installée dans le bassin de la Volga* (neuf cents kilomètres à l'est de Moscou), cette République à majorité musulmane bénéficiait jusqu'alors d'un statut spécial. Le sous-sol disposant de ressources pétrolières significatives (environ 7 % du pétrole de la Russie), le

* La population est composée à 53 % de Tatars et à 40 % de Russes.

Tatarstan pouvait pourtant assumer son rang sans quémander de subsides à Moscou. Poutine, tyrannique, n'aime pas que l'on s'éloigne trop de son orbite. Pour faire bonne mesure, une ordonnance russe a supprimé l'enseignement obligatoire à l'école de la langue tatare. Une soixantaine d'écrivains tatars ont écrit au président Poutine pour dénoncer « une bombe à retardement au cœur de la Russie[4] ». Après la suppression du statut particulier du Tatarstan, il n'y a plus aucun dispositif institutionnel spécial permettant un semblant d'autonomie économique. Il y en avait quarante-six quand Poutine a pris le pouvoir (en 1999). C'est ici l'un des effets discrets de l'extension du domaine de la tyrannie courante. Tout le monde doit un jour regagner le giron national.

Opération Résurrection

Vladimir Poutine assume avec jubilation cette posture de tyran décomplexé. Tout comme Erdogan, il est convaincu que le doigt de Dieu est sur lui... Il est né pour être le bouclier de la sainte Russie, le sauveur d'une Europe décadente, le rempart contre les désordres du monde : « Peut-on se développer sur la base d'un État fragile et d'un pouvoir impuissant, géré de l'extérieur, et qui a perdu la confiance de son peuple ? La réponse est évidemment non. Ces derniers temps, nous avons vu beaucoup de pays où une telle situation a ouvert la route aux aventurismes, aux coups d'État et, en fin de compte, à l'anarchie. Partout le résultat est le même : tragédies humaines et victimes, déclin, ruines et déception[5]. » C'est sur cette thématique porteuse qu'il a lancé sa campagne pour 2018. Une promenade de santé compte tenu de la dispersion de son opposition. Le tyran n'est-il pas le rempart naturel contre l'anarchie ?

En esthète du despotisme plus ou moins éclairé, le président Poutine a dû apprécier le coup de torchon du prince héritier saoudien qui a fait mettre en prison dorée nombre de ses pairs. Mais cela n'arrange pas les affaires de son allié iranien. Or, Moscou n'a certainement aucune envie d'avoir à choisir entre les deux pays : leurs représentants sont persona grata à Moscou. De même, il entretient de bonnes relations avec Israël… tant qu'il ne livre pas à Téhéran des batteries de missiles sophistiquées qui pourraient se retrouver un jour au Sud-Liban dans les mains du Hezbollah. Le Premier ministre Benyamin Netanyahou s'est rendu à Moscou, à plusieurs reprises, pour le dire au nouveau tsar. Tout cela ne tient qu'à un fil.

Échecs et poker menteur

Comme les Iraniens, les Russes sont des champions aux échecs. Vladimir Poutine pratique ce jeu avec la mentalité d'un habitué du poker menteur. Le résultat est stupéfiant en termes d'influence. Il y a trois ans, il était impossible d'imaginer la Russie en position de négociateur central sur le sort de la Syrie, parlant à tout le monde et ayant ravi la place des États-Unis, comme de l'Europe, dans cette région du monde. Maestria diplomatique, cynisme politique, brutalité guerrière et sens affûté de la tactique ont permis au dictateur russe de se replacer au centre de la partie en peu de temps alors que son pays traversait une crise économique sévère à cause de l'effondrement du prix du baril de pétrole. Plus sa puissance internationale croissait, plus les droits de l'homme en Russie baissaient.

Jusqu'où ira-t-il ? Il n'a strictement aucune envie d'envahir l'Europe de l'Est. La Crimée lui suffit, tout comme l'influence qu'il exerce par procuration dans le Donbass ukrainien. C'est inutile de pousser ses blindés plus loin. Ce serait bien trop dangereux et bien trop coûteux financièrement. Rien ne vaut les bonnes vieilles méthodes du KGB : terroriser, influencer et manipuler. Des approches qui ont fait leurs preuves et auxquelles s'est ajouté le jeu des trolls ; ces hackers qui cyberattaquent les intérêts occidentaux pour le compte du Kremlin. L'intimidation fait également partie de la panoplie du parfait officier du KGB (Poutine a atteint, jadis, le grade d'officier supérieur dans cette organisation). Aussi les avions de chasse et les sous-marins russes passent-ils leur temps à flirter dangereusement avec les espaces aériens et sous-marins des puissances européennes. On frise très souvent l'incident grave, les avions occidentaux devant « raccompagner » leurs homologues russes du bon côté de la ligne[6].

Depuis 2017, des bataillons de l'OTAN ont pris leurs quartiers en Pologne et dans les pays Baltes. La même année, à Cracovie (Pologne), un centre otanien de contre-espionnage a été installé. Face à ces incessantes provocations de Moscou, la Suède a décidé de rétablir le service militaire. L'OTAN a également renforcé sa posture aérienne en Europe de l'Est pour rassurer ses alliés rendus très inquiets dans la région par les balancements d'un pied sur l'autre de l'ours russe, brassant beaucoup d'air avec ses griffes acérées.

C'est un excellent résultat pour le maître du Kremlin : il se pose désormais en victime d'un Occident décadent (ayant oublié ses racines chrétiennes) et d'une OTAN inféodée à Washington. Cela renforce d'autant son régime autocratique. Les médias gouvernementaux ne cessent de conter à la population russe la ritournelle de la volonté d'encerclement otanien de la sainte patrie orthodoxe. Quel retournement ! Les mêmes vont jusqu'à dénoncer la « censure » qui existerait en France macronienne parce que les journalistes de RT (Russia Today), une chaîne d'information en continu récemment implantée en France, ne parviennent pas à obtenir leur accréditation à l'Élysée… Vladimir adore donner des leçons de démocratie, de pluralisme et de liberté de la presse aux Occidentaux. Tout petit, au KGB, il a appris que la meilleure des défenses était l'attaque et que le ridicule ne tue jamais. Et puis les effets de son influence sont là pour prouver qu'il est bien le leader éclairé que la Russie éternelle attendait.

Désormais, tout le monde se presse à Moscou : Turcs (repentants) comme Saoudiens (pourtant ennemis des Iraniens), Israéliens (pourtant alliés des Américains) comme Iraniens (ennemis des premiers), milices kurdes comme officiels syriens (Damas), Syriens révolutionnaires hostiles à Bachar comme milices fidèles au régime, Palestiniens adversaires du Fatah et du Hamas… « La Russie s'est transformée en un pouvoir agile, capable de prendre des décisions militaires et politiques rapidement. À l'instar des États-Unis, de la France et de la Grande-Bretagne. Et je pense que ce changement est permanent », explique François Heisbourg, président de l'International Institute for Strategic Studies (IISS).

La rébellion des filleuls

On l'a vu, Moscou ne se sent pas lié par le grand rêve sassanide de la Méditerranée au golfe Persique et il n'a que faire des alaouites. Ce que le tsar russe veut, c'est assurer la permanence de ses bases syriennes navale et aérienne en Méditerranée pour préserver son débouché vers les mers chaudes (vieux rêve de l'empire tsariste) et y damer le pion à l'omnipotente Amérique. Il souhaite également éliminer la menace djihadiste qui le concerne directement (menace à partir du Caucase). C'est pour cela que Moscou tente de trouver une issue politique à la crise syrienne. Il a lui-même établi, à sa main (et sans les Américains), un sas de discussion politique à Astana (Kazakhstan), plus des réunions informelles en Russie qui marchent plus ou moins bien (il y a toujours un clan insatisfait pour les boycotter). Il en a besoin pour stabiliser le paysage alors que les visées hégémoniques de son allié iranien créent de préjudiciables turbulences régionales et l'ire de Washington et Riyad.

Moscou veut toucher les bénéfices politiques de son opération de sauvetage du soldat Bachar. Il a d'ailleurs transformé le ciel syrien en une sorte de stand d'exposition dynamique de la nouvelle excellence technologique militaire russe. Poutine n'oublie jamais que son pays est en crise économique (fragilité du cours du pétrole) et qu'il est un important exportateur d'armements[7]. La Syrie a été son salon du Bourget à ciel ouvert. Mais si Poutine a, d'une certaine façon, gagné la guerre de Syrie*, il est loin d'avoir gagné la paix. Il se voit même défié, à l'occasion, par celui-là même qu'il a sauvé du chaos total : Bachar el-Assad. C'est ainsi qu'en avril 2017 le régime de Damas a, de nouveau, employé l'arme chimique pour ses buts de guerre[8]. Une façon de dire à Moscou – qui avait pourtant empêché par une habile manœuvre diplomatique les frappes occidentales après l'utilisation du chimique à l'été 2013[9] – que Damas n'avait que faire du processus de paix lancé par la Russie à Astana, même s'il implique également l'Iran (et la Turquie).

Fin novembre 2017, le président Poutine, tout sourire, a reçu à Sotchi (mer Noire) son homologue syrien, Bachar el-Assad, celui dont toutes les chancelleries occidentales annonçaient la chute imminente en 2011… Le « petit pas de deux » diplomatique auquel il s'est livré devant la presse, avec Bachar à ses côtés, mérite d'être décrypté.

Poutine : « La victoire contre le terrorisme est encore très loin, mais en ce qui concerne notre travail commun dans la lutte contre le terrorisme [en Syrie], cette opération militaire touche à sa fin. »

Traduction : *Je veux me retirer de l'opération et toucher mes dividendes.*

---

* Après presque sept ans de guerre, elle n'est pas encore achevée sur le terrain au moment où nous écrivons ce livre.

Poutine : « J'aimerais vous entendre sur l'évaluation actuelle de l'état des choses et des perspectives de développement de la situation, y compris votre vision du processus politique qui, comme nous le voyons, devra être mené au final sous les auspices des Nations unies[10]. »

Traduction : *Il va falloir arrêter de nous balader et faire des concessions politiques concrètes a minima pour stabiliser la situation. Il faudra passer en fin de compte par l'ONU, sinon le bordel recommencera aussitôt si vous montez avec votre clan alaouite un accord bidon avec des opposants fantoches.*

Poutine : « La rencontre d'aujourd'hui est très importante pour régler nos montres. »

Traduction : *Il faudrait que vous vous rappeliez un peu plus qui vous a sauvé la mise et que Damas s'aligne sur le fuseau horaire de Moscou. Vous êtes au pied du mur. Cessez de vouloir jouer au plus fin.*

Bachar el-Assad : « Nous ne voulons pas regarder en arrière […]. Le projet du "Congrès pour le dialogue national[11]" aura lieu dans quelques jours. Mais nous souhaitons des garanties en matière de non-ingérence dans nos affaires intérieures. »

Traduction : *Effectivement, il vaut mieux ne pas trop regarder derrière nous tant la masse de cadavres que nous avons laissée est impressionnante… De toute façon à mes yeux vous n'êtes qu'un moujik orthodoxe prétentieux que je tolère sur mon sol car j'ai besoin de vous pour l'instant. Vous pouvez tenir tous les conciliabules que vous voulez, les congrès, groupes de contact et autres formats ad hoc, je resterai à la fin le seul maître à bord. Les alaouites sont indestructibles... Les autres passeront, nous resterons.*

Poutine : « Très bien, je note avec satisfaction que vous êtes prêts à travailler avec tous ceux qui veulent la paix et une solution. »

Traduction : *Tu commences sérieusement à me chauffer les oreilles. Tu iras à la table de négociation même si je dois te tordre le bras dans le dos...*

Filleuls durs d'oreille

Ce dialogue « diplomatique » Poutine-Bachar (avec une traduction très libre de l'auteur) est l'une des illustrations de la difficulté des « parrains » (fussent-ils des tyrans puissants) à se faire entendre de leurs « filleuls » même quand les seconds doivent beaucoup, voire tout, aux premiers. Il y a d'autres exemples que nous balayons rapidement pour mémoire. Ils sont intéressants, car ils montrent que même un pouvoir « tyrannique » peut être contourné par des pays pourtant théoriquement dépendants de lui.

C'est ainsi qu'en 2011 les Américains ne sont pas parvenus à convaincre les Saoudiens, dont l'armée est pourtant sous perfusion américaine, de ne pas intervenir militairement à Bahreïn[12] pour aider la monarchie sunnite, qui règne dans ce pays depuis le XVIIIe siècle, à mater la révolte populaire des chiites demandant plus de droits. Ces derniers sont largement majoritaires dans la population (70 %) mais minoritaires politiquement. Placé en face de l'Iran, Bahreïn est une autre pomme de discorde entre Riyad et Téhéran. Cette dernière ne cesse de demander la restitution de sa « quatorzième province ». En attendant, les responsables de mouvements politiques chiites moisissent en prison.

Quant à la Chine, elle a bien du mal à contenir son bouillant protégé : la Corée du Nord. En septembre 2017, tandis que Kim Jong-un (trente-quatre ans) multipliait les provocations[13] (tirs de missiles, essai nucléaire), une délégation du Parti communiste chinois, conduite par une femme, s'est rendue en Corée du Nord pour dialoguer avec ses homologues nord-coréens. La réunion s'est terminée en pugilat et la responsable chinoise a été molestée[14]. Il n'est pas sûr, contrairement à certains commentaires, que Pékin se satisfasse d'avoir à sa frontière sud un État – auquel il est certes lié par un traité d'amitié et de soutien militaire – qui, doté de l'arme nucléaire, pourrait s'avérer incontrôlable à terme.

Les Américains et la coalition internationale (dont la France) en Syrie ne sont pas plus parvenus à empêcher leurs alliés au sol, les Forces démocratiques syriennes (FDS) et les milices du PYD (Parti de l'union démocratique), composées de tribus arabes et de Kurdes, de négocier avec Daech, sans les consulter, la sortie de combattants djihadistes et de leurs familles lors de la prise de la capitale du califat, Rakka, en octobre 2017. Ces groupes n'en ont fait qu'à leur tête. Ils se sont arrangés entre eux, au grand dam des Occidentaux qui redoutent que ce type d'accords ne permette à des djihadistes étrangers de se volatiliser et éventuellement de revenir dans leurs pays d'origine avec de sombres intentions.

Enfin, on peut citer le retournement de Saad Hariri. Sous la pression du prince Ben Salmane, le Premier ministre libanais avait, comme nous l'avons vu, annoncé sa démission de Riyad, en accusant le Hezbollah libanais d'en vouloir à sa vie. De retour à Beyrouth, après un crochet par Paris[15], il a repris sa démission, en s'écriant : « Liban d'abord. » Les observateurs font observer que sa soudaine cote de popularité libanaise risque d'être bien éphémère et rappellent que toutes ses affaires (travaux publics) sont en Arabie saoudite… ainsi que ses deux derniers enfants. Son parrain pourrait se rappeler à lui, si tant est qu'il puisse durablement représenter quelque chose de solide au pays du Cèdre.

7

L'atome des mollahs

Les relations internationales sont à l'image des paradoxes de ce début de siècle : le monde est à la fois fortement fragmenté, sans polarité reconnue, et très relié. Cela veut dire que même si chaque entité-puissance joue sa partition en solo, avec des accords de circonstance, des changements d'orchestre permanents, les sonorités se mêlent, s'influencent réciproquement et se modifient sans que les chefs d'orchestre autoproclamés puissent rien y faire. Dans ce contexte complexe, de quoi rêvent certains tyrans ? De l'atome ! C'est la garantie suprême, l'assurance-vie, la sanctuarisation garantie et, peut-être, la promesse d'une hégémonie par la terreur sur sa zone de convoitise. Certains font tout pour l'avoir (la Corée du Nord), d'autres y songent (l'Arabie saoudite) ou regrettent parfois de l'avoir lâché (l'Iran).

Accord de Munich ?

L'accord de 2015 sur la mise sous contrôle du programme nucléaire iranien (conclu en juillet 2015 entre les cinq grands, l'Allemagne et l'Iran) a été une avancée majeure pour décongestionner une région sous tension guerrière. Il est destiné à vérifier sur pièces et sur place que le programme nucléaire iranien est bien pacifique et civil en échange de la levée progressive des sanctions économiques qui brident un pays prêt à un décollage économique (ce que redoute l'Arabie saoudite). Les inspecteurs de l'Agence internationale de l'énergie atomique (AIEA) veillent au grain et rendent régulièrement des rapports d'inspection qui concluent tous au parfait respect par Téhéran de ses engagements internationaux. Le système est à ce point contraignant que les États-Unis ont voté une loi qui oblige le chef de l'État, tous les quatre-vingt-dix jours, à présenter au Congrès un document assurant que l'accord est appliqué en conformité avec les intérêts de sécurité des États-Unis.

C'est cette certification diplomatique que le président Trump a refusé de donner à l'automne 2017. Cette décision peut avoir des conséquences désastreuses. Durant sa campagne, le président Trump avait fait une fixette sur cet accord – « le pire » qu'il ait jamais vu. Son élection ne l'a pas calmé. Il voit dans ce document âprement négocié le sceau de tout ce qu'il déteste dans la personnalité conciliatrice de son prédécesseur, Barack Obama. C'est le choc de la psychologie d'un tyran infantile contre celle d'un juriste subtil. Même si l'entourage militaire de Trump le juge « bon » et estime « fiables »

les contrôles in situ, même si le président français, Emmanuel Macron (et les Européens) ne cesse de mettre en garde la Maison-Blanche contre un très risqué « détricotage », le président américain a ajouté un nouveau niveau de tension dans ce domaine ultra-sensible du nucléaire.

Son refus a été assorti d'une diatribe contre l'Iran et d'une déclaration sur la nécessité de mettre en place une politique d'endiguement. Pour Donald Trump, « le comportement malfaisant [de l'Iran] constitue l'une des menaces les plus sérieuses pour les intérêts des États-Unis et la stabilité [au Moyen-Orient] ». On croirait entendre du George W. Bush à propos de l'Irak de Saddam Hussein. Le président américain a donc annoncé une « stratégie globale » pour « neutraliser son influence déstabilisatrice et contenir son agression[1] ».

Cela ne signe pas la mort définitive de cet accord, mais cela le fragilise grandement. Le Congrès américain devrait en effet formuler de nouvelles demandes pour que l'exécutif obtienne plus de concessions (limitations de la capacité balistique des fusées iraniennes), et surtout la possibilité d'inspecter les sites militaires iraniens. Cette dernière demande, parfaitement inacceptable pour la souveraineté perse, n'a aucune chance d'être acceptée. Elle fait penser aux exigences de même nature présentées à l'été 1914 par l'Empire austro-hongrois à la Serbie, après l'assassinat, à Sarajevo, de l'archiduc François-Ferdinand. On connaît la suite… Dans le paysage belligène actuel, c'est un nouveau point de tension avec une forte probabilité de dégradation internationale.

Israël applaudit de son côté la fermeté américaine. Tel-Aviv a toujours dénoncé cet accord, au point de tendre à l'extrême les relations entre le Premier ministre, Benyamin Netanyahou, et le président Barack Obama. Les Israéliens redoutent le développement de la capacité balistique (fusée conventionnelle) des Iraniens, attesté par toute une série d'essais en 2017. Sous l'impulsion du président Macron, la diplomatie européenne tente d'éviter le détricotage de l'accord par le renforcement de certaines coutures (limitation de la capacité balistique). C'est sans doute mission impossible, car les Iraniens modérés sont échaudés et les mollahs ultras, très remontés. Le pire serait que le Congrès américain décide de sanctions économiques unilatérales, qui ne tueraient pas l'accord complètement, mais qui pourraient s'appliquer également aux entreprises européennes revenues en Iran[2]. Fin 2017, les États-Unis ont placé les Gardiens de la révolution sur la liste noire du Trésor américain[3]. Cela pourrait empêcher les entreprises européennes de conclure des deals localement avec des groupes industriels ou de services dirigés par des Gardiens. Ce serait, une nouvelle fois, une fracture interne à une même coalition et un joyeux désordre diplomatique et économique.

De leur côté, les Gardiens de la révolution (ils sont aussi les gardiens scrupuleux de leur business) ont bien l'intention de rafler la mise de juteux contrats de reconstruction en Syrie, avec l'appui de Damas, et en Irak avec celui du gouvernement ami de Nouri al-Maliki. Aussi les décisions américaines représentent-elles autant de déclarations d'hostilité frontale. Les chefs des Gardiens ont multiplié les déclarations pour expliquer que s'ils étaient réellement *blakclistés* par les États-Unis, ce pays devrait s'attendre à des mesures de rétorsion, y compris militaires. Le commandant en chef des Pasdarans, le général Mohammad Ali Jafari, a prévenu que les États-Unis devraient fermer leurs bases dans un rayon de mille kilomètres autour de l'Iran : sous-entendu, sinon elles ne seront pas à l'abri. Très engagés au combat en Syrie, les Gardiens ont également menacé de considérer les soldats américains sur ce sol comme des « ennemis » au même titre que Daech. Le golfe Persique – que Donald Trump nomme désormais « le golfe Arabique » à la grande colère des Iraniens – pourrait être le théâtre d'accrochages entre les bâtiments des flottes des deux pays. Il suffirait d'une étincelle…

Les conservateurs en embuscade

L'Iran est un pays complexe dont la structure du pouvoir est d'une grande subtilité. Le vrai chef de l'Iran est le guide suprême de la révolution islamique, Ali Khamenei[4]. Le président Hassan Rohani[5], homme de mesure et de circonspection, dispose de pouvoirs qui sont très encadrés par les religieux (même s'il en est un). Il n'a pas autorité sur les forces armées et des pans entiers de l'économie lui échappent, car ils sont aux mains des Gardiens de la révolution. Le président Rohani était parvenu à rallier à lui une partie de l'électorat conservateur malgré son profil de « moderniste ». Les élites conservatrices, adversaires résolus de l'accord de Munich, avaient dû plier le genou en 2015.

Or, la décision américaine et les invectives du président Trump leur redonnent du tonus et un espace de bataille idéologique à exploiter. Le président Rohani est pour sa part déstabilisé par la nouvelle politique américaine. Il souhaitait pouvoir avancer avec les Occidentaux sur la levée de certaines sanctions non comprises dans l'accord sur le nucléaire.

Tout cela est désormais compromis et il doit composer avec une opinion publique très remontée contre les foucades américaines. Le président est contraint de hausser la voix pour ne pas se faire déborder par les extrémistes. Il a réaffirmé que l'accord « n'était pas modifiable » et que son pays l'appliquerait tant que ses intérêts l'exigeraient. Quant aux Gardiens de la révolution, dont il voulait entamer le pouvoir et la puissance économique, il se trouve contraint de prendre leur défense…

Cette remise en cause de l'accord est une aubaine pour les conservateurs. Ils peuvent désormais faire valoir que, l'un des signataires ayant refusé le quitus, chacun est libre désormais de reprendre ses droits. Ceux qui veulent en découdre sont ravis de constater que c'est le clan adverse qui a commencé lui-même le détricotage. Une perspective rêvée pour constater que l'accord a été rompu unilatéralement par Washington et reprendre le combat du nucléaire militaire.

La chose est d'autant plus tentante pour les ultras de la République islamique (80 millions d'habitants) qu'ils ont observé avec attention le cas de la petite Corée du Nord (25 millions d'habitants). C'est l'exemple même d'un pays théoriquement exsangue, sous sanctions internationales et surveillance étroite de nombre de satellites espions. Pourtant, la Corée du Nord est parvenue à se doter de l'arme atomique, en tout cas des éléments essentiels pour disposer d'une véritable force nucléaire stratégique dans quelque temps. Cela fait rêver plus d'un ayatollah nationaliste, obsédé par la confrontation avec le clan sunnite et rempli de haine pour l'Amérique. L'atome est l'arme absolue pour ceux qui rêvent de domination. Elle sanctuariserait la Perse et son empire embryonnaire. Ce serait une autre façon de venger les Sassanides par l'atome, plus compliqué à contourner que les éléphants de combat de ses armées d'hier.

Débarrassé de l'accord de Munich, pourquoi l'Iran ne pourrait-il pas parvenir au même résultat que Pyongyang en quelques années ? Le pays des mollahs est en bien meilleure santé économique et financière, même si chaque année une partie de sa matière grise fuit à l'étranger et que la révolte du début 2018 annonce peut-être des troubles intestins plus puissants. La percée nucléaire de la Corée du Nord a stupéfié tout le monde en 2017, pourquoi ne pas lui emboîter le pas ?... L'idée germe. D'autant plus que le refus des États-Unis de donner quitus en 2017 accrédite l'idée que l'on ne peut pas faire confiance à la parole d'État de ce pays qui change de pied d'un président à l'autre. Le cas iranien est évidemment suivi de très près à des milliers de kilomètres de là : en Corée du Nord justement. Le tyran de Pyongyang ne peut en déduire qu'une seule chose qui colle parfaitement avec son mental : négocier, c'est se mettre à la merci de son ennemi ! La survie du régime passe donc par l'atome.

8

Hiroshima mon amour

Le *Líder máximo* de Corée du Nord a-t-il vraiment mal pris le sobriquet que le tycoon[1] Donald Trump lui a donné depuis qu'il fait peur avec ses fusées et ses essais nucléaires : *little rocket man* ? Ce n'est pas certain. Kim Jong-un peut y voir une sorte de consécration. Il fait jeu égal avec les États-Unis, du moins dans l'invective. C'est la réalisation d'une partie de son rêve : tutoyer les grands, même si c'est pour les insulter.

En 2017, la presse internationale n'a cessé de parler de lui ; lui dont tout le monde se moquait ces dernières années pour ses allures de « bébé Cadum » attardé, dernier rejeton d'une dynastie des Kim qui a transformé cette moitié de péninsule en réserve des derniers dinosaures communistes. C'est déjà un début, car ce régime, à la fois furieusement nationaliste et obscurément stalinien, ne veut rien tant qu'être reconnu à l'égal des plus grandes nations. Marc Epstein résume bien la tonalité de la presse, fin 2017 : « Le gamin a gagné, en somme. Car Kim Jong-un n'est pas tout à fait "un fou qui menace le monde". Il est bien pire. C'est un as dans l'art de la survie politique, qui est parvenu à convaincre les deux superpuissances du XXe siècle, la Chine et les États-Unis, qu'elles avaient davantage à perdre en l'écartant du pouvoir qu'en maintenant le statu quo. Sur l'échiquier mondial, cela porte un nom : échec et mat[2]. »

Mémoire longue

Ici encore la mémoire des peuples est longue, car il ne s'agit pas seulement de l'ombre portée de la guerre de Corée (1950-1953) et de la coupure en deux de la péninsule de part et d'autre de Panmunjom (38e parallèle)*. À l'été 2017, Pyongyang a fait coïncider l'un de ses tirs de fusée avec la fête nationale américaine (4 juillet). Un message envoyé directement vers le Bureau ovale. La fierté nationale nord-coréenne raffole de ces symboles, témoin celui qui devait suivre quelques semaines plus tard. Une autre fusée est passée au-dessus du Japon le jour anniversaire de la signature honteuse du traité d'annexion qui avait scellé, en 1910[3], une humiliante colonisation nippone sur la péninsule

* On estime à plus de deux millions le nombre de civils tués lors de ce conflit et environ huit cent mille morts du côté des militaires des deux côtés (dont trente-six mille Américains). La guerre de Corée a été déclenchée par l'invasion du Sud par le Nord (soutenu par les Chinois et les Russes). L'état de guerre existe toujours entre les deux Corées dans la mesure où la cessation des hostilités (armistice) n'a été suivie d'aucun traité de paix entre les deux parties. La France est d'ailleurs signataire puisqu'elle a été belligérante aux côtés des États-Unis et de la Grande-Bretagne. De nos jours, vingt-huit mille cinq cents soldats américains sont déployés au sud de la DMZ (zone démilitarisée entre les deux Corées).

coréenne. Elle ne devait cesser que trente-cinq ans plus tard (1945). Cette histoire blessée d'une époque de soumission forcée – non sans révoltes armées durement réprimées – fait partie de la mémoire nationale au nord comme au sud.

Aux autorités militaires étrangères en visite à Séoul, il n'est pas rare que leurs homologues sud-coréennes offrent en signe de bienvenue et d'amitié la reproduction fidèle dans le moindre détail d'une jonque de guerre. Pas n'importe laquelle : celle à bord de laquelle l'amiral coréen Yi Sun-sin a écrasé la flotte japonaise à la fin du XVIe siècle. La statue en bronze de cette figure légendaire de l'histoire coréenne figure en bonne place dans les villes du pays[4]. Le numéro un nord-coréen sait donc parfaitement ce qu'il fait quand il fait survoler le Japon par ses fusées balistiques. Chaque Coréen comprend parfaitement le message. Quant aux cris d'orfraie de Donald Trump, ils sont amplement relayés dans le pays pour montrer que la survie même de la Corée du Nord et de sa population est menacée.

À l'automne 2017, aux Nations unies, à New York, le ministre nord-coréen des Affaires étrangères, Ri Yong-ho, a accusé les États-Unis d'avoir déclaré la guerre à son pays : « Le monde entier devra se souvenir clairement que ce sont les États-Unis qui ont été les premiers à nous déclarer la guerre […]. Puisqu'ils l'ont fait, nous avons le droit de prendre des mesures de riposte, y compris le droit d'abattre les bombardiers stratégiques américains même s'ils ne sont pas dans notre espace aérien. » Le président Trump a immédiatement répondu d'un tweet vengeur : « Si [Ri Yong-ho] se fait l'écho des pensées de *little rocket man*, ils ne seront plus là pour très longtemps. » Même pas peur, clame-t-on à des milliers de kilomètres de là : « Tant que le monde n'aura pas vu l'explosion de notre champignon atomique, nous ne serons pas pris au sérieux. Nous sommes plus que jamais préparés depuis des décennies à une guerre conventionnelle avec l'ennemi. Mais cet âge est terminé, car nous sommes entrés dans l'ère d'une prochaine guerre nucléaire », a expliqué calmement un ancien diplomate à la retraite à Dorian Malovic, l'envoyé spécial de *La Croix* en Corée du Nord[5]. Et la guide officielle du journaliste français lui a glissé : « Notre dirigeant Kim Jong-un nous a dit que nous aurons une guerre contre l'ennemi américain et notre but est de transformer ce président en serpillière. » Ils viennent juste de croiser des soldates en tenue marron : comme les hommes, elles font un service militaire de six ans et sont endoctrinées.

Ressources insoupçonnées

Jusqu'où ira Kim Jong-un ? Que fera le président américain ? Que veut la Chine ? Ce sont trois questions majeures pour ce début de siècle. Les surprises stratégiques ne sont pas à écarter, la première étant l'incroyable capacité déployée par Pyongyang pour équiper ses fusées de moteurs performants (sans doute venus d'Ukraine et/ou de Russie), pour maîtriser le carburant solide pour la propulsion, pour miniaturiser ses têtes et pour passer de la bombe A (tombée sur

Hiroshima et Nagasaki) à la bombe à hydrogène bien plus puissante.

Ce qui est très frappant, c'est qu'un pays théoriquement au ban des nations, étranglé économiquement et financièrement, puisse à la fois faire émerger une classe moyenne, donner à sa capitale l'allure d'une métropole développée, et consacrer des sommes colossales à l'acquisition de la bombe. Cela reste un mystère même si l'on sait que, ces dernières décennies, le régime a mis à l'abri en Chine des réserves financières dans les mains de Coréens ayant la nationalité chinoise. À charge pour eux de faire fructifier ces fonds et de financer en sous-main le développement de la Corée du Nord. Par ailleurs, toute une série d'incidents douaniers ont révélé une multitude de trafics lucratifs : vente de dizaines de milliers de roquettes en Syrie, revente à l'Érythrée de matériels de transmission militaires faussement présentés comme venant de Malaisie, vente de différents types de matériels militaires à l'Ouganda, la Tanzanie, l'Angola, la république démocratique du Congo, le Mozambique, la Namibie, le Mali, le Bénin, etc.[6]. Évidemment tout cela se fait avec des couvertures et de fausses destinations affichées.

La Corée du Nord parviendrait également à vendre des métaux rares par des intermédiaires en Inde et au Sri Lanka. On peut ajouter deux autres sources de richesses : l'une sophistiquée, l'autre basique. Les Nord-Coréens auraient développé une activité intense dans le domaine des cyberescroqueries (vols de crypto-monnaies). En 2016, la Banque centrale du Bengladesh s'est fait subtiliser 73 millions d'euros grâce à une arnaque montée par un groupe, surnommé « Lazarus », en lien avec la Corée du Nord[7]. D'autres revenus du pays sont liés à la présence à l'international d'une diaspora coréenne ardente au travail qui renvoie son argent au pays.

Chance et menace pour la Chine

« Les démonstrations de force nord-coréennes sont une chance et une menace pour la Chine : une chance parce que ainsi elle peut démontrer son adhésion à des principes internationaux qui la rendent encore plus respectable et même incontournable [...] ; une menace parce que la Corée du Nord semble s'ingénier à démontrer l'incapacité de la Chine à gérer comme un "grand" une situation de crise[8] », estime Jean-François Di Meglio, président d'Asia Centre. En position théorique de grand frère, Pékin a voté les derniers trains de sanctions contre son filleul récalcitrant. Non seulement sans résultat sur les provocations de Kim Jong-un, mais avec un effet plutôt contre-productif. Pékin est désormais sous tension dans la mesure où elle ne veut pas l'effondrement du régime frère* et en aucun cas une réunification entre les deux Corées qui placerait les bases américaines de Corée à sa frontière sud.

La Chine est de plus en plus agacée par l'indépendance vibrionnante et déstabilisatrice manifestée par un « protégé » qui fait 90 % de son activité

---

* Cela provoquerait un afflux de réfugiés sur son territoire, ce que Pékin ne veut pas.

commerciale avec elle mais qui, pour autant, n'entend pas courber la tête. En outre, sacrilège des sacrilèges en Asie, Pyongyang fait perdre la face à Pékin en jouant en solo sa partition de tyranneau. Le temps n'est-il pas venu de donner une leçon à cet impudent enfant ? Certains signaux faibles vont dans ce sens. Dans une tribune parue sur le site universitaire australien East Asia Forum, Jia Qingguo, doyen de la faculté des relations internationales de Pékin, écrit ceci[9] : « La Chine a longtemps résisté à l'appel des États-Unis et de la Corée du Sud de s'entretenir avec eux de plans d'urgence sur la Corée du Nord. [Elle] n'aura peut-être bientôt plus le choix. » Ce professeur d'université estime qu'il faudra s'entendre sur une « prise de contrôle de l'arsenal nord-coréen pour éviter tout risque de prolifération[10] ». On ne peut être plus explicite. Or, il ne semble pas que cet universitaire soit aujourd'hui en prison. « Les Chinois débattent de leur politique nord-coréenne, du niveau de pression à exercer sur la Corée du Nord. Tous s'accordent sur une chose : il n'y aura pas de dénucléarisation pacifique : soit on va vers l'acceptation tacite d'une puissance nucléaire de facto, soit on va au conflit[11] », souligne Mathieu Duchâtel, directeur adjoint du programme Asie de l'European Council on Foreign Relations.

Au final, tout cela place le grand parrain chinois dans une position ambivalente.

La montée vers la guerre ?

Cette perspective de la guerre est loin d'être exclue, car les mesures de rétorsion internationales ont un effet pervers sur la Corée du Nord : elles soudent autour du chef une population entretenue savamment dans un état avancé de paranoïa sur le mode : la terre entière nous en veut et les États-Unis souhaitent la mort de notre peuple. Les sanctions, qui partent à la cadence des provocations de la Corée du Nord, entretiennent en riposte la volonté du régime de se *sanctuariser* par la maîtrise de l'atome. C'est la quadrature du cercle. Et l'on voit mal sur quelles bases pourraient être entamées des négociations diplomatiques. Les Occidentaux veulent mettre l'arrêt du programme nucléaire comme préalable tandis que les Nord-Coréens ne lâcheront pas ce qu'ils estiment être leur assurance tous risques. Le « royaume ermite » est trop avancé et le régime en a trop fait auprès de la population pour construire une « fierté nationale atomique » pour pouvoir enclencher la marche arrière.

En outre, les Nord-Coréens ont médité la chute des tyrans Saddam Hussein (pendu) et Mouammar Kadhafi (lynché), après avoir abandonné leur programme d'armes de destruction massive. Même si l'on peut considérer que le pays ne dispose pas encore (en 2018) d'un véritable arsenal nucléaire stratégique, ni de lanceurs du type SNLE (sous-marins lanceurs d'engins nucléaires balistiques) – le must en la matière[12] –, il représente aujourd'hui une très sérieuse menace pour la sécurité de la région. C'est la grande différence avec le dossier iranien : Téhéran n'avait pas encore la bombe.

Pyongyang est aujourd'hui nucléaire même si on peut émettre des doutes sur la puissance de son arsenal.

C'est son assurance-vie : on ne résilie pas une assurance qui couvre 25 millions de citoyens. Le spécialiste des questions nucléaires Bruno Tertrais estime que « le cas de Pyongyang est la démonstration d'une double règle. La première est qu'un pays qui se sent menacé dans son existence et qui ne bénéficie pas d'une garantie de sécurité crédible fera tout pour se doter de l'arme nucléaire. La seconde est qu'un pays déterminé à franchir le seuil finit toujours par le faire. Il n'y a que deux exceptions : un changement de régime politique – ce fut le cas pour l'Afrique du Sud et le Brésil – ou une action militaire. L'Irak, sans la guerre de 1991, aurait probablement eu l'arme nucléaire à la fin de la décennie[13] ». Pour ce spécialiste des questions internationales, l'époque se caractérise d'ailleurs par « l'affirmation du nationalisme nucléaire » en Europe (tensions avec Moscou) et en Asie (où les arsenaux sont en croissance).

Impasse

La situation est donc dans l'impasse. Les pays de la région tremblent (Corée du Sud et Japon) même si la raison les pousse à considérer que Pyongyang n'est pas assez fou pour déclencher un holocauste nucléaire dans une zone qui sait parfaitement à quoi cela ressemble. La Russie poutinienne est plutôt pour le statu quo. Elle a une petite frontière commune avec la Corée du Nord et s'inquiète de l'émergence nucléaire de ce pays qui fut jadis (à l'époque soviétique) un important partenaire. Pour autant, Moscou n'est pas favorable aux sanctions inutiles et inefficaces[14] : « Les Coréens sont prêts à manger de l'herbe s'ils ne se sentent pas en sécurité », a déclaré le président russe. La Russie dispose d'une zone économique spéciale à Rason et exporte du pétrole et du gaz vers la Corée du Nord. Plus de trente mille ouvriers travaillent, par ailleurs, en Russie. Mais Moscou, pas plus que les autres capitales, ne semble à même de calmer le jeu nucléaire nord-coréen.

La prudence commande de ne pas tout miser sur la raison dans un monde drogué à l'hyper-nationalisme. Le suicide collectif peut aussi faire partie de la panoplie d'une dictature ou d'une pensée jusqu'au-boutiste. L'auteur a pu constater en Bosnie-Herzégovine (dans les années 1990) que les sanctions imposées aux Serbes n'avaient eu aucune espèce d'impact positif. Pis, elles avaient eu un effet fédérateur et suicidaire sur les miliciens et la population serbes : Puisque tout le monde est contre nous, finissons-en dans un ultime baroud d'honneur, les armes à la main. Évidemment il n'y a pas de commune mesure entre des armes conventionnelles utilisées par des miliciens suicidaires et l'arme atomique d'un régime stalinien. Mais on ne peut jamais exclure ce type de folie de la part d'un gouvernement autiste.

Et si Kim Jong-un semble faire preuve d'un redoutable bon sens tactique et d'une vision stratégique rationnelle, qu'en sera-t-il de ses successeurs ? Lui-même ne sera-t-il pas tenté d'aller trop loin après avoir réussi son coup ? Que se passera-t-il le jour où il y aura un accident nucléaire ou quand une fusée frappera par erreur le Japon ou Guam ? La région peut-elle durablement vivre avec une épée de Damoclès nucléaire au-dessus de la tête, brandie par un régime kafkaïen ?

Le président sud-coréen (de centre gauche), Moon Jae-in, élu en mai 2017, s'était montré lors de son élection très rétif à voir les Américains déployer à la frontière entre les deux Corées les systèmes de défense antimissile balistique THAAD (Terminal High Altitude Area Defense), jugeant cette posture inutilement agressive et provocante vis-à-vis de la partie adverse. Depuis l'été 2017 et les gesticulations répétés de Pyongyang, et sous la pression de sa population, il en redemande tout en récusant la logorrhée vindicative trumpienne.

Les deux présidents s'étaient d'ailleurs accrochés par tweet et communiqué interposés à l'automne 2017. « Le discours d'apaisement avec la Corée du Nord ne fonctionnera pas. Ils ne comprennent que la force », avait lancé le président américain à l'adresse de son homologue sud-coréen ; celui-ci avait répliqué : « Nous ne tolérerons jamais une autre guerre catastrophique dans notre pays [...]. Nous n'abandonnerons jamais notre objectif de travailler avec nos alliés à une dénucléarisation pacifique de la péninsule. »

En attendant la prochaine provocation nord-coréenne, la région se surarme dangereusement et les avions stratégiques américains ne se privent pas de voler à très haute altitude pour surveiller les activités militaires nord-coréennes. Le président Trump ne connaît sans doute pas le dicton complet : « Qui veut la paix prépare la guerre », mais il met en pratique sa seconde partie : il prépare la guerre.

Quand les chiffres parlent

Si on a parfois du mal à lire la stratégie internationale des États-Unis, entre promesse électorale de repli sur soi (*America first!*) et interventionnisme militaire assez soutenu (au Yémen, en Syrie[15], en Afghanistan, en Afrique[16]), en revanche, ce qui se lit très aisément, ce sont les documents du Congrès américain sur l'augmentation colossale du budget de la Défense. En 2017, le Sénat américain a adopté un budget de presque 700 milliards de dollars. C'est une hausse de près de 100 milliards de dollars par rapport au dernier budget Obama. Concrètement, cela devrait permettre d'enrôler soixante mille soldats supplémentaires (armée de terre), pour atteindre les cinq cent quarante mille hommes[17]. La marine devrait pouvoir disposer de trois cent cinquante bâtiments (contre deux cent soixante-douze aujourd'hui) avec une augmentation de cinquante mille personnels. La flotte aérienne devrait atteindre les deux mille appareils (dont un millier d'avions de combat, en augmentation d'une centaine). L'US Air Force devrait également voir ses effectifs augmenter (plus cinquante-cinq mille). Le Corps des marines et les Forces spéciales devraient suivre le même régime. Fait significatif, les dépenses pour l'Agence de défense anti-missiles (MDA) vont progresser de presque 10 %.

Cet effort est censé réparer les années de vaches maigres des précédentes administrations. Les armées américaines seraient sous-équipées et sous-entraînées. Le think tank Heritage Foundation le dit depuis 2015 et estime, une nouvelle fois, que : « Les États-Unis n'ont pas les forces adéquates, prêtes à faire face efficacement à deux conflits régionaux en même temps. Ils risquent donc de voir leurs intérêts de plus en plus menacés et l'ordre mondial qu'ils ont dirigé depuis la fin de la Seconde Guerre mondiale démantelé. » Rappelons que, dans la région dont nous parlons, il y a trente mille soldats américains en Corée du Sud et cinquante mille au Japon (Okinawa), plus quelques milliers aux Philippines et à Guam.

Dans le même moment où le président Trump a redressé la barre militaire, il a abaissé fortement le montant de l'aide humanitaire et le budget alloué à la diplomatie[18]. On ne saurait être plus clair…

Effet disruptif

Gens heureusement calmes, mesurés, raisonnables et optimistes, les diplomates pensent que rien n'est jamais perdu et qu'il faut de nouveau prendre langue avec la Corée du Nord, comme cela fut fait dans le passé. Mais que faire de l'ingérable président américain pendant encore trois ans ? Le ministre des Affaires étrangères américain, Rex Tillerson, s'est déjà fait publiquement taper sur les doigts par son patron lui demandant de cesser ses gamineries diplomatiques. « Toutes les options militaires sont sur la table », ne cesse de marteler Donald Trump. Et si c'était vrai ?

Responsable du pôle Asie à la Fondation pour la recherche stratégique, Valérie Niquet a publié en septembre 2017 une tribune iconoclaste[19]. Son titre : « Face à la Corée du Nord, l'option militaire est la moins risquée. » La chercheuse souligne tout d'abord que la posture de Kim Jong-un gêne la volonté de son grand frère chinois d'affaiblir l'acceptabilité de la présence militaire américaine dans la région. Valérie Niquet considère qu'une frappe préventive sur les capacités nucléaires de la Corée du Nord serait « un pari évidemment très risqué » – même si elle estime les capacités militaires classiques de Pyongyang très gonflées – mais, dit-elle : « On ne peut toutefois nier qu'une frappe de ce type aurait un effet disruptif majeur » sur le régime et son arsenal nucléaire.

Si rien ne se passait, le risque serait grand de voir la montée des périls en Asie, chacun constatant que le géant américain est un tigre de papier incapable de se faire respecter, comme jadis Obama à propos de l'usage de l'arme chimique en Syrie. « Pyongyang pourrait [...] être tenté d'imposer – pour des questions de prestige intérieur – la réunification de la péninsule, à l'abri de sa capacité nucléaire. Même si le calcul est faux, le risque de crise majeure existe. De son côté, la Chine pourrait aussi poursuivre sa stratégie de puissance en Asie face au Japon, à l'Inde ou en Asie du Sud-Est en comptant sur la non-intervention des États-Unis [...]. Le choix de l'apaisement et du dialogue, s'il peut sembler le plus raisonnable, pourrait donc être aussi celui qui, à terme, déboucherait sur des conflits beaucoup plus graves[20] », explique Valérie Niquet.

Pour sa part, Jean-François Di Meglio ne croit pas à l'option militaire[21] : « Les Américains ne peuvent pas taper, car on ne sait pas où cela pourrait les entraîner[22]. » Il ne croit pas plus à la possibilité d'un *nihil obstat* que Pékin donnerait en secret pour des frappes « chirurgicales » et il estime que la Chine est plus impliquée que ce que l'on pense dans l'incroyable saut technologique de la force nucléaire de son petit filleul de Pyongyang. Pour autant, l'option militaire existe bien sur la table du Bureau ovale. Lors de sa tournée asiatique (novembre 2017), le président Trump a été tout sucre avec ses interlocuteurs chinois, japonais et coréens. Mais il faut savoir lire entre les lignes. « Ne nous sous-estimez pas, ne nous mettez pas à l'épreuve », a-t-il lâché entre deux propos sirupeux. Ce déplacement pouvait être lu de deux façons : la volonté de tenter de recoller les morceaux et de relancer une approche diplomatique au point mort ; une phase préalable sur le thème : « Vous voyez, nous avons tout essayé en matière de conciliation », avant de passer à l'action. Nous considérons cette hypothèse comme très sérieuse[23].

Fiction ?

Washington estime que le régime nord-coréen est à terme un danger potentiel sérieux et que, pour le désarmer, la fenêtre de tir est extrêmement étroite. Elle se joue maintenant. En 2018, pas plus tard. Le risque serait immense mais l'analyse qui sous-tend une intervention militaire conventionnelle « décapitante » ne relève pas que de l'esprit irascible et infantile du président américain. Il y aurait un relatif consensus à la Maison-Blanche pour une opération en Corée du

Nord avant qu'il ne soit vraiment trop tard. Le raisonnement est le suivant : les Coréens du Nord sont trop avancés dans leur programme pour négocier un gel. Après une pause de deux mois, ils ont repris leurs tirs de missiles balistiques à la fin novembre 2017, provoquant une nouvelle volée de bois vert internationale sans aucun effet. Kim Jong-un a la bombe, ou en tout cas des éléments substantiels (fusée et têtes) potentiellement opérationnels à moyenne portée (trois à quatre mille kilomètres) et peut-être longue portée (treize mille kilomètres[24]), comme semble l'indiquer son tir de la fin 2017. Il n'entend pas lâcher la proie pour l'ombre. Il en va du « nationalisme atomique » qui sous-tend désormais le régime. Ne pas intervenir militairement, c'est l'assurance à terme que « le royaume ermite » disposera d'une panoplie assez complète d'armes nucléaires transcontinentales qui menacera une partie de la planète, les États-Unis en premier. Pour Washington, c'est une hypothèse inacceptable.

Depuis la crise de l'été 2017, les Américains ont eu des conversations secrètes approfondies avec les Chinois. Elles ont été conduites notamment par le chef d'état-major des armées américaines, le général Joseph Dunford Jr. Ce dernier s'est rendu à la mi-août 2017 sur la base de Haicheng, à Shenyang, siège du commandement en charge de la zone frontalière avec la Corée du Nord… Comme on l'imagine, le contenu des échanges n'est pas connu. Washington a-t-il cherché à obtenir une *approbation* pour des frappes préventives (sans troupes américaines au sol) en échange d'une non-réunification de la Corée[25] et d'une non-implication politique américaine dans d'éventuels soubresauts à

Pyongyang ? Rien ne permet de l'affirmer catégoriquement mais l'hypothèse peut être retenue. Il est extrêmement difficile de savoir qui aujourd'hui a l'oreille du président chinois (triomphalement reconduit pour un deuxième mandat en 2017) : les conservateurs, fidèles à l'alliance amicale et militaire qui existe formellement avec Pyongyang, ou les modernes (ceux que l'on nomme dans les arcanes du pouvoir chinois les « stratèges »), qui veulent se séparer d'un boulet qui freine la marche en avant chinoise.

Si les États-Unis ont obtenu des assurances verbales du côté chinois (nous n'avons aucune possibilité de le vérifier), ils pourraient procéder à des frappes dites « décapitantes » de la marine (peu fournie), de l'aviation (au demeurant peu moderne), des batteries d'artillerie et de missiles (nombreux) qui menacent Séoul[26]. D'autres frappes viseraient spécifiquement tout ce qui touche au projet nucléaire[27]. Cette pluie de feu serait articulée autour de missiles de croisière (pas moins de mille) permettant de frapper à distance de sécurité du pays cible. Les systèmes antimissiles THAAD seraient déployés en plus grand nombre en Corée du Sud. En outre, la Corée du Sud et le Japon disposent de nombre d'abris atomiques qui peuvent servir également en cas de riposte nord-coréenne, si les Américains ne parvenaient pas à tout décapiter. Il faudrait également que des commandos de forces spéciales américaines interviennent selon le principe du *hit and run* (frapper et s'esquiver) pour désorganiser l'adversaire et détruire certains postes de commandement (PC) stratégiques et de forces dédiées au bactériologique et au chimique. Tout cela demanderait de concentrer des forces sans éveiller l'attention de l'adversaire qui pourrait, s'estimant menacé, déclencher un tir nucléaire préventif sur le Japon (possible), Guam (probable) ou la Corée du Sud (moins probable à cause des retombées radioactives).

On voit bien la complexité d'une telle opération. Sans compter la question de l'évacuation des ressortissants étrangers qui vivent dans la région et les conséquences économiques (krachs boursiers, effondrement des échanges pendant un temps : la Corée du Sud est la sixième puissance économique mondiale).

Poursuivons notre scénario : dans la foulée de cette « décapitation » massive (sans aucune invasion au sol), la Chine pourrait protester vigoureusement, demander une réunion urgente du Conseil de sécurité (où les États-Unis disposent d'un droit de veto) et aider à la mise en place à Pyongyang d'une nouvelle équipe plus docile, éventuellement en maintenant la dynastie des Kim. Le leader nord-coréen n'a pas tué tous ses demi-frères et demi-sœur[28]. Tout cela est bien sûr de la science-fiction à ce stade. Il y a une autre question sensible : quel serait le volume des pertes civiles nord-coréennes acceptable, sachant que certaines infrastructures militaires sont à proximité de lieux habités ?

Pourtant, nous ne pouvons pas intellectuellement écarter cette option (avec des variantes possibles), notamment compte tenu de toute une série de déclarations du président Trump allant dans ce sens. On a fini par ne plus prendre au sérieux ses rodomontades… jusqu'au jour où. D'autant qu'il caresse un rêve : être l'antimodèle d'Obama. L'éditorialiste du *New York Times*[29] Thomas L. Friedman synthétise cela dans une formule : « Sur presque tous les sujets essentiels, la position du président Trump est : “Obama l’a construit. Je le détruis. Réparez-le”. » Le « Réparez-le » s’adresse à ses conseillers dont on a pu mesurer la valse dans les premiers mois de son mandat. Ceux qui arrivent à survivre dans le monde hostile de la Maison-Blanche sont les militaires habitués à évoluer en zone de conflit.

Éviter la guerre

Les généraux qui entourent le président Trump ne sont cependant pas des Dr Folamour, comme dans le film de Kubrick. Ils ont été engagés dans tous les conflits de ces dernières années, notamment l’Afghanistan et l’Irak. Ils connaissent la couleur et le prix du sang. Le propre fils du général John Kelly, chef de cabinet du président Trump, a été tué en Afghanistan en 2010. Il était officier du Corps des marines. Mais leurs déclarations sont à mettre en regard de celles de la diplomatie américaine sur le thème : « Nous devons désarmer Pyongyang par des “pressions économiques et diplomatiques maximales”. » Ce qui n’a servi strictement à rien jusqu’à présent. Cela pourrait-il être efficace par magie demain alors que Kim Jong-un flotte sur un petit nuage rouge de satisfaction ? « Nous espérons éviter la guerre avec les Nord-Coréens, mais on ne peut pas écarter cette éventualité », a déclaré en septembre 2017 à la presse américaine le général H.R. McMaster, conseiller à la Sécurité nationale. Quant au patron du Pentagone, le général James Mattis, il a reconnu publiquement que sur sa table se trouvaient « des options pour frapper la Corée du Nord sans mettre Séoul en danger ».

Une opération de « vive force » sur la Corée du Nord (si elle réussissait) redorerait le blason international de Donald Trump, qui apparaîtrait comme celui qui a débarrassé son pays et la planète d'une menace majeure. En même temps, un sérieux message serait envoyé à l'Iran et à d'autres pays tentés par la prolifération nucléaire. Pour une fois, le président Trump traiterait plusieurs cibles à la fois au lieu de ne faire que du bilatéral. Mais les risques d'une telle opération sont colossaux en cas de dérapage ou d'échec des frappes. L'armée de la Corée du Nord est forte de deux millions d'hommes et de femmes endoctrinés. Les risques de retombées radioactives des sites nucléaires détruits ne peuvent être exclus. Si un seul missile nord-coréen chargé de matière fissile (nucléaire) tombe sur la Corée du Sud, le Japon ou à Guam (États-Unis) les conséquences seraient dramatiques.

Enfin, quelle serait la réaction de la Chine, saisie en ce moment d'un prurit chauvin, si ces frappes étaient faites sans son consentement tacite ? On sait comment commence une « petite » guerre, apparemment bien maîtrisée, on ne sait jamais comment elle peut se terminer. Bref, les risques sont considérables. Mais certains stratèges américains font valoir que la menace d'une Corée du Nord véritablement nucléaire serait encore plus grande : ce ne sont pas en dizaines de milliers de morts qu'il faudrait compter mais en millions si Kim Jong-un, ou l'un de ses successeurs, décidait de jouer avec sa panoplie nucléaire.

La suite de ce sinistre feuilleton dira si les surprenantes ouvertures diplomatiques du leader nord-coréen pour une dénucléarisation de son pays n'auront été que des leurres pour gagner du temps ou auront ouvert une voie de réel apaisement. Compte tenu de la nature du régime et du caractère imprévisible du président américain, la plus grande prudence reste de mise.

9

Le piège de Thucydide

Le dossier nord-coréen est un gros caillou dans les bottes de sept lieues du leader chinois. Le grand « bond en avant » de la Chine pourrait en être freiné. Les Chinois veulent sortir les Américains du Pacifique-Ouest pour éliminer une puissance rivale et étendre leur influence à leur « étranger proche ». Or, le dossier nord-coréen incruste encore plus les Américains dans le paysage. Washington a d'ailleurs décidé de s'accrocher en défendant une zone indo-pacifique (avec l'Inde, le Japon et le Vietnam en points d'appui) libre et ouverte pour contrecarrer les grandes ambitions de l'empire du Milieu. Confortée par la crise nord-coréenne, cette contre-ambition n'est évidemment pas du goût de Pékin. « Je ne crois pas qu'il serait de l'intérêt de n'importe quel pays d'essayer de freiner la Chine », a d'ailleurs déclaré l'ambassadeur de Chine à Washington, Cui Tiankai, fin 2017.

Les choses sont dites. Quand le président américain s'est rendu en Chine, en novembre 2017, son homologue chinois, Xi Jinping, a déclaré à la presse internationale : « J'ai dit au président Trump que le Pacifique [était] assez vaste pour accueillir la Chine et les États-Unis. » On peut, sans trop de risques, avancer la conviction que le numéro un chinois n'en pensait pas un seul mot. Jacques Attali ne cesse d'annoncer un conflit majeur entre ces deux-là, quand la Chine sera véritablement devenue une supergrande aussi. Chronique d'une guerre annoncée ?

Engrenages

Tout le monde connaît la très belle pièce de théâtre de Jean Giraudoux *La guerre de Troie n'aura pas lieu*. L'enjeu du conflit est Hélène, épouse du roi de Sparte, Ménélas, enlevée par le prince troyen Pâris. Giraudoux reprend cette trame et oppose Grecs et Troyens pour la conservation ou la récupération du « trophée » Hélène. La guerre n'aura pas lieu, car dans les deux camps, deux hommes (Hector et Ulysse) finissent par opter pour la sagesse et la paix. Mais le destin, les dieux et la fatalité veillent. La guerre aura bien lieu à la suite d'une provocation.

Pacifiste marqué par la tuerie de la Première Guerre mondiale, Jean Giraudoux a écrit cette pièce en 1935 pour que France et Allemagne ne se retrouvent pas dans la position de Sparte et Troie, une sorte d'engrenage fatal. Mais comment lutter contre la fatalité, quand la volonté d'en découdre est là qui serre les poings et ferme les cœurs ? La guerre (1939-1945), avec son cortège d'horreurs inégalées, a eu lieu malgré l'avertissement contenu dans la pièce. Qu'en est-il au XXIe siècle ? La Corée du Nord pourrait-elle être le déclencheur d'un conflit majeur entre une puissance montante (la Chine) et une puissance assise (les États-Unis) ?

Aujourd'hui Jean Giraudoux a pour nom Graham Allison. Cet Américain est né au début de la Seconde Guerre mondiale (23 mars 1940). Politologue, il enseigne à Harvard, à la John F. Kennedy School of Government où il est le directeur du Belfer Center. C'est un spécialiste reconnu de l'analyse des mécanismes de prise de décision à haut niveau, notamment en situation de crise.

Il a ainsi publié un livre qui fait autorité sur la crise des missiles de Cuba[1]. L'axe de sa réflexion le pousse à considérer que les grands décideurs sont loin de prendre des résolutions majeures d'une façon rationnelle : « L'essence de la décision ultime demeure impénétrable à l'observateur ; et même souvent au décideur lui-même », avait dit le président Kennedy dans un discours après la crise des missiles de Cuba (1963). Une part d'impénétrabilité qu'Allison ne cesse de creuser. En 2017, cet auteur prolifique a publié un nouvel ouvrage intitulé : « Les États-Unis et la Chine peuvent-ils échapper au piège de Thucydide[2] ? » Son propos est lumineux et se fonde sur l'analyse par Thucydide (460-395 av. J -C.) de la confrontation entre Sparte et Athènes, il y a deux mille cinq cents ans, lors des guerres du Péloponnèse. « C'est la montée en puissance d'Athènes et la peur que cela a instillée chez Sparte qui ont rendu la guerre inévitable[3] », estime le chercheur.

Allison affirme avoir recensé seize cas de face-à-face similaires à celui de Sparte et Athènes dans les cinq cents dernières années. « Dans douze cas, la guerre est apparue entre une puissance dominante et une puissante montante, et dans seulement quatre [cas], on a pu l'éviter. » Le professeur de Harvard applique sa recherche au cas de la Chine (puissance montante) et des États-Unis (puissance dominante établie mais contestée) en tentant d'évaluer si ces deux pays sauront échapper à la fatalité de Thucydide.

Comme dans la pièce de Giraudoux, les facteurs rationnels ne sont pas les seuls à jouer. Le professeur rappelle que l'avant-Première Guerre mondiale avait été marquée par une sourde rivalité entre l'Empire britannique dominant et la puissance industrielle montante de l'Allemagne impériale du Kaiser. Deux empires se concurrençaient donc, comme jadis Sparte et Athènes. Dans sa démonstration (la confrontation des « mêmes », l'un montant, l'autre établi), Allison oublie d'évoquer un troisième protagoniste : la France. Son puissant empire colonial était confronté aux velléités colonialistes allemandes[4]. Nous avons donc un trio plutôt qu'un duo. Mais cela n'altère en rien sa démonstration, car il souligne, à juste titre, que l'Allemagne de Guillaume II, pas plus que l'Angleterre de George V, n'est parvenue à freiner la course à la guerre, alors qu'aucun des deux cousins ne la voulaient. « [Ils] étaient conscients de la dangerosité du moment en 1914. Ils n'ont pas réussi à s'asseoir à une table pour l'éviter », souligne-t-il, en ajoutant : « Il ne faudrait pas que la Corée du Nord devienne l'allumette qui met le feu aux poudres[5]. » Il estime qu'une grande idée est nécessaire pour éviter le drame, considérant qu'une grave crise approche dans les mois qui viennent. Son livre a été publié en juin 2017.

Il y a toutefois une grande différence entre les guerres du Péloponnèse et celles qui mettraient aux prises deux puissances nucléaires. Le fait que les deux protagonistes évoqués aient l'arme atomique est une épée de Damoclès qui pointe sur les deux têtes. Cela serait-il de nature à refermer la trappe du piège de Thucydide, contraignant les deux parties à un accord ? Normalement, la menace de l'apocalypse devrait conduire chacun à la raison. Il faut l'espérer. Mais de part et d'autre de l'océan Pacifique trônent deux leaders engagés dans un programme de restauration impériale aux relents d'hypernationalisme : *America first* contre *Make China the greatest again*. Pourront-ils maîtriser les mécanismes fatals d'une tragédie grecque en mer de Chine ou en mer du Japon ?

Si ce n'était pas le cas, la péninsule coréenne deviendrait le théâtre d'un affrontement majeur. Dans cette hypothèse, Pékin analyserait l'« agression » américaine en Corée (notre scénario-fiction) comme un simple prologue belliciste contre elle. Les conséquences pourraient être dramatiques. Un espoir ? Les généraux américains autour de Donald Trump ont lu Thucydide et connaissent très bien les travaux d'Allison. Les Chinois aussi[6]. La guerre de Pyongyang n'aura pas lieu…

*

Au final, si on voulait résumer la faille la plus béante parmi celles décrites dans ces pages, on serait tenté de mettre en avant la frénésie d'*irrationnel* qui a saisi notre époque. La raison est balayée quotidiennement, y compris en Europe (on va le voir dans la dernière partie), au profit de la furie, de l'exclusion, du propos vindicatif, de la malhonnêteté intellectuelle, du sécessionnisme. Un verbe de guerre emplit les espaces publics. Dans la presse, « titraille » rime souvent avec « mitraille », y compris dans les vieilles démocraties. Dans des pays sans guerre, bénéficiant d'un solide cadre institutionnel, des hommes politiques irresponsables ne rêvent que de plaies et de bosses, appellent à descendre dans la rue, à hisser le drapeau de la révolte, à en découdre. Nous sommes entrés dans un temps d'hystérisation. Les réseaux sociaux jouent souvent un rôle diabolique. Au sens propre comme au figuré, le lynchage est une activité qui se répand et qui signe en lettres de feu l'envie de barbarie que nous avons décrite. Les passeurs, les relieurs, les rêveurs, les sages et les philosophes luttent contre la vague de démagogie ambiante. Ils perdent du terrain. Quant aux « tyrans tyranniques » que nous avons décrits, ils croient dur comme fer à leur bonne étoile et à leur prédestination. Comment faire triompher la raison quand l'irrationnel culmine au sommet de nombre de contrées ?

Cette envie de barbarie et de tyrannie lance aux démocraties européennes un singulier défi. En effet, ces envies sont terriblement contagieuses : les virus sectaires, mafieux, idéologiques sont proliférants. Ils s'attaquent aux parties faibles du monde. Elles sont nombreuses, comme on l'a vu. Comment résister à leur pouvoir d'attraction, dont on constate déjà les effets dans la montée en température des extrêmes en

Europe ? Dans ce contexte pour le moins chahuté, où les mêmes camps se déchirent souvent à belles dents, comment avoir de l'autorité sans autoritarisme quand on est un leader ? Comment contenir la peur et ne pas hurler avec les loups ? Comment tenir ferme le cap du « bien commun » si précieux quand les valeurs du « tribalisme » sont à la hausse un peu partout ?

La France et l'Europe ont justement la maturité et l'expérience pour faire face à ce défi historique à condition de se mettre « en ordre de bataille » derrière la bannière de l'espérance et de l'efficacité. Ce n'est pas une pétition de principe, c'est une réalité politique. Le grand projet politique de ce siècle, c'est l'Union européenne ! Et sans une France ayant retrouvé sa puissance, son panache, son dynamisme, son culot et son envie de gagner, le projet européen patinera. Et sans une Europe ayant envie de devenir puissance, la France sera trop faible, seule, face aux défis colossaux que nous venons d'égrener. Passons au scanner cette envie de France et d'Europe, pour en détecter les ressorts et les faiblesses.

TROISIÈME PARTIE

Comme une envie de France… et d'Europe

Si les Français qui firent la Révolution étaient plus incrédules que nous en fait de religion, il leur restait du moins une croyance admirable qui nous manque : ils croyaient en eux-mêmes.

Alexis de Tocqueville

Au printemps 2017, sur le plateau de l'émission-débat qu'Yves Calvi animait alors sur LCI, j'avais un très léger différend avec l'excellent Alexandre Adler sur le poid politique respectif de l'Allemagne et de la France, depuis l'élection d'Emmanuel Macron. Loin de moi l'idée de nier l'importance de Berlin et la puissance de son économie, comme le soulignait très justement Adler. Concession à la réalité d'autant plus aisée que je n'ai jamais fait partie de l'étrange brigade parisienne pour qui les succès de notre principal allié européen ne seraient que l'expression d'un égoïsme teuton congénital et le fruit de pratiques commerciales douteuses. Derrière cette germanophobie des germanopratins, j'entendais chaque fois résonner dans ma tête le fameux slogan de l'après-Première Guerre mondiale, à propos des dommages de guerre dus par Berlin : « L'Allemagne paiera ! » Je n'allais pas non plus reprocher bêtement à Adler son tropisme allemand, au motif que l'un de ses grands-pères avait servi le Kaiser comme officier de son armée impériale. Et je reste convaincu que le fameux moteur « franco-allemand » n'a jamais été aussi déterminant pour redynamiser l'Union européenne face aux défis colossaux de ces prochaines années. Finalement, un peu à bout d'arguments, je lâchai ce qui correspondait le mieux à ma pensée profonde : « La puissance allemande est évidente, et nous pourrions nous en inspirer, mais dans le monde, il n'y a aucune "envie d'Allemagne"… alors qu'il y a une "envie de France"… » Signe des temps, la formule rallia tout le monde sur le plateau.

Oui, il y a une *envie de France*… et même une envie de français[1]. Ce n'est pas une croyance mais un constat. C'est une donnée à prendre en compte, car, pour peser, avoir de l'influence en période de fortes secousses internationales, le fait d'avoir une « image de marque » porteuse n'est pas sans effet. Indéniablement, la France macronienne est plus séduisante que la France hollandaise… même si l'Hexagone, quel que soit le président de la Ve République, a toujours eu du poids et une voix singulière : merci Charles de Gaulle[2]. Mais force est de constater que, ces dernières années, la France était regardée par ses partenaires européens, et par d'autres pays, comme une nation empêtrée dans ses contradictions, ses clivages partisans hors d'âge, ses repentances à répétions, ses raisonnements « intellectuels » marqués au coin de la vulgate marxiste, son fonctionnement par à-coups sur le plan économique – un coup à gauche, un coup à droite(libérale) –, en déclin industriel et incapable de réformer son système de protection sociale ; bref, elle était observée avec une sympathique commisération (notamment par l'Allemagne) comme le nouvel « homme malade de l'Europe ».

Elle avait pourtant de beaux restes, ce qui n'était pas rien : sa place dans le club restreint de l'ONU, sa diplomatie, ses armées, sa culture et son tourisme et, malgré tout, une position de cinquième ou sixième puissance économique mondiale. Finalement le bilan n'était pas si catastrophique que cela, mais c'était comme si le Français, éternel déprimé râleur, ne croyait plus depuis longtemps à son génie. La France commençait à faire moins envie que pitié, ce qui ne veut pas dire qu'elle ne parvenait plus à influencer, ici ou là, le cœur du monde. L'irruption au sommet de l'État d'un jeune homme de trente-neuf ans venu de nulle part, condamné à l'avance par tout ce que le pays compte d'observateurs avisés, journalistes et politiques confondus, a fait sauter une chape de plomb et redonné au Français et au monde une *envie*... d'avoir envie de France.

De plus, avec le Brexit, les atouts français se sont retrouvés mécaniquement renforcés : la France est désormais le seul pays de l'Union européenne membre permanent du Conseil de sécurité, le seul Européen à disposer d'une arme nucléaire indépendante, le seul à avoir une armée encore réellement opérationnelle sur laquelle le soleil ne se couche jamais, le seul à avoir un commandement stratégique au sein de l'OTAN (l'autre est américain). Si ce pays arrête de creuser son déficit, pour financer ses fins de mois, il sera le roi du pétrole et le phare de l'Europe. Nous n'y sommes pas encore : une partie de l'héritage dont Emmanuel Macron est le dépositaire ne comprend pas que des actifs. Le passif plombe en partie le désir de renaissance française.

Il va falloir faire avec : Paris n'est pas exempt de critiques, liées au passé, pour avoir vendu des avions de combat Rafale à des pays antagonistes comme le Qatar (pro-Frères musulmans) et l'Égypte (qui met les Frères musulmans en prison), pour avoir sans doute trop privilégié l'alliance saoudienne sous la présidence Hollande, pour être passé à côté des printemps arabes (présidence Sarkozy) ou encore pour ne pas avoir été capable de relancer une vraie dynamique européenne au début du mandat de François Hollande, etc.

Le rapport de l'institut Montaigne *Nouveau Monde arabe, nouvelle « politique arabe » pour la France* relève, pour sa part, le décrochage français au Moyen-Orient face aux puissances qui expriment sans complexes leur parrainage : « Alors que les conflits traversant cette zone s'exportent sur le territoire national, la France peine à redéfinir une stratégie. Elle ne parvient plus à jouer son rôle de puissance d'équilibre hérité du "gaullo-mitterrandisme" et ne s'est pas donné les moyens de traiter les deux grands défis contemporains que sont la montée de l'islamisme et les migrations. À l'inverse, de nombreuses puissances ont su définir leurs intérêts et gagner en influence, c'est le cas de la Russie, de la Chine ou encore de l'Allemagne[3]. » Il est intéressant de constater que ce rapport souligne la montée en influence de notre principal allié européen et met en lumière le fait qu'être un pays qui ne suscite pas d'envie particulière, qui ne fait pas rêver par son aura et sa culture, n'empêche pas de créer de l'influence (notamment économique).

A contrario, pour la France, susciter de l'envie n'est pas en soi suffisant pour dégager de la puissance. Après avoir *fait envie*, il faut être présent aux rendez-vous fixés et il faut être en capacité de délivrer et de le faire dans la durée. L'envie peut alors se transformer en influence et en puissance ; ou du moins les accompagner. Dans certains continents, cette envie de France va et vient. Elle demande à être consolidée en permanence. C'est l'un des défis du nouveau président : consolider les acquis alors que la guerre continue. Pas simple dans des régions très émulsives. Un exemple : en janvier 2013, la France hollandaise était applaudie par la population malienne pour avoir bloqué les groupes terroristes d'AQMI partis à la conquête de Bamako. Tombouctou, la « perle de l'Islam », la ville aux trois cent trente-trois saints, avait été libérée par la Légion étrangère. En marge du 14 juillet 2013, invités en nombre pour assister à la fête nationale française, les chefs d'État de la bande sahélo-saharienne exprimaient leur reconnaissance éternelle, estimant que le vent du boulet malien aurait pu les emporter tous au passage.

Cinq ans plus tard, malgré les efforts soutenus de Paris pour impliquer les Africains dans leur propre défense et inciter les Européens à prendre leur part du fardeau, l'envie de France s'est quelque peu étiolée. Si chacun reconnaît qu'un départ des troupes de l'opération Barkhane précipiterait le retour en force des djihadistes, nombre d'Africains sont sensibles aux discours antifrançais diffusés, parfois en sous-main, par certaines élites africaines – tout à leur trafic – et par d'habiles actions psychologiques conduites par les différents groupes terroristes pour tenter de réveiller le vieux réflexe anticolonial. Une martingale usée jusqu'à la corde mais qui fonctionne toujours, y compris en

France où certains médias répercutent parfois sans trop de précautions des communiqués venant de groupes terroristes mettant Paris sur la sellette en trafiquant la réalité. Sur les plateaux de télévision français, le terme « enlisement » a refait son apparition, les médias oubliant que c'est une guerre de Trente Ans qui est engagée contre le terrorisme sous toutes ses formes. Nombre d'entre eux confondent « enlisement » et permanence du combat. Nous ne sommes pas dans un épisode de la série *24 Heures chrono* mais dans un type de guerre durable. Et dans ce mauvais scénario, la France joue plus qu'à son tour les « bons » face aux « brutes » et aux « truands » qui sont légion.

Mettre en lumière les aspects positifs de ce que fait la France, après avoir signalé quelques-unes de ses faiblesses, ne consiste pas à se complaire dans une forme d'autosatisfaction. Face au sentiment d'autodénigrement qui saisit fréquemment le pays par vagues, il est indispensable de rééquilibrer nos regards par une dose de fierté et d'optimisme nationaux. « La France, qui a une forte image classique, continue de peser sur le cours d'une histoire en train de s'écrire, [...] elle dispose des idées et des atouts pour répondre aux attentes des nations d'un monde qui s'émancipe et [...] son avenir dépend de sa volonté collective d'en tirer parti[4] », écrit Michel Foucher.

Courageux Michel Foucher... Dire du bien de la France en France n'est jamais simple. Cela tient de l'exploit intellectuel, et est souvent perçu comme le signe avant-coureur d'un gâtisme précoce ou d'un manque de sensibilité idéologique, indispensable dans les dîners en ville. La « bonne » posture exige d'enfiler les bottes de Zola, avec son fameux « J'accuse » sur fond d'affaire Dreyfus[5]. Sauf que cette forme de condamnation à l'heure actuelle se pratique généralement sans aucun examen sérieux des pièces du dossier. La France *est* dans l'erreur et coupable d'emblée. Consubstantiellement. De la célèbre formule de Beaumarchais, « Sans la liberté de blâmer, il n'est pas d'éloge flatteur », beaucoup de journalistes n'ont retenu que la première partie. Conséquence : les Français ignorent le plus souvent ce que leur pays fait de remarquable dans et hors de ses frontières.

C'est assez fascinant, ce formatage mental des journalistes qui se résume trop souvent à : « La France a tort ; la France s'embourbe ou s'enlise ; la France aurait dû intervenir ou elle a eu tort de le faire... » J'y ai même consacré un livre[6]. Un jeune journaliste à qui j'expliquais pendant une heure, hors micro, les tenants et aboutissants d'un dossier complexe (ils le sont tous à l'international) avait fini, convaincu, semble-t-il, par me lâcher tout à trac, comme s'il avait vu la lumière en sortant de sa « caverne » : « Du coup, c'est compliqué ! » Oui, du coup, c'est compliqué... Les pages que vous venez de lire le prouvent amplement.

Le monde est complexe et la France n'a pas toujours tort. Elle a même souvent raison avant les autres. Par exemple, quand elle demande à son allié américain de ne pas se lancer dans la folie d'une invasion de l'Irak (2003), quand elle ne cesse d'alerter la communauté internationale, au début des années 2010, et singulièrement les pays africains, sur la menace djihadiste au Mali et dans toute la bande sahélo-saharienne. On lui répondait alors par des sourires contrits ou polis...

jusqu'à l'assaut généralisé de 2013 qui réveilla brutalement les assoupis.

Chacun a compris désormais que les enjeux qui assaillent le monde sont sérieux… et *compliqués*. Et dans tous les combats, la question du moral, de la confiance en soi et de la cohésion est fondamentale. Rien ne sert d'avoir les militaires, les matériels et l'assise financière les plus redoutables, si les forces de l'esprit ne sont pas au rendez-vous. C'est, notamment, le grand enseignement de la défaite américaine au Vietnam.

Une fois posées ces grandes lignes, il faut approfondir ce premier regard sur les fragilités qui plombent justement cette envie de France en France. Le second regard mettra en valeur les ressorts de l'effet « France macronienne » qui dope le pays et redonne de l'espoir à une Union européenne en panne de projets et d'imagination. Cela tombe bien, car le nouveau président français en regorge. Il suffit de voir le nombre de discours structurants qu'il a prononcés en France et à l'étranger sur ce sujet dans les premiers mois de sa présidence. À ceux qui doutent, le nouvel « homme fort » de l'Europe lance à ses pairs, comme à la fin 2017, à la Sorbonne : « Regardez notre époque en face […]. Vous n'avez pas le choix ! » Effectivement, l'Union européenne n'a qu'un choix devant les défis égrenés dans les pages précédentes : prendre appui sur ses fondamentaux pour résister à l'envie de barbarie et de tyrannie ou laisser passer les trains nationalistes à grande vitesse, avec en tête la locomotive chinoise… Pour y parvenir, elle doit comme la France se ressaisir et retrouver l'étoile des pères fondateurs.

1

Discorde chez les « amis »

L'envie de guerre civile est une inclinaison qui fragilise l'envie de France en France. La discorde dans son propre camp affaiblit inévitablement un pays en guerre. Depuis des années, les familles de pensée se divisent sur l'islam et sur ce qui fait que l'on est *français*. Les tensions prennent une allure de « guerre civile » verbale tout particulièrement quand elles fracturent le même camp. On n'est jamais aussi brutal qu'entre anciens frères d'armes intellectuels. Dans ce domaine, la gauche se montre particulièrement friable et les noms d'oiseaux fusent sur fond de combat idéologique. Tout cela fait le jeu de l'ennemi salafiste. C'est l'un des marqueurs des périodes de grands troubles : les extrêmes[1] se rejoignent et les mêmes camps se divisent[2]. Il y a plusieurs envies de France en France… mais elles ne coïncident pas, ou elles ne coïncident plus. C'est un handicap en période perturbée.

Parmi bien des exemples de ces poussées de fièvre fratricides, on pense aux affrontements violents entre Edwy Plenel (Mediapart) et *Charlie Hebdo*, fin 2017, autour des caricatures du prédicateur Tariq Ramadan[3], accusé de viols[4] et de harcèlement sexuel. Le premier, soutien de l'« ambigu » prédicateur[5], a accusé les seconds de vouloir déclarer « la guerre aux musulmans », tandis que l'ancien Premier ministre Manuel Valls, soutien de l'hebdomadaire satirique, promettait de « faire rendre gorge » à Plenel et à ses amis. Non sans raison, le député de l'Essonne avait estimé que les propos du patron de Mediapart revenaient à coller dans le dos des collaborateurs survivants de *Charlie Hebdo* une cible à l'intention de djihadistes myopes pour qu'ils viennent finir le travail des frères Kouachi. Riss, directeur de la rédaction de *Charlie*, a estimé que Plenel avait « condamné à mort *Charlie* une seconde fois ». Le président Macron a été sommé par certains protagonistes de se prononcer sans attendre : pour Valls ou pour Plenel ?

Avec des variantes, la brutalisation du débat public sur ces questions est une constante dans le monde. En France, elle prend une tournure singulière car le pays a péché longtemps par aveuglement[6] sur le phénomène salafiste et sur le fait que la victimisation systématique des musulmans ne permettait pas de voir la progression du mal : un mal dont les citoyens français vivant un islam de paix et de tolérance étaient eux-mêmes les premières victimes dans les banlieues sous pression salafiste. Rappelons que la France a une position particulière en Europe, à cause de son poids dans le concert des nations, de ses valeurs (notamment la laïcité, l'égalité homme-femme) mais également parce qu'y vivent les « communautés[7] » juive et musulmane les plus importantes d'Europe.

La violence des débats dans le même camp (la gauche pour faire simple) s'explique également par le monopole que le gauchisme culturel a longtemps exercé dans les médias. L'« immigré » ou le Français d'origine immigrée y était érigé en « victime » absolue, comme le fut le prolétaire d'hier, cautionnant le soutien aveugle au régime criminel soviétique. C'est notamment ce courant qui a également bloqué toutes les expressions patriotiques dans l'espace public (jusqu'en 2015), estimant que c'était un marqueur de l'extrême droite. Grave erreur qui a justement contribué au repli communautaire et à l'exaspération du sentiment des « petits Blancs » d'être privés de leur pays, de leur histoire et de leur fierté nationale. Ceux qui ont ouvert les yeux sur leur myopie idéologique originelle (un musulman, quoi qu'il fasse, est une victime ; il n'y pas de poussée de l'antisémitisme dans les quartiers dits « sensibles », juste un légitime antisionisme) en veulent aujourd'hui d'autant plus à leurs anciens camarades de lutte qui, *perinde ac cadaver*, s'accrochent à leur corset idéologique.

Ce point est important, car certains courants de pensée se sont faits les alliés objectifs du salafisme, les aidant, par leurs postures idéologiques, à consolider une *non-envie de France*[8]. Cet appareillage psychologique, fondé notamment sur une présentation systématiquement noire du passé et du présent national, sera longue à démanteler. Or, c'est l'un des substrats sur lesquels pousse le salafisme totalitaire. Il ne s'agit pas dans ce combat du sens de remplacer le « récit national » par le « roman national[9] », mais de faire en sorte que ce récit soit équilibré afin de ne pas en faire un objet de détestation sur lequel les prédicateurs de Daech ou d'Al-Qaida surfent pour diffuser leur haine de la France. Sur ce terrain, les attentats de 2015 ont marqué une césure. Les questions sur la radicalisation de l'islam, que le microcosme médiatique entendait interdire, ont éclaté dans une flaque de sang. Quand les morts commencent à joncher le sol, le débat prend une nouvelle tournure et ne peut plus être seulement circonscrit aux frontières du quartier Saint-Germain-des-Prés de la capitale.

Il n'est pas inutile de nous arrêter encore un peu sur ce phénomène. Ces fragilités très françaises constituent une véritable aubaine pour les fous de Dieu. On ne peut certes pas réduire l'islam à cette face hideuse qui frappe un peu partout dans le monde, mais, en même temps, on ne peut pas faire comme si « cela n'avait rien à voir[10] » avec lui. « La tolérance devient un crime lorsqu'elle s'étend au mal », écrivait Thomas Mann dans *La Montagne magique*. Or certains esprits font profession de « tolérance » en niant l'existence du « mal », engendrant ou protégeant d'étranges phénomènes de détestation française là où il fallait renforcer une saine envie de France. Le réel se venge toujours des postures idéologiques.

Dr Jekyll et Mr Hyde

Dans le combat contre le « racisme » et l'« islamophobie », les bonnes âmes patentées du « bobo-gauchisme » ont eu besoin de construire des héros, champions de la diversité et de l'antiracisme. Le problème survient quand le héros se révèle être un parfait salaud. Le cas de Mehdi Meklat est tout à fait édifiant. Il dessine une des nuances de guerre dont nous parlons : la guerre des mots cachée derrière un faux masque et soutenue par nombre de ceux que Mohamed Sifaoui nomme les « idiots utiles » de la radicalité islamique.

Venu d'une cité de Seine-Saint-Denis, Meklat est un personnage qui a été célébré comme le nouveau héraut de « la pensée de banlieue » à travers l'aventure du « Bondy blog[11] ». Tout ce qui peuple la nébuleuse bien-pensante de gauche dans les médias et les allées du pouvoir a rendu hommage, à travers ce personnage, à l'âge d'or du multiculturalisme. On a donc retrouvé, pendant des années, Mehdi Meklat en *guest star* sur France Inter, Arte, Mediapart, dans *Télérama*, *Les Inrocks*, *Libération*[12], etc. Avec son double, Badrou (de son vrai nom Badroudine Saïd Abdallah), il s'en allait chantant la complainte contre le racisme français : « [...] la stigmatisation du voile n'est rien d'autre que du racisme et la perpétuation du colonialisme [*sic*] ».

Comme il était devenu une icône intouchable, bien peu se risquaient à en savoir plus sur le personnage. Et puis, patatras, le dessinateur et romancier Joann Sfar et la journaliste Eugénie Bastié ont dit tout haut ce que certains devaient savoir depuis longtemps. Sous le pseudonyme de Marcelin Deschamps, le Dr Jekyll et Mr Hyde des banlieues passait régulièrement du Bondy blog au Bandit tweet en inondant la tweetosphère de messages antisémites, racistes (anti-Blancs), violents, injurieux et homophobes. Il s'est répandu ainsi pendant cinq ans. Il avait notamment appelé à tuer la rédaction de *Charlie Hebdo*, à casser les jambes d'Alain Finkielkraut, à sodomiser avec différents instruments certaines personnalités de gauche et de droite détestées pour leur combat en faveur de l'égalité homme-femme ou contre le fondamentalisme islamique. Nous ne donnerons pas ici d'extraits de ces tweets tant ils sont nauséabonds.

Démasqué, le « héros » de la détestation française a fait disparaître en une nuit quarante mille tweets avant d'évoquer un « double maléfique » qui se serait roulé dans cette fange… Un Céline de banlieue, le talent en moins ? Un double sulfureux ? Ou plutôt l'original ! Dans *Le Monde* du 27 octobre 2015, donc bien avant la révélation de sa monstrueuse logorrhée, il confiait : « Tout est trop convenu, on n'ose plus s'énerver. L'idée de casser ça en étant méchant gratuitement me plaît. » Et il y avait à l'époque des gogos pour applaudir cette belle envie de barbarie venue de la banlieue nécessairement excusable parce que « victime d'un racisme d'État ». Certains d'entre eux ont confessé, ensuite, s'en être voulu d'avoir laissé sans réagir le « talent » diabolique de Mehdi Meklat se déployer et l'emporter vers les bas-fonds. Nombre des soutiens du tweeteur fou se sont ensuite désolidarisés. La Ligue internationale contre le racisme et l'antisémitisme (LICRA) a immédiatement porté plainte (février 2017).

Parmi les multiples enseignements du cas Meklat, il y en a un qui pointe : la montée de la barbarie ambiante par l'usage du verbe de guerre. « Ce niveau de violence, auquel sont exposés les journalistes qui travaillent aussi bien sur l'extrême droite que sur l'islam radical, est beaucoup trop toléré, y compris par les entreprises qui gèrent les réseaux sociaux. La violence verbale dans le discours politique n'est pas anodine. L'expérience montre qu'elle peut ouvrir la voie à de dangereux débordements[13]. » Cette affaire est également très révélatrice de la complaisance de certains relais d'opinion face à une radicalisation des esprits. Il n'est pas question de stigmatiser tous ceux qui vivent dans les quartiers dits « sensibles » – ni d'en faire non plus des icônes – mais de constater que des décennies de déni de la réalité ont permis à un cocktail d'idées qui n'a pas sa place dans une démocratie de s'y déployer.

À front renversé

Très au fait de ce qui se passe en Occident[14], les djihadistes se frottent les mains quand ils voient se développer ces affrontements entre « islamo-gauchistes » et « islamophobes » de gauche, selon la terminologie employée par les uns et par les autres. Ils applaudissent intérieurement quand, lors du procès contre Georges Bensoussan[15] – qui avait considéré que les musulmans buvaient l'antisémitisme avec le lait de leur mère (lors d'une émission de France Culture) – Mohamed Sifaoui et Alain Finkielkraut ont témoigné : le premier contre Georges Bensoussan, le second pour. Nous ne reviendrons pas sur les termes de la polémique, nous renvoyons aux nombreux articles de presse consacrés à ce procès. Ce qui est triste, c'est que depuis longtemps ces deux intellectuels sont engagés dans le même camp contre le salafisme, l'antisémitisme et la détestation de la France. Dans son livre[16], Mohamed Sifaoui écrit qu'Alain Finkielkraut, chez qui il était jadis invité à dîner, lui aurait dit qu'ils n'appartenaient désormais plus *au même camp*. Il a également été durement attaqué par le magazine *Marianne*, auquel il avait collaboré : sa prise de position contre Georges Bensoussan a été considérée comme une trahison de la part de ses compagnons d'armes. Encore une fois, il ne s'agit pas ici de refaire ce débat mais de constater que les amis et alliés d'hier, dans un combat ô combien important, se retrouvent désormais dans des camps antagonistes. Pour le salafisme de combat, toutes ces fractures sont les bienvenues : c'est « la discorde chez l'ennemi » (titre d'un livre du général de Gaulle).

Pas de blabla, la lutte !

L'esprit de guerre est contagieux. Et notre pays n'y échappe pas. Certains s'ingénient à transférer en France une approche « guerrière » des questions qui dans une démocratie peuvent légitimement faire débat sans pour autant appeler « à la lutte finale et au grand soir ». Les discours politiques prennent des tours subversifs et brutaux, même dans une vieille démocratie comme la nôtre. Le chef de la France insoumise, Jean-Luc Mélenchon, s'en est fait une spécialité. Il manifeste depuis longtemps un goût marqué pour la poudre et la mitraille. Il aime utiliser une rhétorique guerrière qui flirte dangereusement avec une sorte d'appel diffus à l'insurrection qualifiée de « démocratie de la rue ». Extraits : « Pas de blabla, du combat […]. C'est le moment de se rebeller, les gens […]. C'est la lutte, la lutte, la lutte et encore la lutte. La meilleure forteresse des tyrans, c'est l'inertie des peuples. » Il a lancé également : « Les jeunes, tapez dans le tas jusqu'à ce que le pays se réveille[17]. » Et après le deuxième tour des législatives : « Le peuple français [...] nous a désignés pour porter le fanal du combat[18]. » Pour faire bonne mesure, le *Líder máximo* français qualifie à l'occasion les journalistes de « canons à merde[19] ». Donald Trump l'a pensé certainement très fort plusieurs fois mais il n'a pas encore utilisé cette expression poétique... On notera également la faiblesse coupable de l'esprit critique de Jean-Luc Mélenchon à l'égard de deux tyrans du moment : Maduro (Venezuela) et Bachar (Syrie). Étrange cécité !

Les imprécateurs des temps modernes adorent les éclats de voix, ne réalisant pas que cela prépare psychologiquement le terrain pour l'envoi d'éclats d'acier. Dans la quiétude d'un pays civilisé, ils tentent de recréer autour d'eux les conditions d'affrontements dont ils se sont imprégnés en regardant trop la télévision. Quel dommage qu'ils ne soient jamais allés sur de vrais théâtres de guerre pour comprendre leur indécence à jouer sur ces registres quand on a la chance de vivre dans un pays développé et en paix. Ne savent-ils pas, dans le contexte actuel, que les mots ne sont pas innocents ?

Il ne s'agit pas de vouloir à tout prix aseptiser le débat démocratique, ni d'instaurer la censure contre de « mauvais Français » : ce serait grotesque ! L'envie de France se construit : elle ne se décrète pas. Mais justement la liberté du débat démocratique (souvent exercée à sens unique ces dernières années pour présenter une France sous un jour détestable) permet de dire que ceux qui campent sur des postures mentales de guerre civile affaiblissent leur pays (pour un gain politique peu probant) alors qu'il est menacé de l'intérieur et de l'extérieur.

Innocence et insouciance

Tant que la menace du salafisme de combat (religieux, politique et djihadiste) n'aura pas été éradiquée, il continuera son travail de sape des démocraties et de pollution religieuse d'une partie de la planète. Ce n'est d'ailleurs pas tant un problème de laïcité, en France notamment, qu'une question politique, au sens fort du terme, et de sécurité nationale. Il n'y a pas d'« accommodement » possible avec des forces en guerre ouverte contre les valeurs de l'altruisme, de la démocratie, de la séparation État-religion, du respect de l'autre, de l'égalité homme-femme, de la liberté de penser et de croire, de caricaturer, etc. Toutes ces valeurs fondamentales ont forgé la trame d'une nation pendant des siècles. La France n'est pas un pays à options pour ceux qui ne veulent pas entrer dans le « vouloir vivre ensemble », cher à Renan. « Les citoyens doivent s'unir grâce à une forme de transcendance spirituelle, morale ou politique, qui donne sens à la vie collective [...]. Le multiculturalisme mine le sentiment de solidarité qui est la condition d'existence de la nation. Le rôle des gouvernants et des politiques publiques est de favoriser ce qui unit les citoyens, non ce qui les distingue les uns des autres[20] », estime la sociologue Dominique Schnapper. On ne saurait mieux dire. Les concessions faites depuis des années à l'islam de France[21], sous prétexte de lui faire une place, n'ont fait que mieux équiper et justifier ceux qui font profession de haïr la France. Cela visiblement échappe à certains esprits forts.

« L'islamisme n'est pas en soi une chose grave », a estimé Jade Lindgaard, journaliste à Mediapart, dont on suppose qu'elle a étudié la question en profondeur en examinant ce qui se passe dans le monde et en France. Ce qui l'inquiète, en revanche, c'est : « Un système généralisé de racisme d'État[22] »... On invite cette journaliste à voyager dans le monde pour y voir ce que le racisme et l'intolérance religieuse veulent vraiment dire, que ce soit en Afrique, en Asie ou au Proche et Moyen-Orient.

Les autoritaires

Pour tenter de clarifier le paysage dont nous parlons et éviter les fameux « amalgames », il est important de dire que la grande majorité des Français de religion musulmane a envie de France et qu'ils vivent très bien au sein de ce pays. Ils sont témoins des drames, des guerres et des affrontements qui déchirent les pays dont leurs familles sont originaires, et leur sentiment d'être préservés grâce à leur passeport français en est renforcé.

Mais qui sont ces musulmans de France ? La question est épineuse et le simple fait de la poser suscite immédiatement la polémique. C'est d'ailleurs très étrange cette façon qu'ont certains d'appeler en permanence au débat démocratique tout en estimant qu'il est indécent de traiter certains sujets tabous. Il est pourtant utile de le faire calmement dans un pays mature qui ne s'est pas laissé aller à des comportements criminels contre « les musulmans » après les vagues d'attentat islamo-terroristes de 2015-2016[23].

L'institut Montaigne a eu le courage de publier une étude[24], en 2016, sur le profil des musulmans de France. Un travail délicat en l'absence de statistiques officielles sur leurs caractéristiques sociodémographiques. Évidemment, elle a été contestée à sa sortie. Les musulmans représenteraient en France environ 5,6 % de la population de plus de quinze ans[25] et quatre particularités des musulmans de France sont mises en lumière par cette étude : une pratique religieuse nettement supérieure à celle de la moyenne nationale ; un respect fort de la norme alimentaire ; un soutien au port du voile et une absence de communautarisme électoral (presque 80 % des sondés disent ne pas voter systématiquement pour un candidat au seul motif qu'il serait musulman). L'institut Montaigne distingue trois groupes : la majorité silencieuse (46 % des sondés) qui vit tranquillement sa religion au sein de la République ; les conservateurs (25 %) qui se retrouvent pour partie dans l'influence des Frères musulmans ; enfin les autoritaires (28 %), majoritairement jeunes et pour lesquels l'islam est une bannière contre la société française. On invite le lecteur à se reporter à l'étude complète, mais ce qu'elle révèle dans ses grandes tendances, c'est l'existence d'une minorité à posture mentale radicalisée. Il ne s'agit pas d'en faire tous de futurs djihadistes, mais de considérer que le risque n'est pas nul.

La gendarmerie et la police surveillent de très près l'extension possible de cette minorité activiste dans ses rangs. Deux ou trois dizaines de cas ont pu être recensés[26]. Moins d'une dizaine du côté d'ex-militaires[27]. C'est très peu. Mais ce « très peu » est hautement dangereux. Car un policier ou un gendarme radicalisé, et dans la place, peut avoir accès à des sources de renseignement et de localisation de cibles (humaines notamment), et une capacité potentielle de frappes guerrières très professionnelles. La difficulté est de savoir évaluer dans notre cadre de droit ce qui relève de la transgression stupide ou du signe de radicalisation. La fille d'un officier de réserve, suivant une formation militaire, a été sidérée de voir, le premier soir, sa coturne mettre au-dessus de son lit un drapeau algérien. Une expression d'envie de France très relative. Elle a évidemment dû rendre compte à sa hiérarchie[28]. Bêtise ou signe avant-coureur d'autre chose ?

Certains chiffres de l'étude de l'institut Montaigne illustrent la vitesse de prolifération d'un discours radical ou ambigu. En 2014, Tariq Ramadan n'avait que trois cent trente mille followers sur Facebook. En 2017 (avant les plaintes pour « viol »), il en comptait deux millions soixante mille… En trois ans, il a gagné plus d'un million et demi de « suiveurs », faisant de lui un des premiers « influenceurs » de la sphère des défenseurs des musulmans « damnés de la Terre ». L'institut Montaigne donne également la liste des autres sites en pointe, tous d'inspiration salafiste. Il relève que, en comparaison, les sites sur Internet des imams défendant un islam du juste milieu, ancré dans la réalité française, pèsent moins de 1 % du total. L'institut Montaigne écrit : « Ainsi sur le plan idéologique, l'influence en France du monde arabe sur les musulmans de France est évidente. Elle procède d'une offensive idéologique majeure, portée d'un côté par la nébuleuse des Frères musulmans, soutenue notamment par les dons du Qatar et Al-jazeera, mais pas exclusivement, et de l'autre par les salafistes saoudiens qui ont construit un appareil idéologique et des circuits de diffusion extrêmement performants. » C'est dans ce double bain qu'infusent les autoritaires décrits par l'institut Montaigne, et la disparition du pseudo-califat de Daech ne modifiera pas substantiellement cette réalité. Elle sera aggravée par le retour en Europe de certains anciens combattants du Levant.

Le général Didier Castre[29], qui fut longtemps sous-chef opérations à l'EMA (état-major des armées), souligne pour sa part la puissance de la cyberpropagande des salafistes : il existe ainsi deux mille sept cent soixante-dix sites Internet pro-Daech en langue française, soit 20 % des sites de l'organisation. Il est possible que sa débandade en Irak et en Syrie ait fait disparaître quelques-uns de ses relais et de ses webmasters, mais les chiffres restent impressionnants. « Les djihadistes échangent quarante et un mille tweets par jour, qui sont suivis par trois millions de followers. Par conséquent, il nous faut pouvoir agir dans le champ des perceptions beaucoup plus puissamment et efficacement. Il convient donc d'interdire et de combattre la propagande ennemie et, simultanément, de proposer une alternative crédible aux populations[30]. »

Pour sa part, l'islamologue Gilles Kepel attire l'attention sur le développement en France d'une « contre-société salafiste en rupture culturelle profonde ». Un exemple parmi d'autres : quand la mère de Mohamed M.[31] a appris que son fils avait abattu froidement trois militaires désarmés, grièvement blessé un quatrième, exécuté à bout portant trois enfants de trois, cinq et huit ans, et tué le père de deux d'entre eux devant l'école juive Otzar-Hatorah de Toulouse, elle s'est écriée : « Mon fils a mis la France à genoux[32]. »

Aveuglement ?

On comprend que, face à de tels discours (qui ne furent pas rares après la mort de Mohamed M.), certains, devant l'horreur, soient tentés d'en minimiser la portée, d'en faire une sorte de poussée de fièvre localisée de populations mal intégrées par la faute de la France. Il n'y a pas que des journalistes mal informés ou des responsables politiques déformés pour tenir cette position. Aussi est-il important, par honnêteté intellectuelle, de leur donner la parole.

Il y a notamment un courant de pensée – respectable et porté par des personnes qui aiment la France (comme l'ancien Premier ministre Dominique de Villepin) – qui considère que parler de « guerre » et d'« ennemis » à propos de Daech, et plus généralement du salafisme de combat, est une erreur. En le faisant, on donnerait à une force délinquante un statut qui en rehausserait le prestige et le crédit. « Comment ne pas comprendre qu'en érigeant en combat politique, voire en guerre de civilisations, la répression d'organisations délictueuses dont les ressorts idéologiques ne sont ni uniques, ni même hégémoniques*, on renforce leur pouvoir d'influence politique ? C'est le cas pour l'OEI (Organisation de l'État islamique), dont la logique d'action relève autant du fanatisme religieux que de l'emprise mafieuse. Du coup, on contribue à rehausser la cause dont ces groupes se réclament[33] », estime le magistrat Vincent Sizaire. Le diplomate Jean-Marie Guéhenno[34], longtemps chargé des opérations de paix à l'ONU, aujourd'hui PDG de l'International Crisis Group, est sur la même ligne. Il demande : « Moins d'actions militaires, plus de diplomatie. » Il campe sur la « ligne Villepin » : « [...] La plus grave erreur est d'utiliser le langage de la guerre à propos du terrorisme. Faire la guerre au terrorisme, c'est constituer une multitude de mouvements divers, produits de circonstances particulières, en un adversaire unique, et donc aider l'ennemi ; c'est banaliser la situation exceptionnelle que doit rester la guerre, et, ce faisant, miner les fondements d'une société de droit ; c'est promettre la victoire contre un phénomène qui existe depuis des siècles, et donc créer l'illusion d'un engagement limité dans le temps. »

On aura compris que l'auteur ne partage pas du tout cette approche, et ce depuis longtemps. Elle contribue à l'assoupissement et revient à ne pas vouloir voir la

---

* Rappelons que Daech est parvenu à créer un proto-État (avec tous les services idoines) dominant environ dix millions de personnes sur deux États entamés au tiers (Syrie) et au quart (Irak). Il a fallu trois ans et une coalition de plus de soixante pays pour déloger les « fous de Dieu ».

réalité : la guerre a muté. Nous sommes bien confrontés à une entité identitaro-religieuse sans frontières, à un « corps » militarisé armé d'une volonté politique, d'une idéologie, d'éléments de doctrine religieuse structurés, d'une vision historique et stratégique, d'un « idéal romantique », de savoir-faire partagés, de combattants-experts itinérants pour former et unifier les différents groupes, de capacités financières (notamment de provenance mafieuse), d'outils sophistiqués de propagande, de cyberguerre et de cyberrecrutement, et cette entité *nous a déclaré la guerre*. Certes, il s'agit d'une nébuleuse à l'organisation souple et plastique, aux bataillons encore limités, et non d'un État avec frontières, bannière et grands corps (surtout depuis la disparition du califat de Daech au Levant). Mais il y a bien une unicité politico-religieuse de référence à tous ces mouvements qui servent une seule cause : la volonté d'imposer à la planète un islam radical régissant tous les aspects de la vie des hommes sans exception (la charia). Il y a une sorte d'arrogance intellectuelle à ne pas vouloir les prendre au sérieux. Pourtant, leurs textes de doctrines, nombreux et élaborés, sont là pour témoigner de l'existence d'un véritable corpus idéologique solidement membré.

On a toujours tort de mépriser ou de réduire l'adversaire à sa propre vision. Daech (et consorts) est un mouvement transcendantal à vocation radicale. Il a une caractéristique : *il ne lâche rien et il ne lâchera rien*. Quand on est en mission pour Dieu, on a l'éternité devant soi. Ce nouveau totalitarisme, quelle que soit son incarnation (Daech ou Al-Qaida), ne cherche pas la négociation par le rapport de force. Il veut la *soumission.* Islam ne veut-il pas dire « soumission à Dieu » ? Les djihadistes ont pris la chose au pied de la lettre. Et ils s'y tiennent. La mouvance salafiste a certes des accointances avec les réseaux mafieux, mais elle ne peut aucunement être réduite à cette dimension.

Le transcendantal, vicié et détourné, est une arme tout à fait spécifique. Face à un « amateur » comme Mohamed M., des forces de police pourtant spéciales (le Raid) se sont cassé le nez en découvrant que ce n'était pas un délinquant classique auquel elles avaient affaire, mais à un soldat de Dieu fanatique et prêt au martyre. Cela fait une grande différence dans l'utilisation de la violence.

Comparaison n'est pas raison, mais, avec tout le respect intellectuel que l'on doit à ceux qui pensent que le djihado-terrorisme est un phénomène marginal, cette posture intellectuelle n'est pas sans rappeler celle qui traînait au Quai d'Orsay et dans les coursives politiques et journalistiques dans les années 1930, à propos du national-socialisme. Notre ambassadeur de France à Berlin (1931-1938), André François-Poncet, se désolait de voir qu'à Paris personne parmi ses pairs n'avait lu *Mein Kampf* et que nombreux étaient ceux qui estimaient que M. Hitler s'achèterait une conduite à la chancellerie avec le temps... La puissance idéologique de la « religion nationale-socialiste » était systématiquement sous-estimée. Le colonel de Gaulle, pour sa part, son projet de constitution de corps blindés sous le bras, était regardé comme un dangereux illuminé décidément bien trop belliciste avec ses théories fumeuses. Pas assez « diplomate », mon cher.

Le mal est différent aujourd'hui, et surtout il est mondial, épars, une sorte d'« eczéma » compliqué à traiter, pour reprendre l'expression du général Watin-Augouard. Mais c'est bien de *guerre* qu'il s'agit, même si elle ne ressemble pas aux « grandes ». Et dans ce combat, la France est en première ligne. Quels sont ses atouts, son influence ? L'envie qu'elle suscite peut-elle l'aider ?

2

Influence

La France a toujours eu une cote d'amour à l'étranger plus élevée qu'à l'intérieur du pays lui-même. Cela a parfois poussé certains chefs d'État à passer plus de temps en dehors des frontières de l'Hexagone que dedans, surtout quand leur popularité était dans le rouge. Observons quelques données tangibles – qui ne relèvent pas d'une illusion patriotique – qui rendent compte de cette affection pour notre pays.

Après les tueries du début de l'année 2015, Paris a été le lieu d'une immense manifestation de soutien où ont défilé plusieurs dizaines de chefs d'État et de gouvernement. Les Français ont alors découvert qu'ils étaient aimés plus que ce qu'ils imaginaient. Paris devenait la capitale du monde. D'autres capitales européennes importantes, comme Madrid ou Londres, ont été touchées dans le passé (2004 et 2005) plus cruellement encore que Paris. Les rues de ces villes n'ont pas connu une telle mobilisation internationale. Pourquoi ? Parce que la France, c'est la France, Paris, c'est Paris, répondraient très spontanément les chefs d'État et de gouvernement questionnés. Certains intellectuels étrangers considéraient encore il n'y a pas si longtemps qu'ils avaient deux patries, la leur et la France. La francophonie reste une puissante réalité même si l'Anglais lui taille des croupières. La France a tant rayonné dans l'histoire qu'elle a posé sa marque universaliste bien au-delà de ses frontières. Il en reste quelque chose qui se réveille soudainement quand la France est frappée.

Et puis des réalités quasi invisibles aux yeux des Français alimentent l'envie d'aimer notre pays depuis longtemps : elles servent aujourd'hui le nouveau président et son ambition à redonner à ce pays son lustre, son rang et sa puissance, sans pour autant oublier le projet européen qui va de pair. « Son audace pour atteindre ces objectifs est sans limite[1] », explique un haut personnage de la République qui le connaît bien.

À différents niveaux, et à différents postes, de hauts représentants incarnent, aux yeux des amis – ou même des ennemis – de la France, le génie français. C'est bien utile, notamment à l'international, quand personne ne veut plus se parler (ce qui est assez répandu aujourd'hui). Quand elle est en forme, confiante et non arrogante, la France est un must. Son talent et son entregent permettent de trouver des solutions habiles au cœur de situations complexes, une porte de sortie de crise, un sas de décompression où des adversaires acceptent de se parler. Paris est ainsi la capitale diplomatique du dossier irakien depuis l'émergence de Daech. On doit cela au refus du président Chirac d'entrer en guerre en Irak aux côtés des Américains (2003). Le poste de responsable des interventions extérieures de l'ONU est ainsi toujours dévolu à un Français. « Les diplomates français excellent dans le multilatéral, qui est presque un métier à part entière. Par exemple, savoir construire le cadre politico-diplomatique adapté à une opération extérieure requiert un savoir-faire spécifique que peu de pays maîtrisent. L'ONU est aussi l'enceinte où la France doit veiller aux intérêts des “petits pays”, ou apporter sa contribution à des dossiers comme l'aide au développement et la lutte contre le réchauffement climatique[2] », explique Thomas Gomart, directeur de l'Institut français des relations internationales (IFRI). Depuis 2017, ces diplomates français ont un nouveau patron : un Breton taiseux.

Quand un Breton sage parle à l'oreille des princes arabes

Jean-Yves Le Drian, soixante-dix ans, aujourd'hui ministre des Affaires étrangères et européennes, capitalise sur une longue expérience politique et sur une réputation internationale de « sage ». Ministre régalien qui a fait le pont entre les quinquennats de François Hollande et d'Emmanuel Macron, il s'est imposé pendant cinq ans à la Défense (2012-2017), au point de faire de l'ombre à son homologue du Quai d'Orsay, Laurent Fabius (exfiltré ensuite au Conseil constitutionnel). Visite dans les coulisses de cette influence à la française où le facteur personnel est souvent décisif. Cet agrégé d'histoire venu de sa Bretagne natale (il est né à Lorient) est l'homme des missions sensibles.

Lors de la crise aiguë libano-saoudienne de l'hiver 2017 dont nous avons parlé précédemment, le président Macron, en visite dans le Golfe (Abu Dhabi), s'est invité au pied levé chez le nouvel homme fort de Riyad, le prince Mohammed ben Salmane. Tout de suite après, le ministre des Affaires étrangères a annulé son voyage en Iran (préparatoire à un déplacement historique du président Macron[3]), pour se rendre à son tour à Riyad et rencontrer le prince héritier, vice-Premier ministre et ministre de la Défense. Ces deux hommes se connaissent bien, car ils ont été ministres de la Défense à la même époque. Cela permet de se parler en toute confiance.

Jean-Yves Le Drian était l'homme idoine, pas seulement ès qualités, mais parce qu'il a tissé pendant cinq ans à l'hôtel de Brienne des liens personnels avec les principaux leaders moyen-orientaux. Sa mesure, son doigté, sa connaissance des grands dossiers et des hommes qui les portent en ont fait un interlocuteur précieux. À tel point qu'il lui est arrivé plus d'une fois d'être appelé au téléphone par tel ou tel prince arabe non pour discuter d'un dossier « défense » mais pour donner un conseil personnel ou sur une problématique de politique intérieure.

Dans une autre occasion, son tempérament posé, que les décalages horaires ne semblent pas affecter, lui a permis de conclure un deal qui se présentait très mal. Arrivé dans un pays arabe pour conclure un contrat d'armement, il s'est retrouvé confiné dans son hôtel sans que son cabinet comprenne très bien ce qui se passait. Au bout de plusieurs heures d'attente, un officiel est venu lui dire que la signature était reportée sine die… Le ministre a fait savoir avec un grand sourire qu'il avait tout son temps et qu'il allait attendre. Embarras de l'autre partie. Le contrat a finalement été signé dans la soirée. Éloge de la patience à laquelle les interlocuteurs de la France n'ont pas toujours été habitués dans le passé quand ils voyaient les délégations françaises repartir aussi vite qu'elles étaient arrivées en cas de blocage.

L'envie de France se tisse ainsi à travers le monde de façon souvent discrète, rarement perceptible pour les salons parisiens. Il n'y a pas que les politiques pour se mettre à cette couture. Patrons d'entreprise, intellectuels, militaires, diplomates, militants associatifs, conservateurs de musée, artistes, etc., incarnent ce génie français qu'on loue à l'extérieur et que l'on ne voit plus à l'intérieur. Nos amis étrangers font l'éloge de cette capacité française à rechercher une voie équilibrée au milieu des écueils, tandis qu'en France, ce sens de la mesure et du juste milieu semble échapper à certains esprits.

« Je ne suis pas un homme de rupture, explique aujourd'hui Jean-Yves Le Drian. Je suis au service d'une diplomatie efficace et pragmatique voulue par le président de la République. C'est ma marque de fabrique[4]. » Le ministre estime que trois dossiers sont aujourd'hui centraux : la protection des citoyens face à la menace terroriste, en luttant au plus près et au plus loin (à la « racine » du mal) ; le défi climatique (la France lutte contre les États-Unis pour sauver l'accord de Paris), les défis économiques pour que la France puisse s'imposer dans la conquête de marchés (gages de puissance et d'emplois). « Enfin, souligne le ministre, [nous voulons] une France influente : cela concerne la diffusion de notre culture, comme la défense des valeurs que nous incarnons. Et tout cela adossé à une dimension européenne refondée[5]. »

L'arme de la connaissance

Cette diplomatie joue, plus qu'on ne le croit, sur un réel attachement à la France de ses interlocuteurs internationaux pour différents motifs, parmi lesquels celui de la culture et de l'éducation[6]. C'est un facteur d'influence majeur. Ainsi l'Arabie saoudite a-t-elle demandé conseil à la France pour l'aider à renouveler le contenu de ses programmes scolaires fortement marqués par un enseignement religieux abrutissant et présentant les autres religions d'une façon caricaturale. L'enseignement des sciences a, un peu partout dans le monde sunnite, été détruit depuis plusieurs décennies. Considérées comme des matières « sceptiques » par construction, donc antireligieuses, les sciences ont été, en quelque sorte, décrétées, « *haram* », donc bannies des programmes, alors même que la civilisation arabo-musulmane a été jadis un phare dans ce domaine.

Cette question de l'éducation est tout sauf cosmétique, car, si le nouveau maître de Riyad veut véritablement métamorphoser son pays en proposant au sunnisme, aujourd'hui sinistré par l'intégrisme wahhabite, de tenter l'expérience d'un siècle des « Lumières de l'islam », la face du monde musulman pourrait en être changée. Et sur ce chemin, capital, la France est présente naturellement, comme elle l'est avec le Louvre du désert (Abu Dhabi), formidable outil à la fois culturel, psychologique, diplomatique et politique.

Mais ne nous réjouissons pas trop vite. Il faut éternellement tirer, pousser, hisser, remonter, recoudre pour espérer un changement durable dans le paysage tribal explosif que nous avons décrit. Avec les pays du Golfe, il faut toujours y regarder à deux fois pour mesurer les difficiles progrès des Lumières. Le diable se cache dans le détail. Le Louvre d'Abu Dhabi a été inauguré par le président Macron en novembre 2017. L'événement a donné lieu à une importante couverture médiatique internationale. Une équipe de la télévision publique suisse (la RTS) a voulu en profiter pour aller tourner quelques images hors cadre officiel... sans autorisation. Les deux journalistes suisses ont été arrêtés, leur matériel confisqué, leur code extorqué. Ils ont eu droit à un interrogatoire serré de neuf heures, enchaînés, les yeux bandés. On leur a enlevé leur bandeau pour leur faire signer des aveux en arabe, avant de les expulser avec leurs affaires personnelles mais sans leur matériel professionnel. Espérons que ce « premier musée universel du monde arabe », selon son intitulé officiel, en fera naître d'autres et que les régimes autocratiques de la région qui les accueilleront découvriront dans la foulée les vertus de la liberté de la presse.

Le nouveau tyran de Riyad a regardé de près ce qui se passe chez ses amis (les Émirats arabes unis) et ennemis (le Qatar). Ces deux pays travaillent en effet depuis plusieurs années sur l'« économie de la connaissance[7] » pour préparer un futur sans rente pétrolière. Le Qatar a également établi depuis plusieurs années un partenariat avec l'université de Virginie dans le domaine des arts. Ces pays du Golfe ont mis en place une politique pour attirer chez elles des chercheurs du monde entier et des professeurs de haut vol pour travailler dans des secteurs clés : bio-informatique, biomédecine, numérique, ressources énergétiques, etc. À Abu Dhabi, le musée du Louvre et le futur musée Guggenheim traduisent un engouement prometteur pour la culture au-delà de l'art islamique. Un immense centre culturel américain propose également un espace d'expositions et de partages interculturels de grande qualité. Depuis 2016, la marque « Sorbonne » a été achetée par les Émirats, non sans polémique en France. Les étudiants manqueraient toutefois à l'appel pour recevoir l'enseignement délivré par cette enseigne prestigieuse.

Ces démarches vertueuses attaquent le mal intégriste à la racine. Mais elles ne sont pas exemptes de contradictions. Ainsi, depuis la rupture des relations diplomatiques entre les pays du Golfe et le Qatar (suspect d'être trop proche de l'Iran), il est conseillé aux enseignants étrangers d'éviter de mentionner le nom du Qatar, ce pays frère désormais honni… À Abu Dhabi, un professeur américain, de religion chiite (celle de l'« ennemi » iranien) s'est vu refuser le renouvellement de son permis d'enseigner. Il est convaincu que c'est sa religion qui a bloqué le sésame dans une période de montée des tensions entre les deux phares de l'islam, l'Arabie saoudite (sunnite) et l'Iran (chiite)[8].

Cette bataille pour la culture, la raison et les sciences est absolument capitale. C'est la meilleure façon de lutter à la base contre l'obscurantisme. La difficulté – on l'a développée précédemment –, c'est que la vitesse de prolifération du virus salafiste est plus grande que celle de la diffusion du vaccin de la raison et du respect de la pensée et de la culture d'autrui. Néanmoins, prenons ces amorces d'une révolution culturelle au sein de l'islam comme un signe positif. Le combat contre l'obscurantisme est global et demande des alliés partout sur la planète : en premier lieu dans les pays (comme l'Arabie saoudite) qui sont à l'origine historique de la propagation du salafisme qui frappe dans le monde et chez nous. La « conversion » récente de ce pays à plus d'ouverture est à encourager même s'il ne faut pas se faire trop d'illusions : on ne change pas le centre de gravité identitaire d'un pays (fondé sur la charia depuis le XVIIIe siècle) en quelques années.

Macron Imperator

En arrivant à l'Élysée, le président Macron a souhaité donner plus de visibilité à cette influence française. Il a estimé que le temps était venu de faire redécoller la fusée France et d'arrêter de considérer le mot « puissance » comme obscène. La France est de retour ! répète-t-il en français et en anglais, selon ses interlocuteurs, avec son Premier ministre, Édouard Philippe. Il compte bien alimenter sans complexes le moteur de l'envie de France. Pendant la campagne (mai 2016), en se rendant à Orléans pour saluer la mémoire de Jeanne d'Arc, il avait fait preuve d'audace en allant reprendre un symbole fort de notre histoire nationale annexé depuis des années par l'extrême droite. En saluant une

« héroïne française » qui a « fendu le système », il ne fallait pas être grand clerc pour comprendre qu'il ne pensait pas seulement à la Pucelle en disant cela… Brigitte Macron avait un jour confié à un journaliste que ce n'était pas de tout repos de « vivre avec Jeanne d'Arc »… Jeanne d'Arc, symbole éminemment féminin (la Pucelle) et éminemment masculin (le chef de guerre intrépide).

La cinquième édition de l'enquête « Fractures françaises[9] » avait souligné pendant la campagne pour l'élection présidentielle une attente forte de « chef » comme dans toutes les périodes troublées : 88 % des sondés considéraient que le pays avait « besoin d'un vrai chef pour remettre de l'ordre » ; 84 % que « l'autorité est une valeur qui est trop souvent critiquée » ; enfin, 67 % des sondés estimaient que le système démocratique était « irremplaçable et que c'est le meilleur possible ». Mais *en même temps*, cette attente d'un tyran moderne était aristotélicienne. Il fallait que le profil de l'homme fort soit mâtiné d'une capacité à incarner les « valeurs chaudes » dont nous avons déjà parlé.

La campagne présidentielle du candidat Macron s'est donc inscrite au carrefour des attentes du collaboratif *chaud* (le « en même temps ») et de celles d'autorité (« le chef, c'est moi ! ») : le mariage du vertical et de l'horizontal, du « masculin » et du « féminin ». C'est cela qui a fait son succès et qui a balayé les vieux partis déjà *froids*. Que ce soit tactique ou naturel… ou les deux « en même temps », Emmanuel Macron a su se placer là où une majorité de Français attendait la marque du renouveau dans une période perçue comme terriblement anxiogène. Le jeune et sémillant président a incarné à la fois le sursaut gaulliste de 1958 et une forme de bonapartisme[10] juvénile, protecteur, jupitérien et branché… Jeanne d'Arc, Bonaparte, de Gaulle : trois héros de notre histoire dont l'aventure prodigieuse s'est fracassée sur un échec : la mort, l'exil, la démission. Philosophe pétri d'histoire, le huitième président devrait méditer ces grands exemples.

Ayant depuis longtemps réfléchi à la puissance des symboles régaliens de la France éternelle, Emmanuel Macron a finement perçu cette envie de « remonarchisation » de la présidence qui montait dans le pays. Dès son investiture – on pourrait dire son « intronisation » –, il a revêtu les habits martiaux du chef des armées de la Ve République : remontée des Champs-Élysées en véhicule de commandement, visite aux blessés militaires, déplacement au Sahel, évocation du sacrifice des soldats français, etc. Donner envie aux autres commence déjà par ne pas s'excuser en permanence d'exister et par assumer la part monarchique des institutions de la Ve République. C'est pour cela qu'il ne saurait exister de président « normal » ou ordinaire dans cette République taillée pour et par de Gaulle. Il n'hésite pas à le proclamer parfois un peu maladroitement : « Je suis votre chef ! » lance-t-il le 13 juillet dans les jardins de l'hôtel de Brienne où se trouvent rassemblés les unités défilant le lendemain et tous les pontes de la Défense. Ce coup de menton inapproprié a conduit à la démission du chef d'état-major des armées (CEMA), le général Pierre de Villiers. Le tort de cet officier qui venait pourtant d'être reconduit pour un an à son poste par le président de la République ? Avoir dit devant les députés, réunis à huis clos, qu'il ne se laisserait pas « baiser par Bercy », toujours à la manœuvre pour reprendre au budget de la Défense ce que la représentation parlementaire lui avait octroyé. L'autorité du jeune chef n'était en aucune façon menacée. L'audace peut parfois produire des contre-effets fâcheux… Jamais un CEMA n'avait démissionné de cette façon sous la Ve République, alors que le pays est en guerre.

Ce style macronien à la fois décontracté et impérial en agace plus d'un. Son procès en « autocratisme » a été très vite initié par certains. Pour Hervé Morin, ancien ministre de la Défense de Nicolas Sarkozy et président du conseil régional de Normandie, le président s'inscrirait dans un dangereux « culte de la personnalité ». Thierry Mariani, député LR battu en 2017, fustige la dérive « tyrannique » du nouveau jeune chef que la France s'est donné. Le syndicat de la magistrature a estimé que le chef de l'État se comportait comme un « télévangéliste »… « Il n'y a rien de révolutionnaire [dans la pratique Macron], mais un retour en arrière dans le verrouillage. On est plus dans une verticale poutinienne du pouvoir que dans une nouvelle démocratie. Cela me rappelle la Russie d'il y a dix ans[11]. » Connaissant la ferveur poutinienne de l'ex-député, le journaliste qui l'interrogeait lui a demandé benoîtement si c'était une forme de compliment : « Non, chaque pays a ses traditions. Et ce n'est pas une tradition française[12]. » Surprenante réflexion, car la tyrannie, à la mode de la Grèce antique, est une tradition bien ancrée en France, de Bonaparte à Napoléon III, de Clemenceau à de Gaulle. Elle est d'ailleurs la colonne vertébrale de la Ve République, un peu affaiblie par l'inepte réforme du quinquennat. Pour autant, la Ve République actuelle n'a rien à voir avec la « démocrature » russe.

Un phénomène

À l'étranger, le « moment Macron » a surpris et fasciné. Les Français ne sont jamais aussi étonnants que quand on les croit moribonds, se sont dit ceux qui connaissent l'histoire de France. Les autres ont admiré la performance : sortir de nulle part et pétarder tout le système politique français ! La communauté internationale observe ce jeune homme, bluffée par son énergie et son charme, à l'image du tsar Poutine invité au château de Versailles et qui, une fois n'est pas coutume, faisait presque jeune communiant dans la galerie des batailles à côté d'un Bonaparte fringant après son 18 brumaire légal.

La presse internationale, qui a souvent la dent dure, n'a pas boudé son plaisir devant ce jeune homme tout sourire et parlant un anglais de qualité. Elle a salué unanimement l'irruption d'un « phénomène ». « Cette séquence a changé le regard des Américains sur la France », a noté Aurelien Breeden, correspondant à Paris du *New York Times* tandis que sa collègue britannique Sophie Pedder (*The Economist*) a souligné « le contraste avec le chaos politique britannique ». Les Espagnols ont salué : « Un homme politique nouveau, un personnage épique : le nouveau président intéresse beaucoup [Marc Bassets, *El País*]. » Et son collègue de la *Frankfurter Allgemeine Zeitung* considérait que son pays avait vu dans l'élection de ce président europhile : « Une décision sur l'avenir de l'Europe[13]. »

Le New Deal à la française

Il n'y a pas que les milieux journalistiques à avoir salué l'effet Macron. Les politiques et les businessmen s'y sont mis aussi. « Le leadership de Macron est très important pour l'Europe », souligne l'ancien président du Conseil italien Matteo Renzi qui estime que le grand discours pro-Europe du président français à la Sorbonne[14] « est un tournant important pour l'Union européenne ». À quarante-trois ans, Matteo Renzi a été en quelque sorte le « Macron italien » avant de chuter à cause d'un système institutionnel infiniment moins puissant et protecteur que le régime semi-monarchique français. Aussi est-ce avec une pointe de dépit qu'il précise que lui-même avait proposé des réformes similaires… en 2014 : « Je suis du même côté. C'est la bonne direction[15]. »

« Les investisseurs américains sous le charme d'Emmanuel Macron », titrait *Le Figaro* le 23 novembre 2017, en faisant allusion à l'étude annuelle de l'AmCham (Chambre de commerce américaine en France) sur les perspectives économiques de la France. Déprimé les années précédentes, ce baromètre est au beau fixe depuis 2017 : 72 % des filiales françaises de sociétés américaines (quatre mille entreprises) voient l'avenir économique français en rose ; 90 % des sondés saluent l'action du chef de l'État. Un des verbatims recueillis exprime cela : « Emmanuel Macron crée le sentiment d'un nouveau départ, presque une version française du New Deal[16]. Le temps nous dira si la comparaison est justifiée, mais la sphère business semble croire en lui. » Confiance et prudence : un jugement équilibré de notre ami américain.

Un autre indicateur est intéressant. D'après l'étude « Soft Power 30 » de l'USC Center on Public Diplomacy et le cabinet Portland, qui travaillent sur la capacité d'influence des États, la France, en 2017, est passée de la cinquième à la première place mondiale, auparavant occupée par les États-Unis. Le fait que les États-Unis trumpiens descendent et que la France macronienne monte est un signal intéressant. L'influence dont il est question ici englobe la diplomatie[17], l'influence numérique mais également le tourisme et la gastronomie. La puissance militaire n'est pas prise en compte. Il faut se garder de surévaluer le poids réel de ce type de baromètre et voir ce qu'il donnera dans la durée. Mais il traduit indéniablement le fait que la France attire les regards et dégage un effet de séduction nouveau. Dans ce genre de baromètre, la réalité quantifiable compte autant que l'« effet image ». Le président Macron bénéficie d'une envie de France qui préexistait à son élection, mais son profil, son style, ses prises de position la magnifient. C'est aussi cela la politique. À condition que les résultats concrets soient au rendez-vous, sinon l'effet image s'inverse, car, selon le théorème bien connu : « La presse lèche, lâche et lynche[18]. »

Haute couture diplomatique

Emmanuel Macron pousse ses feux à l'international. Il est à la manœuvre pour tenter de *recoudre* ou tout simplement d'éviter que les déchirures ne s'aggravent. Il y a peu de gloire à en attendre et beaucoup de coups à prendre. N'est-ce pas justement la vocation de la France ? Celle pour laquelle elle est aimée et admirée, comme lors du discours de Dominique de Villepin, alors ministre des Affaires étrangères, au moment de la crise irakienne de 2003 ? Le président Macron l'a parfaitement compris en se positionnant comme l'homme de la *couture diplomatique* et le protecteur naturel du « bien commun[19] ». La France est attendue sur ce registre. Le président Macron a d'ailleurs été chaudement applaudi devant l'Assemblée générale des Nations unies (fin 2017) quand il s'est exprimé après un président Trump tout feu tout flamme[20]. « Nous sommes irrémédiablement liés les uns aux autres dans une communauté de destin pour aujourd'hui et pour demain », avait lancé le président français sous les applaudissements. Emmanuel Macron s'est fait le chantre de l'ONU pour défendre sa vision multilatéraliste dans un monde de plus en plus clanique. Le « Machin » (expression du général de Gaulle) n'a jamais été aussi précieux, aussi le chef de l'État veut-il incarner une voix raisonnable et rationnelle dans un espace international qui manque cruellement des deux. « Face à cette petite musique lancinante que l'on entend sur l'affaiblissement et la paralysie des Nations unies, il s'agit de montrer au contraire que ce système n'a jamais été aussi important qu'aujourd'hui[21] », expliquait l'un de ses proches avant sa prise de parole à New York. L'un des meilleurs éditorialistes de la presse internationale, Roger Cohen (*The New York Times*), affirmait quant à lui, après ce discours : « Emmanuel Macron incarne l'ultime meilleur espoir pour les alliés des États-Unis de limiter le caractère apocalyptique de la nature de Trump. »

Dans son combat pour le bien commun, le huitième président de la Ve République sait que « l'effet BTP[22] » joue pour lui et pour une nouvelle dynamique européenne : BTP pour Brexit, Trump, Poutine. Ce triptyque chaotique a pour effet de stimuler la diplomatie française et met l'Union européenne sous tension positive pour aller de l'avant. Chacun a conscience désormais à Paris comme à Bruxelles qu'il faut défendre et renforcer un modèle humaniste, démocratique, libéral et progressiste qui prend eau de toutes parts ailleurs dans le monde. À Bruxelles, certains se demandent même si le moment n'est pas venu d'officialiser la langue française comme la seule de l'Union (auparavant la place était partagée avec l'anglais).

Suractif

Tout ce que touche le président français ne se transforme pas pour autant en or, mais le nombre et la variété de ses initiatives impressionnent les observateurs les plus aguerris : sur la Syrie (groupe de contact en y incluant l'Iran, alors que les États-Unis n'en veulent pas), interventions en matière de relance européenne, tentative de réconciliation des clans adverses libyens[23], lancement d'une force africaine dans le cadre du G5-Sahel, création de *hotspots* au Niger et au Tchad pour examiner in situ le cas des Africains qui veulent quitter leur pays et éviter qu'ils n'aillent mourir en Méditerranée, lancement d'un plan de soutien de un milliard d'euros pour le développement des PME africaines, essai d'implication des Européens (développement, formation, financement, aide militaire) en Afrique (Sahel). Tout cela, dans les seuls premiers dix mois de la présidence française, traduit une activité pour le moins soutenue.

Pour autant, les résultats sont inégaux. Comment pourrait-il en être autrement ? L'envie de France que le président français a su stimuler ne se suffit pas à elle-même pour emporter les décisions. Si Donald Trump est reparti de notre pays avec des lumières dans les yeux, après son invitation à la tribune d'honneur le 14 juillet 2017, il n'en a pas moins dénoncé l'accord de Paris sur la protection de l'environnement. Tout ne peut pas se jouer au charme. Même si c'est un atout. En outre, surdoué et sûr de lui, le président français a un adversaire de taille : lui-même. Il ne faudrait pas que son caractère audacieux et transgressif vienne ternir une envie de France à la hausse.

Cocktail dangereux

Vincent Hugeux – sans doute le meilleur spécialiste du continent africain avec Antoine Glaser[24] – a recueilli les confidences de chefs d'État africains dont les épidermes ont été désagréablement chatouillés par le style jupitérien élyséen lors de rencontres avec le président français à l'Élysée ou en Afrique. Ce sont des signaux faibles, mais il est toujours intéressant de les prendre en compte avant qu'ils ne deviennent forts… Voici ce qu'a entendu Hugeux : « Pas assez de respect pour les aînés », alors que c'est très important en Afrique ; « Trop donneur de bons et de mauvais points » ; à quoi s'ajoutent des propos hâtifs sur la fécondité des Africaines[25] (sur lesquels il est revenu en reconnaissant être allé trop vite[26]). « Il doit apprendre à respecter ses hôtes »…

Lors de son déplacement africain (Burkina Faso, Côte d'Ivoire et Ghana), fin 2017, Emmanuel Macron a tenu en haleine ses auditoires[27], notamment les jeunes étudiants (huit cents) du Burkina Faso rassemblés dans un amphithéâtre surchauffé à cause de la climatisation en panne. La partie était loin d'être gagnée. Le fait que les responsables africains utilisent fréquemment le thème de la colonisation pour camoufler leurs propres turpitudes, la réalité de la « Françafrique de papa » avec son cortège de rétrocommissions revenant en France, une certaine crédulité ambiante vis-à-vis du complotisme sous toutes ses formes, la capacité des dirigeants africains à battre leur coulpe sur la poitrine de la France ex-coloniale quand cela les arrange et le prurit de la repentance de « l'homme blanc » forment un vrai-faux cocktail diabolique dont il est difficile de se dépêtrer.

Sans complexes ni passé politique sulfureux du type « Françafrique » avec son cortège de valises de cash et de petits arrangements, le président Macron a réussi l'exploit de se faufiler au milieu de ce champ de mines[28]. Mais, là encore, le très remarquable a côtoyé à certains moments la ligne jaune. Il a eu une parole très directe, entre humour et mises au point bienvenues, parfois cinglantes. Elle a tranché avec l'habituelle culpabilité que les chefs d'État occidentaux se croient obligés d'exprimer pour être bien reçus. Il a notamment exécuté avec fermeté quelques fantasmes africains typiques : autour du franc CFA (qui serait une survivance du colonialisme alors que c'est un facteur de stabilité dont la France est seulement garante), des stocks d'or du Burkina Faso « détenus » en France (le président Macron les cherche encore…) ; il a rappelé que les passeurs et les trafiquants d'esclaves en Libye sont africains et non européens, que les soldats français meurent parfois en terre africaine pour protéger ceux qui dans la salle s'indignaient de leur présence, etc. Un exercice sans notes, libre, vivifiant et tonique pour des jeunes souvent abreuvés de discours politiques lénifiants, d'ailleurs souvent concoctés par des agences de communication françaises (les mêmes qui ont fourni pendant des décennies des « éléments de langage » faisandés au vieux monde que le chef d'« En marche » a balayés).

Et puis, au milieu de cet exercice d'équilibrisme réussi, alors même qu'il n'a cessé de proclamer qu'il n'était pas venu dire aux Africains ce qu'ils devaient faire, notamment sur le chapitre des femmes, de leur liberté et leur fécondité, il s'est engagé dans une suite de « Je veux… », oubliant qu'il n'était pas un chef d'État africain. De même, quand il a pensé faire de l'humour en expliquant que ce n'était pas à lui de s'occuper de tout (incontestable), et notamment pas du problème de climatisation dans l'amphithéâtre (pourquoi pas), pourquoi ajouter en se tournant vers le président burkinabé que c'était son problème ? Même en voulant faire de l'humour, ravaler le chef de l'État devant les jeunes au rang d'agent de maintenance était pour le moins très maladroit (même erreur de jugement qu'avec le général de Villiers). Impassible jusque-là, le président Kaboré s'est même levé, laissant supposer un instant qu'il quittait la salle sous l'insulte*. « Du coup, il s'en va ! Reste ! Il est parti réparer la climatisation », a plaisanté le président français.

Les jeunes semblent avoir apprécié la séquence : « charisme », « éloquent », « impeccable », « convaincant » sont quelques-unes des réactions recueillies à la sortie, avec un petit codicille : « Maintenant, j'espère qu'il est sincère[29]. » Tout à son projet de booster les énergies, de secouer la poussière, de défoncer les conservatismes, de rallier la jeunesse, en France mais également à l'étranger, pour qu'elle saisisse son destin, le chevau-léger Macron oublie peut-être qu'il ne peut traiter tous les sujets comme s'il était sur le pont d'Arcole, sabre au clair. Il ne faudrait pas que le capital d'*envie* très solide dont il dispose, notamment à cause de sa méthode, de son aura personnelle et de l'empathie qu'il manifeste dans d'autres circonstances, soit

* Il semble qu'il ait voulu rebondir en faisant mine d'aller résoudre ce problème. Une façon de faire sentir à son hôte combien le propos était déplacé. Il est revenu à sa place après cette fausse sortie. Dans son entourage, certains ont expliqué qu'il désirait seulement aller aux toilettes.

dilapidé au bout de quelques années. Pour un ancien banquier, ce serait fâcheux.

Du côté de l'Élysée, les conseillers du président font valoir que le chef de l'État entend s'exprimer de la même façon avec des chefs d'État africains ou européens. Avoir deux types de discours pourrait traduire une forme de condescendance éloignée de la matrice intellectuelle du président. En substance, ils expliquent qu'il va falloir s'habituer à son côté cash. C'est ainsi que, face à un jeune Algérien qui l'interpelle sur la colonisation, il lui demande pourquoi il l'« embrouille » avec cette question alors que, comme lui, il n'a pas vécu cette époque. Le président refuse de se couler dans des éléments de langage proprets. Il a d'ailleurs toujours refusé d'avoir un conseiller personnel en communication[30].

Personnage atypique, Macron réunit *en même temps* du de Gaulle, du Sarkozy et du Hollande. De Gaulle pour faire table rase du passé, balayer les partis traditionnels, leurs « tambouilles » et leurs « vieilles soupes », refonder la République ; du Sarkozy dans la volonté de forcer le destin, dans le transgressif et le fait d'en faire parfois un peu trop ; du Hollande à cause de l'humour[31].

3

Locataire… contre propriétaire

Faire envie sur un effet de surprise ne suffira pas à la France pour lutter contre les effets acides d'un monde sens dessus dessous et pour redynamiser le projet européen. Au-delà d'un capital sympathie retrouvé, de la relance salutaire du couple franco-allemand, sur quoi travailler pour faire la différence avec les grands prédateurs aux appétits de revanche nationaliste que nous avons évoqués ? Quelle méthodologie adopter pour redonner son lustre à la France, pour faire envie aux amis et peur aux ennemis ? Quelle peut-être la plus-value apportée par la France en termes de méthodologie ?

Dans le passé, la France a souvent mordu la poussière à cause d'un mode de commandement très centralisé se résumant à une gestion domaniale des pouvoirs, laissant peu de place à la circulation de l'initiative[1]. Corporatisme, conformisme, cloisonnement et clonage des élites ont toujours affaibli le pays et précipité ses défaites. Parmi les pistes possibles pour s'opposer à ces « 4 C », il y en a une qui nous semble cardinale : celle que nous appelons le « collaboratif créatif à commandement »... Les 3 C vertueux. La formule peut surprendre et paraître hermétique. Elle s'appuie sur la lecture du monde que nous venons de faire dans les pages précédentes et sur une conviction forte : ce que la dictature gagne en brutalité, en cynisme, en mépris et en déni de réalité, elle le perd en capacité d'adaptation, en imagination, en créativité et en combinaison de talents librement réunis (notamment masculin-féminin). Toutes choses que les valeurs démocratiques doivent jouer à fond, car elles seront ainsi d'autant plus pertinentes dans le combat contre la tyrannie aveugle et l'autocratie religieuse. Pour cela l'Occident (et, au premier rang, les vingt-sept pays de l'Union européenne) doit passer de la culture de l'hyper-individualisme à celle du collectif-collaboratif en misant sur un élément fondamental : la confiance en soi, confiance dans le génie français et européen, fruits de plusieurs siècles d'histoire commune.

Catalyseur

Il existe une entité militaire dont l'efficacité n'est plus à démontrer, qui vit en permanence dans le « collaboratif créatif à commandement » (CCC). C'est le commandement des opérations spéciales (COS) qui conduit nombre d'opérations contre ceux qui menacent la France, ses intérêts et ses valeurs au plus loin (Levant, Sahel notamment[2]). Ce n'est pas l'alpha et l'oméga de l'armée – il y a des chefs et des soldats remarquables dans les forces conventionnelles – mais c'est un laboratoire passionnant, en perpétuelle mutation, dont nous pensons que d'autres entités pourraient tirer profit, y compris dans le monde civil. Les opérations du COS étant discrètes par nature, il n'est pas possible de vous les décrire. Le point n'est pas là mais dans la façon dont sont construites ces opérations spéciales, en termes de mentalité et de méthodologie. Ce savoir-faire français est reconnu à l'international puisque la France a depuis longtemps décroché le statut otanien de *lead nation* pour les opérations spéciales. Cela veut dire que Paris peut diriger une opération qui impliquerait des forces spéciales de plusieurs pays.

Créé en 1992, le COS[3] n'a cessé de muer, de se transformer tout en restant fidèle à son ADN originel : outil stratégique dans la main du chef des armées, via le CEMA (chef d'état-major des armées) ; faible empreinte au sol (il n'engage pas des bataillons mais des équipes légères, souvent derrière les lignes ennemies... quand les « lignes » existent) ; approche atypique (la devise du COS : « Penser et faire autrement ») ; esprit commando (volonté et intrépidité) ; combinaison des talents (notamment ceux de militaires des trois armées et de réservistes opérationnels triés sur le volet). La première leçon est que pour être apte à faire face à la surprenante marche du siècle – ce que Clausewitz nomme le côté « caméléon » de la guerre – il faut sans cesse s'adapter. Sinon, du confort intellectuel naît immanquablement la défaite ou le déclassement.

Que dit le patron de cette « boutique » très spéciale ? « L'important, explique le vice-amiral Laurent Isnard, c'est de ne pas être *propriétaire*[4] de la mission. Nous devons travailler en réseaux. Nous allons chercher là où ils sont les meilleurs ouvriers et dessinateurs, les matériaux les plus fins et les plus performants. [...] D'ailleurs, 50 % de mon état-major ne vient pas des forces spéciales. En outre, l'emploi très opérationnel que nous faisons de nos réservistes – la plupart ont servi en opérations extérieures – est partie intégrante de cette façon de puiser dans des viviers élargis les talents dont nous avons besoin. Le COS est bien un catalyseur de valeurs ajoutées. C'est la meilleure voie pour ne pas s'enfermer dans une seule vérité. Chez nous, chaque journée doit commencer par une idée nouvelle[5]. » Un ancien G/COS, le général (2S) Henri Poncet, avait coutume de dire : « La guerre autrement, c'est mettre l'imagination au pouvoir. Et qui peut le faire ? Des emmerdeurs, des iconoclastes, des trublions qu'on doit laisser cogiter, pourvu qu'en dernier ressort un chef [...] dise : “Oui on fait – non on ne fait pas[6].” »

C'est l'exacte définition du concept que nous avons nommé le « collaboratif créatif à commandement », traduction militaire du « en même temps » civil. On réfléchit ensemble et le chef décide. On travaille les « arborescences » des possibles et puis on tranche. J'ai toujours pensé, et expliqué sur les plateaux de télévision[7], que la victoire d'Emmanuel Macron à la présidence de la République avait été conçue et réalisée comme une opération spéciale civile : fulgurance, culot, secret, dynamique participative, mélange des talents, plate-forme, discussions libres et in fine décision souveraine du chef appliquée sans états d'âme et avec le respect scrupuleux de la SecOps (sécurité opérationnelle qui couvre les opérations militaires et rend mutiques les protagonistes quand une opération est engagée).

Le réseau plutôt que le silo

Ce modèle « spécial » est transposable partout, dans n'importe quelle organisation humaine qui doit produire des actes et pas seulement des paroles. L'amiral Isnard se conçoit d'ailleurs comme un architecte en chef qui offre des plates-formes pour que des agencements savants se fassent entre différentes composantes dont l'objectif est de protéger les Français. Cette logique de la plate-forme ouverte et modulable est l'exact contraire du principe de gestion domaniale du pouvoir qui plombe la France depuis des siècles. C'est une approche qui s'oppose à la logique propriétaire : *c'est à moi et pas à toi !* L'approche locative doit permettre une meilleure synergie entre Défense, MAE (Affaires étrangères), services de renseignement intérieur et extérieur. L'idée maîtresse, c'est d'être plus intelligent à plusieurs sans pour autant gommer les spécificités de chacun. Et pour aller dans ce sens il est important que certains se « mouillent » pour créer du *fluide* là où il y a du dur dans les esprits et dans les fonctionnements. La force principale de l'ennemi, après la motivation et le fanatisme, c'est justement d'être dans une logique *liquide* et non dans une approche *corporatiste*, de travailler en *réseau* et non en *silo*. Français et Européens ont encore des marges d'amélioration dans ce domaine.

La jeune génération est particulièrement apte à travailler dans cet esprit *locataire*. Et il est un domaine dans lequel ces jeunes sont indispensables : la cyberguerre, un des vecteurs majeurs de confrontation aujourd'hui et demain, avec la robotisation des conflits. L'Europe a un rôle essentiel à jouer dans ce domaine si elle ne se fait pas techniquement marginaliser par les États-Unis et l'Asie.

4

Liberté, Maturité, Fraternité

Comment contrecarrer une envie de barbarie, si ce n'est en y opposant une envie de fraternité ? Le propos peut paraître un peu simplet. D'autant plus que l'Europe, en cultivant à outrance une approche « gentil Bisounours » des dossiers internationaux, a eu bien du mal à se mettre en ordre de bataille face à un monde devenu fou. Il lui a fallu être à nouveau confrontée au mal, y compris sur son territoire, pour réaliser que tout le monde ne partageait par ses valeurs humanistes. Il ne s'agit donc pas de proposer un retour à une forme d'innocence adolescente mais de miser sur la résilience, la maturité et le courage face aux cinquante nuances de guerre qui assaillent la planète.

Notre histoire, passionnante, belle et tumultueuse, a bâti au fil des siècles une maturité française (et européenne) : une arme pour lutter contre l'expansion du fanatisme et la concurrence d'airain des grands parrains. Cette maturité se retrouve en différents points ; notamment dans le fonctionnement des armées françaises aguerries par nombre de guerres au profil tourmenté, déstructuré, cubiste. Cette maturité concerne le jeune soldat comme le général ancien. Le monde civil fait également preuve de cette maîtrise de soi et de cette résilience.

Ainsi, après la vague d'attentats qu'a connue la France ces dernières années, la cohésion nationale est restée solide, résistant à la tentation primaire de vengeance sur des boucs émissaires faciles. Le patriotisme a retrouvé ses lettres de noblesse. Nombre de jeunes se sont tournés vers l'armée d'active ou la garde nationale (qui regroupe les réserves opérationnelles de l'armée, de la gendarmerie et de la police). Les atteintes aux biens, personnes et symboles musulmans en France ou en Europe sont restées peu nombreuses : ce type de réaction est néanmoins totalement impardonnable et condamnable[1]. D'autres réactions, à l'inverse, sont à souligner : après l'effroyable assassinat dans une église du père Hamel (quatre-vingt-six ans) de dix-huit coups de couteau, nombre de musulmans ont décidé de se rendre le dimanche suivant dans les églises de leur quartier pour manifester leur solidarité. Le mouvement n'a pas été massif (on peut le regretter) mais suffisamment significatif.

On constate en Grande-Bretagne un comportement civique identique. Après les attentats de Manchester (mai 2017), les habitants de la ville ont chanté ensemble leur refus de la haine. À Londres, lors des attentats dans le quartier de London Bridge (juin 2017), les bandes vidéo des caméras de surveillance et les témoignages recueillis par la police ont permis de constater que de nombreuses personnes ont risqué leur vie pour porter assistance aux blessés et parfois pour tenter de gêner l'action des tueurs[2]. Très concrètement, au lieu de fuir, certaines personnes sont restées ou sont « montées à l'assaut », pour utiliser une métaphore militaire.

Dans le monde arabe, un clip vidéo transmis à la même époque via YouTube a été vu par quatre millions de personnes : mis en ligne par la société koweïtienne Zain Telecom, il appelait à la tolérance et à l'amour fraternel à l'occasion du mois de ramadan. Dans ce clip de trois minutes, on voit un terroriste prêt à se faire exploser pour tuer le maximum de personnes se faire interpeller par des passants, des enfants, de futurs mariés qui récusent la légitimité d'une telle action commise au nom de l'islam. C'est sans doute une goutte d'eau dans l'océan de haine déversé au nom de l'islam à travers le monde, mais cette goutte d'eau a peut-être été vue par un jeune homme ou une jeune fille en cours de radicalisation… Il a peut-être sauvé des vies.

Livrons un dernier message d'espoir face à la montée de la barbarie. Un officier des sapeurs-pompiers se trouvait par hasard dans un café le vendredi 13 novembre 2015, non loin des terrasses dévastées à la kalachnikov par les tueurs de Daech. Au début, rentrant d'Afghanistan, il a cru avoir des hallucinations auditives. Et puis, il a dû se rendre à l'évidence : les tirs étaient nourris et bien réels. Là, en plein Paris, alors que la soirée était douce et festive. À contre-courant il s'est dirigé vers l'origine du bruit et est tombé sur des scènes de guerre atroces. Avec les premiers secours, il est intervenu pour aider et sauver ceux qui pouvaient encore l'être. Une chose l'a frappé comme ses camarades des diverses unités de secours : « Dans de nombreux cas, au regard de la position des corps sans vie, nous avons constaté que des victimes – un ami, un copain, un mari, une fiancée, un parent – s'étaient spontanément interposées entre les balles des tueurs et ceux ou celles qu'elles aimaient[3]. J'ai alors pensé que Daech ne pourrait pas nous vaincre[4]. »

Il y a partout dans le monde des hommes et des femmes qui luttent avec les moyens dont ils disposent contre les assauts qui détruisent la civilisation. Les Casques blancs syriens, à Alep notamment, ont essayé de soulager les souffrances de la population. Ils ont souvent payé le prix fort en étant délibérément ciblés par les forces de Damas et leur soutien russe. Il y a également ceux qui ont cherché à résister avec les armes de la culture contre l'obscurantisme et le fanatisme. Toujours en Syrie, des bibliothèques clandestines montées par l'opposition au régime ont fait fi des bombes pour tenter de faire passer un peu d'universel dans les plis de la démence ambiante[5]. Il existe bien d'autres exemples qui traduisent dans les interstices des drames cette âpre volonté de ne jamais céder à la barbarie même quand il semble ne plus rien rester d'humain dans les décombres.

Tendre la main

Et si la fraternité faisait aussi partie du paquetage de combat ? Ce serait une façon de renvoyer Nietzsche dans les oubliettes de l'histoire, lui qui disait : « La guerre et le courage ont fait plus de grandes choses que l'amour de son prochain[6]. » Utopie que de refuser ce postulat ? Non, c'est un réel adjuvant face à la montée des périls. C'est ce qu'Abdennour Bidar exprime si justement dans *Plaidoyer pour la fraternité*[7] ou ce que Mgr Jacques Blaquart (évêque d'Orléans), interrogé par le journaliste François Le Roux[8], explique dans *Retrouver la fraternité. Une urgence pour le monde*. Que dit le premier : « La France est une idée qui déborde […] ses frontière physiques. Partout dans le monde où un homme se bat pour un idéal de liberté, d'égalité et de fraternité, il est en quelque sorte français […]. Nous avons besoin d'une fête de la fraternité […]. Et sur la durée, nous avons besoin de nouvelles maisons de la culture, des maisons de l'interculturalité auxquelles chaque commune d'une certaine taille serait tenue par la loi d'ouvrir une salle […]. Il est capital que l'on ne considère pas la mise en œuvre de la fraternité comme la seule responsabilité de l'État. » Quant à Mgr Blaquart, il invite chacun à : « Être et devenir plus consciemment passeur de fraternité. »

Cette fraternité active, une femme admirable en est devenue le symbole vivant. Combien de vies a-t-elle sauvées par son action opiniâtre ? Latifa Ibn Ziaten a perdu un fils, militaire français qui a été abattu debout[9] par Mohamed M., le 11 mars 2012. Elle témoigne : « Quarante jours après l'assassinat d'Imad, je me suis rendue sur les lieux pour trouver un message, un signe. Il n'y avait rien à part du sang. Je l'ai nettoyé, et j'ai crié très fort. J'ai promis à Imad que je trouverais celui qui avait fait ça. Je suis allée dans la cité de Mohamed M. et j'ai demandé à des jeunes s'ils savaient où il habitait. L'un d'eux m'a dit qu'il était un martyr, un héros de l'islam qui avait mis *la France à genoux*. En disant cela, il a tué Imad une deuxième fois. Je me suis présentée et j'ai rétorqué que M. n'était qu'un assassin. Ils ont dit qu'ils étaient désolés, que j'étais une mère très courageuse. Ces jeunes étaient dans une grande souffrance. Ils m'ont expliqué qu'ils se sentaient enfermés dans cette cité, pensaient que la République les avait oubliés, que la société ne voulait pas d'eux. Je leur ai répondu que la société n'y était pour rien, et qu'ils n'étaient pas à la charge de la République. Qu'ils devaient travailler, chercher leur chance. J'ai dit à ces jeunes : “Vous êtes l'origine de ma souffrance, je vais vous tendre la main.” En créant mon association[10], j'ai décidé d'aller à la rencontre de tous ces jeunes livrés à eux-mêmes, pour éviter de nouveaux crimes, de nouvelles souffrances comme la mienne[11]. »

5

Europe, le sursaut ou le sursis

Guerre, révolution, totalitarisme, génocide… Bien loin de la fraternité et de la maturité, l'Europe est le continent du XXe siècle qui a exploré le plus profondément les antres du mal. C'est justement parce qu'elle a pu mesurer charnellement et psychologiquement ce qu'il en coûte de jouer la carte de l'autodévastation qu'elle a bâti la dynamique européenne. Ses premiers pas ont été tracés par des pères fondateurs qui savaient à quel point les Européens avaient pratiqué un suicide collectif avec leurs deux guerres mondiales. Son expérience de l'autodestruction lui permet aujourd'hui de constituer le meilleur rempart contre les cinquante nuances de guerre qui entendent peindre le nouveau siècle.

Certes, les fragilités ne manquent pas. Trouver une dynamique commune à vingt-sept n'est pas simple. La magie communautaire semblait même s'être dissipée avec le Brexit : jadis tout le monde voulait entrer dans l'Union. Sous les coups des défis internationaux et de la pression migratoire, certains pays (on pense à la Pologne et à la Hongrie) prennent leurs distances avec un pacte moral européen scellé dans le sang de la Seconde Guerre mondiale. Comme on l'a vu, la mémoire redevient un vecteur de confrontation. Le nationalisme pointe son nez. Pourtant, la dynamique communautaire reste un miracle à réanimer d'urgence pour lutter contre le retour des tribalismes et des nationalismes.

« La paix mondiale ne saurait être sauvegardée sans des efforts créateurs à la mesure des dangers qui la menacent. La contribution qu'une Europe organisée et vivante peut apporter à la civilisation est indispensable au maintien des relations pacifiques. En se faisant depuis plus de vingt ans le champion d'une Europe unie, la France a toujours eu pour objet essentiel de servir la paix » : ces propos de l'homme d'État Robert Schuman en 1950 restent d'actualité. Géographe et diplomate, Michel Foucher estime d'ailleurs que le projet européen est entré dans la troisième phase de son lancement : « [Il faut] penser les intérêts et les objectifs communs des membres de l'Union à l'échelle planétaire [...]. La France, aussi active à New York qu'à Bruxelles, sait combiner son engagement européen et son expérience internationale. C'est exactement ce qui est requis, d'autant que les processus de réconciliation européenne intéressent [...]. L'Europe est sans doute dans une transition économique pénible mais elle reste le plus vaste espace de stabilité démocratique au monde et, en Asie Pacifique notamment, l'absence de structures collectives de sécurité et l'impossibilité des réconciliations finiront par heurter les trajectoires économiques. L'Union continuera de faire référence[1]. »

Réveiller la Belle au bois dormant

Le président français sera-t-il suivi dans son ambition pour l'Europe alors que certains de ses membres plus à l'est donnent des signes de régression chauvine ? Paris fascine, Paris agace. Quand la France est trop présente, elle agace ; quand elle n'est pas au rendez-vous, on s'alarme. Journaliste en charge des questions européennes au service étranger du *Monde* (1986-1995), il m'est arrivé plus d'une fois de constater ce comportement schizophrène chez mes interlocuteurs européens : ils se plaignaient régulièrement de l'« arrogance gaullienne » des Français ; mais les mêmes, la semaine suivante, regrettaient devant moi que leurs homologues français ne soient pas montés au créneau pour sortir de l'ornière un dossier sensible, estimant qu'ils étaient les seuls à pouvoir trouver, et surtout rédiger*, un habile compromis. Insupportable « France gaullienne », dont l'absence était tout aussi insupportable.

C'est une constante de l'histoire de la construction européenne, Bruxelles attend beaucoup de Paris tout en redoutant une hégémonie qui serait inscrite dans les gènes de la « Grande Nation ». Les enjeux planétaires actuels sont trop aigus, le besoin d'Europe dans le monde trop criant pour que cette posture archaïque serve de prétexte aux adeptes du surplace ou du jeu en solo. « L'Union fait la force », proclame la Belgique

* Pour sa subtilité, la langue française a été pendant des siècles la langue diplomatique de référence. C'est pour cela que les traités et autres accords internationaux sont rédigés dans la langue de Molière : on peut les voir dans les musées européens aujourd'hui.

sur ses frontons : cela n'a jamais été aussi valable qu'aujourd'hui pour toute l'UE.

Le projet politique consistant à réveiller la « Belle au bois dormant européenne » doit être la grande ambition stratégique des Vingt-Sept. France et Europe sont invitées par le tumulte de la planète à transformer le sentiment plus ou moins confus d'attraction qu'elles suscitent en adhésion et en puissance. Elles doivent le faire en campant sur des valeurs d'autant plus précieuses aujourd'hui qu'elles sont rares à l'extérieur des frontières de l'UE. Dans cet esprit, on ne peut que souscrire à ce qu'Enrico Letta, président de l'Institut Jacques Delors et ancien président du Conseil italien, ne cesse de rappeler : « [...] Un des avantages compétitifs les plus importants dont nous, Européens, disposons, mais que nous avons trop souvent tendance à négliger, [c'est] l'attractivité de nos valeurs. » Alors que certains pays européens semblent en douter (cf. les dernières élections en Italie), d'autres, bien éloignés de ce continent, semblent s'y intéresser.

Europe is back?

Les participants au forum économique de Davos (janvier 2018) ont pu entendre le président français s'exclamer : « *Europe is back!* » On aurait pu mettre cela sur le compte de l'euphorie d'un tout nouveau chef d'État si les journalistes présents n'avaient pas entendu les interventions de deux chercheurs indien et sud-coréen qui disaient la même chose. Ils ont en effet expliqué que ce slogan avait un réel retentissement dans leurs pays respectifs en recherche de réponse face à la montée en gamme d'une Chine hégémonique. Le système de valeurs européen, sa capacité à créer des normes (notamment dans le domaine de l'environnement), son souci de marier progrès économique et problématique sociale, sa capacité à partager de la souveraineté pour être plus fort à plusieurs, sa recherche d'entente et de coopération en font un projet alternatif séduisant aux modèles tyranniques qui se pavanent sur la scène internationale[2].

Un autre chercheur, britannique cette fois, Charles Powell, a relevé que l'Union européenne était la seule entité aujourd'hui à même de répondre avec succès à un triple défi (en forme de dilemme) : comment concilier à la fois mondialisation, démocratie et souveraineté[3]. Au-delà des chiffres démographiques[4], économiques, militaires ou diplomatiques qui fondent *sur le papier* la puissance européenne, ce qui fait effectivement sa spécificité, c'est son mode de commandement. Une culture européenne communautaire existe, fondée sur le refus de la loi du plus fort. Elle est faite du respect du plus « petit » (Malte, 400 000 habitants), comme du plus « gros » (l'Allemagne, 83 millions d'habitants). Cela peut être souvent un frein à la prise de décision et à la traduction d'une puissance sur le papier en réalité sur les terrains de guerre, notamment. Mais il y a dans le fonctionnement européen – complexe dans sa construction institutionnelle – quelque chose d'infiniment précieux, qui tourne résolument le dos au « chacun pour soi » du moment, aux envies de tyrannies tribales. Malmenée par les crises, la notion de « bien commun » européen fait de la résistance. C'est lui qui, dans bien des affres, a permis à la Grèce de ne pas exploser en plein vol après des années de duperies athéniennes vis-à-vis des instances européennes. Les Grecs ont menti sur leurs comptes mais ils font partie de la famille.

Il faut jouer à fond cette carte de la *maturité* européenne pour créer un pôle de réassurance dans un monde qui court à la catastrophe par son incapacité à faire *sens* et *bien commun*. Oui, l'Europe est de retour ! Elle traîne parfois un peu la jambe (problématique des migrants, faiblesse de sa défense, prurit nationaliste à l'est, problème de gouvernance, zone euro à muscler, etc.), mais le malade se porte mieux et recommence à susciter l'envie dans le regard des autres, fussent-ils très loin de notre centre de gravité culturel (l'Asie, en l'occurrence). Pour faire simple : *dans un monde de brutes*[5], les valeurs de fraternité reprennent des couleurs. Il n'est donc pas surprenant de voir comment des tyrans comme Poutine et Trump tentent l'un de fracturer l'unité européenne (en faisant notamment jouer des solidarités orthodoxes-Grèce), l'autre d'afficher son profond mépris en envoyant comme représentant des États-Unis à Bruxelles un homme connu pour sa détestation de l'Union européenne.

Il est indispensable de résister à ces assauts et de relancer la machine. L'enjeu est d'autant plus déterminant que l'Européen sera demain très minoritaire dans le monde. Au milieu du XXe siècle, quand la Communauté européenne a été portée sur les fonts baptismaux, le monde comptait trois milliards de personnes. Un habitant sur six appartenait alors au continent européen. Un peu avant le milieu de ce siècle (2045), dix milliards d'hommes devront trouver une place sur cette planète : seulement un sur vingt sera européen. Les continents asiatique, africain et américain seront les mieux servis en population. C'est dire que le mouvement déjà observé de décentrage mondial de l'Europe va s'accélérer. Il faudra donc être attractif tout en étant de plus en plus minoritaire. Ce que l'Europe va perdre en poids démographique, elle doit le regagner en influence démocratique.

Le turbo français

L'Europe n'ayant jamais été aussi surprenante et inventive que dans les épreuves, le moment semble donc venu de son réveil. Et cela commence par la défense, même si les autres dossiers sur la table ne doivent pas rester en panne d'inspiration : gouvernance, zone euro, gestion du Brexit, harmonisation des politiques fiscale et sociale, climat, etc. Il faut désormais « Faire l'Europe dans un monde de brutes », comme le proclament Enrico Letta et Sébastien Maillard. Pour Pascal Lamy, qui fut longtemps le bras droit de Jacques Delors à Bruxelles, le président Macron « n'est ni sentimental ni historique, il croit à la puissance et regarde le monde tel qu'il est. Loin de tout angélisme. Il dit qu'il faut défendre ses intérêts, sa liberté, et qu'il faut le faire au niveau européen[6] ».

Déjà, les hauts fonctionnaires français présents à Bruxelles témoignent de la même chose : le président français a fait mettre le turbo. « Nos diplomates ont reçu des consignes précises pour faire avancer les dossiers, notamment la défense. Les choses frémissaient avant l'élection du président Macron. Maintenant, elles sont en train de se cristalliser. On sent également du côté des Allemands, des Italiens et des Espagnols un regain d'activité avec les Français. Sur le dossier de l'Europe de la défense, il est intéressant de constater la fébrilité de certains de nos camarades de l'OTAN présents ici : ils sentent bien qu'ils n'ont plus le vent en poupe depuis le Brexit et l'élection de Trump[7], qu'une dynamique nouvelle a été enclenchée du côté de l'UE. S'il n'y avait pas Poutine et la situation en Ukraine ils n'auraient plus grand-chose à se mettre sous la dent. L'alignement des planètes est aujourd'hui très favorable à une Europe de la défense[8] », confie ce haut responsable français en poste dans la capitale belge. Cette ambition française rejoint celle de l'Allemagne, sur un mode nouveau. C'est un des facteurs de cet « alignement de planètes ».

La chancelière allemande Angela Merkel vit son dernier mandat. C'est sa dernière chance d'entrer dans l'histoire comme son maître Helmut Kohl (1930-2017), devenu l'homme de la réunification des deux Allemagnes. Saura-t-elle transformer son pays pour qu'il prenne toute sa place dans la lutte contre le djihado-terrorisme en tournant le dos à un pacifisme hors de saison aujourd'hui ? L'accouchement de sa nouvelle majorité n'a pas été sans souffrance. Et le président Macron n'a pas ménagé sa peine pour convaincre dans la coulisse le SPD (sociaux-démocrates) d'entrer à nouveau dans une grande coalition avec les démocrates-chrétiens. L'heure n'est pas au déchirement. La guerre est aux frontières et à l'intérieur. Les Allemands ont payé le prix du sang dans des attentats. Ils le savent désormais et leur pacifisme structurel vacille.

On a souvent reproché à la « maman » de l'Allemagne une politique un peu terne, sans ambition et sans grand risque à l'international, si ce n'est son accueil massif de réfugiés qui a failli lui coûter très cher aux dernières élections. Elle semble aujourd'hui convaincue de la nécessité pour l'Europe de prendre son destin en main, sans regarder tout le temps du côté de Washington comme une enfant apeurée. L'Allemagne est en voie d'émancipation. Déjà dans son verbe, Angela Merkel s'est à plusieurs reprises affranchie de sa traditionnelle langue de bois (notamment vis-à-vis de la Turquie et même des États-Unis). Les États-Unis demeurent un allié, mais l'Europe n'a rien à en attendre de structurant pour son propre devenir dans les années qui viennent[9]. Elle ne figure pas dans l'agenda trumpien de l'*America first*. Tout le monde le sait désormais en Europe. Il faut donc pousser les feux, tout particulièrement dans le domaine militaire.

Oser la guerre…

« L'Union européenne porte […] dans son génome, du fait des deux guerres mondiales, le refus de la puissance et des équilibres militaires », note justement Christian Malis, directeur de la prospective stratégique et internationale chez Thalès[10]. Jean-Dominique Giuliani, président de la Fondation Robert-Schuman, dans un éditorial (22 janvier 2017) intitulé « *Europa first* », fait le même constat d'une certaine impuissance européenne en matière militaire : « L'Union européenne, divisée, n'est aujourd'hui pas en mesure, du fait de son histoire, de ses compétences et de ses traités, de répondre aux défis de sécurité qui se multiplient. Il ne saurait y avoir de paix durable sans volonté de se battre pour la garantir, voire pour l'imposer. Or, seuls quelques-uns de ses États membres semblent partager une même vision du monde et être capables d'actions militaires. » Le commissaire européen en charge du Brexit (Michel Barnier) fournit des chiffres qui appuient le propos de Giulani. Il estime que les budgets de défense des Européens représentent trois mille six cents fois le coût des opérations militaires communes. Cela veut dire que l'Europe dispose de moyens considérables (pour l'entraînement, les soldes, les matériels, les formations, les unités sur pied, les états-majors) mais qu'elle ne dépense pratiquement rien pour conduire des opérations[11]. D'une certaine façon, c'est encore un tigre de papier. Ou pour prendre l'image d'une ONG, c'est comme si le siège consommait l'essentiel du budget et que les actions de secours concrètes soient limitées. L'Union dégage donc trop peu de puissance par rapport à son potentiel. Chaque année, les Européens dépensent 194 milliards d'euros pour leur défense : soit trois fois moins que les États-Unis pour une population supérieure de 130 millions d'habitants[12]. Les Européens partagent mal la charge du fardeau qui pèse en bonne partie sur les épaules de la France. Le temps est donc venu de mettre les génomes fondateurs au congélateur non pour devenir une puissance hégémonique, mais pour peser dans le monde et faire valoir son modèle.

Le général français Daniel Grammatico[13] (direction des opérations militaires de l'UE) tempère le sombre tableau de l'impuissance communautaire. Il rappelle que l'Union conduit en ce moment trois actions militaires dites « non exécutives », c'est-à-dire sans emploi de la contrainte armée, en République centrafricaine, au Mali et en Somalie. Elles couvrent essentiellement des missions d'assistance militaire et de formation. L'UE est engagée également dans trois actions « exécutives », donc avec usage de la force si nécessaire : opération Atalante de lutte contre la piraterie maritime dans le golfe d'Aden et l'océan Indien ; opération Althea qui a pris la suite de l'OTAN en Bosnie-Herzégovine et opération Sofia qui lutte en Méditerranée contre le trafic des migrants[14]. Toutes ces missions s'inscrivent dans le cadre de la politique de sécurité et de défense commune (PSDC) que plusieurs pays européens souhaitent dynamiser.

Puissance militaire… en marche

Au-delà de ces engagements limités, et pour pousser les feux de l'Europe de la défense, la Commission européenne a présenté plusieurs plans proposant l'intégration de divers outils de défense, à l'horizon 2025. Elle a également prévu la création d'un fonds de 1 % du budget de l'Union pour financer le développement conjoint des futurs technologies et équipements de défense, à partir de 2021. Ces deux mesures sont très positives mais encore trop lointaines. Le bateau européen tient souvent plus du paquebot que du hors-bord. Or ses ennemis naviguent en Zodiac !

En attendant les résultats concrets de ces excellentes initiatives, il faut se battre avec les moyens existants. La ministre des Armées, Florence Parly, a raison quand elle explique que, « au-delà des efforts menés pour une Europe de la défense, le président a appelé de ses vœux une force commune capable de répondre de façon rapide à des besoins urgents. Si nous devions réitérer une opération du même type que celle du Mali, ce serait mieux d'y aller d'entrée de jeu avec d'autres Européens[15] ».

La ministre parle d'or, mais, jusqu'à présent, au moment de sauter dans le bain, la France s'est généralement retrouvée un peu seule. Les Européens doivent comprendre qu'il leur faut réinvestir de toute urgence cette sphère pour regagner la confiance des citoyens européens et au-delà. La guerre n'est plus un simple cas d'école. C'est pourquoi le président français martèle sur tous les tons le thème de « l'Europe qui protège ».

Paris et Berlin sont d'accord pour accélérer le mouvement et mettre en place sans attendre une coopération structurée permanente. Nous verrons concrètement ce que cela va donner. Les Européens doivent prendre conscience qu'ils sont infiniment plus et mieux protégés par la dynamique européenne que par leurs seuls moyens nationaux. Il faut donc agir dans ce sens et le leur faire savoir. En novembre 2017, un événement a pu donner le sentiment que les gouvernements européens avaient entendu le message. La haute représentante pour les Affaires étrangères, Federica Mogherini, a parlé d'une « journée historique » pour l'Union européenne. Vingt-trois des vingt-sept pays de l'UE* ont décidé de renforcer leur autonomie stratégique et de ne plus attendre leur salut des États-Unis (« Coopération structurée permanente » – CSP). Ce n'est pas la mort de l'OTAN (ce que ne souhaite personne) mais le lancement de projets d'équipements communs, de financements mutualisés et de projection future de troupes communes. Si le moteur franco-allemand a été à la manœuvre de cette avancée, le pack de tête s'est fortement élargi, ce qui est une bonne nouvelle ; la potentielle mauvaise nouvelle, c'est que, bien souvent, plus il y a de participants sur le papier, moins il y en a sur le terrain. Certains gouvernements veulent être sur la photographie mais sans risquer la vie de leurs hommes sur des zones minées comme au Moyen-Orient et en Afrique. Or, la sécurité de l'Europe se joue précisément là. En outre, chacun regarde le fond de son porte-monnaie quand il s'agit de passer à la « génération de forces », c'est-à-dire très concrètement à ce que chacun est prêt à mettre dans le pot commun des opérations en termes d'hommes et de matériels. Nous l'avons déjà souligné, la guerre moderne est bon marché pour les terroristes et hors de prix pour les grandes puissances.

On pourra dire que quelque chose a vraiment bougé en matière de défense européenne le jour où, sur une opération de type Serval (Mali 2013), soldats français et allemands seront au coude à coude, partageant le même objectif et les mêmes risques. Alors on pourra parler à

* N'ont pas suivi le mouvement : le Danemark, l'Irlande, le Portugal et Malte.

nouveau du « courage » des soldats germaniques, les Allemands pourront en éprouver une légitime fierté sans avoir pour autant eu besoin de ressusciter le sulfureux concept du *Völkisch*. Ce sera le signe que l'Allemagne a accepté de faire face aux nouveaux totalitarismes de ce siècle sans être militairement inhibée par l'ombre portée de celui qu'elle a enfanté en 1933. Il va sans dire que la participation d'autres pays – on pense notamment à la Belgique, l'Italie, l'Espagne, la Suède (souvent au rendez-vous ces dernières années) – est indispensable pour créer un véritable noyau guerrier européen, puissant, résiliant et contraignant pour les ennemis des valeurs européennes. De son poste, le général Grammatico en est convaincu : « L'Europe de la défense est en marche ! » Venant d'un officier au passé militaire éloquent, on lui fera crédit de ne pas jouer la mélodie de la méthode Coué.

Mobilisation européenne

Au-delà du recours parfois nécessaire à la force, qu'il faut savoir assumer, l'Union européenne a des atouts immenses dans sa besace en matière de stabilisation de crise et de développement. Elle dispose de l'expérience, des hommes, des structures et des fonds adéquats. Elle doit mieux les utiliser, car ce sont autant d'« armes » opérationnelles contre le fanatisme islamique dont la composante sociale est très forte. Le salafisme de combat se nourrit des souffrances humaines dans les espaces de bataille dans lesquels il évolue : il achète les âmes après avoir soigné les corps. Le corps de bataille humanitaire européen doit être plus puissamment engagé.

En Syrie, par exemple, si un processus de paix se mettait enfin en place, l'Union européenne serait parfaite pour accompagner un processus de reconstruction et aider certaines zones à rétablir le fonctionnement normal des pouvoirs publics (santé, éducation). On voit bien que derrière ces projets de renaissance, qui touchent au quotidien des hommes, existe une autre idée de la relation humaine : les équipes d'intervention européennes peuvent proposer un autre modèle politique et social que celui qui a conduit à la guerre et dont se sont prévalus des prédateurs comme Daech ou le régime syrien. Le combat pour les valeurs et le sens rejoint ici celui de la reconstruction matérielle. Lutter contre le fanatisme signifie agir également par ce biais. C'est pour la jeunesse européenne, elle-même frappée par des attentats, un immense défi et une magnifique occasion de mobilisation.

Les terres de mission pour l'Europe ne manquent pas. Il y en a une, oubliée des médias, qui fermente dangereusement à nos portes. L'envie d'Europe s'y étiole doucement. Les Balkans sont aujourd'hui l'une des menaces potentielles les plus géographiquement proches de nous. La question est d'autant plus cruciale qu'un rapport d'Europol (2017) estimait que cette région, déchirée par une effroyable guerre civile à la fin du dernier siècle, était une zone potentielle de transit de djihadistes en route pour l'Europe. Cette zone a aussi ses propres fragilités tribales. Elle cumule donc deux menaces.

« Accablés et démoralisés depuis des décennies par la pauvreté, le nationalisme, le cléricalisme et les politiques populistes, les citoyens ordinaires sont désespérés, plus attirés par les dictateurs que par les démocrates. [...] Les Balkans sont, une fois encore, devenus la scène de manœuvres diplomatiques qui risquent un jour de prendre une tournure militaire. C'est ici que les Russes, après une absence d'un demi-siècle, opèrent leur retour sur la scène européenne. C'est ici que les Turcs réaffirment leur présence dans les régions dont ils ont été chassés il y a plus d'un siècle », observe le journaliste Miljenko Jergović[16] avant de conclure sur un avertissement que nous devrions prendre très au sérieux : « L'Europe n'a pas encore tout à fait perdu les Balkans, mais cela ne tardera pas si elle reste aveugle aux conséquences qui pourraient résulter d'une telle perte. Le prix de l'européanisation des Balkans est sans doute plus élevé aujourd'hui qu'il ne l'était il y a vingt ans [...]. Mais ce prix sera infiniment moindre que celui qu'il faudra payer en cas de balkanisation de l'Europe. »

La bande sahélo-saharienne

La bande sahélo-saharienne constitue un autre cas d'école de ce que l'Europe peut et doit faire. Après l'opération militaire française Serval (2013), la France a favorisé la rapide mise en place d'un processus électif au Mali. Avec succès alors que certains commentateurs parisiens expliquaient qu'une consultation libre et démocratique serait impossible en si peu de temps dans un pays à peine sorti de la guerre[17]. Appuyés par Paris, des accords de réconciliation (dits « accords d'Alger ») ont été signés entre Nord et Sud malien[18]. L'Europe est venue former l'armée malienne et l'ONU s'est impliquée dans la région (MINUSMA) avec une force de dix mille hommes. La France a opportunément fait bouger son dispositif pour passer de Serval (Mali) à Barkhane (quatre mille hommes, en lien avec le G5-Sahel : Tchad, Niger, Mali, Mauritanie et Burkina Faso). Une approche conforme à la réalité du terrain, le combattant terroriste naviguant et recrutant d'un pays à l'autre. On peut donc parler dans ce cas d'un processus pertinent et efficace initié par la France et soutenu par l'Europe (et même par la communauté internationale, les États-Unis ayant, en effet, participé financièrement).

Cette large mobilisation, combinant la force armée et le développement civil (avec une priorité à l'éducation), est la seule à pouvoir contenir un cancer mutant et itinérant. Les mouvements djihadistes se sont adaptés : ils ne peuvent plus lancer de grosses offensives mais ils ont opté pour des actions sporadiques qui empêchent un retour à la normale. Ils se sont éclatés en petites entités alimentant les trafics, multipliant les attentats et les exactions (notamment l'assassinat de personnalités émergentes et/ou charismatiques). Ils se ramifient également, cherchant à partager leurs savoir-faire criminels. La stabilité et la sécurité du Sahel sont donc devenues une priorité stratégique de l'UE. Elle y a déployé des missions civiles et militaires et soutient la mise en place de la force de cinq mille hommes des pays du G5-Sahel. Elle agit notamment avec ses équipes pour une meilleure coopération transfrontalière susceptible de lutter contre les multiples trafics qui gangrènent le Sahel.

La notion de plate-forme doit également jouer pour que démarches publiques (Union européenne) et privées (entreprises européennes) se conjuguent intelligemment. Si l'on veut être efficace dans la durée et détruire le terreau où les fleurs du mal de Daech et d'Al-Qaida s'épanouissent, il faut concentrer les énergies privé-public. En outre, comme en Afghanistan, le volet formation du triptyque police-gendarmerie-justice est indispensable. L'approche doit être globale pour être efficace. Toute la difficulté est là.

Il faudrait donc aller plus loin et lancer un plan Marshall, ou plutôt un plan Monnet, pour l'Afrique sahélienne. Les Européens – y compris les jeunes qu'il faudrait impliquer – trouveraient là de quoi retoucher du doigt le bel idéal de ce continent humaniste en combattant le nouveau totalitarisme du XXIe siècle. Le succès n'est pas garanti, mais l'échec est certain si l'on ne prend pas la dimension de la menace au niveau des populations. D'autant qu'un autre pays devient le ventre fécond où la bête terroriste s'émancipe : la Libye. C'est le pays de tous les dangers pour aujourd'hui et pour demain et ses côtes ne sont qu'à quelques centaines de kilomètres de l'Union européenne. Quand une nuance de guerre s'estompe, une autre prend le relais. Cela donne la mesure des défis que nous avons devant nous…

Conclusion

Le paysage que nous venons de décrire est certainement imparfait et incomplet. Mais nous le croyons juste quant aux tendances de fond qu'il dessine. Les nuances de guerre sont là pour longtemps, car le terreau dans lequel elles s'enracinent est fécond. La relance de la course aux armements nucléaires du côté de Washington et de Moscou ne présage rien de bon. Cela envoie un très mauvais signal à la planète. De même, la guerre commerciale décrétée par Donald Trump, début 2018, pour surtaxer unilatéralement les importations d'acier et d'aluminium est une illustration supplémentaire de cette ère du « chacun pour soi » qui domine désormais le monde. Les djihado-terroristes ajouteraient : chacun pour soi… et Dieu pour nous. Contrairement à ce que pensent certains, le salafisme de combat n'est en rien un phénomène momentané, marginal et circonscrit. En outre, tant que les peuples seront saisis de craintes et de fantasmes, avides de repli clanique et en attente de tyrans salvateurs, il y aura des guerres régionales (parfois de haute intensité) et des conflits intestins à répétition, des volontés sécessionnistes, un appétit délétère de post-vérité, une montée du racisme et de l'antisémitisme et de la violence verbale. Enfin, entre la montée en pression d'une Chine sûre d'elle-même et dominatrice et une Corée du Nord incontrôlable, l'Asie est le continent de tous les dangers. Ce qui émerge également du chaos ambiant – et qui est une difficulté majeure pour ceux qui veulent *coudre* ou *recoudre* –, c'est la division qui existe partout au sein d'une même famille d'esprit, d'un même clan, d'un même parti politique, d'un même pays, d'une même religion, d'une même alliance diplomatique ou militaire. La frontière des antagonismes passe au milieu des groupes humains et étatiques, grands ou petits. Les ONG et les institutions internationales caritatives en témoignent souvent : sur le terrain, il devient de plus en plus difficile de faire passer le fil de l'humanitaire au milieu de nombreux chas, de plus en plus étroits.

C'est le règne du combat fratricide, physique ou psychologique : entre musulmans (chiites contre sunnites), entre sunnites (Qatar contre pays du Golfe), entre milices chrétiennes ou yézidies en Irak, entre Kurdes qui se haïssent, entre Yéménites – au Yémen des alliés deviennent en cours de guerre des ennemis mortels[1] –, au sein des opposants à Bachar el-Assad[2], au cœur des pays européens (l'Espagne et la Pologne, notamment), de l'OTAN (Turquie-États-Unis ; États-Unis-Europe), etc. On ne reconnaît plus l'autre comme frère, même s'il a été très proche. C'est le retour en force de la « violence mimétique » si bien décrite par René Girard dans *Des choses cachées depuis la fondation du monde*[3]. La querelle des « frères », chacun par effet miroir voulant absolument imiter l'autre et posséder ce qu'il détient. Un comportement primaire naturel qui pousse les enfants à vouloir spécifiquement ce qu'un autre a déjà dans la main. Le monde régresse à ce stade infantile. Ce « jeu » du « je » ne se déroule pas dans une cour de récréation mais à l'échelle de la planète, et, comme les enfants, des chefs d'État crient : « Prems' ! »

Le lecteur l'a compris, la guerre ne cesse de changer de visage. Elle prend des couleurs d'intensité et de forme variables qui la rendent parfois difficile à observer et à disséquer. Le phénomène glisse entre les doigts. Les guerres d'hier étaient lisibles, foncièrement « politiques », même si les trois grands totalitarismes (national-socialiste, marxiste-léniniste et maoïste) ont essayé de singer la « religion » (table de la Loi, rituels, tenues « sacerdotales », ouailles, grands prêtres, grand-messes, dieu vivant...) pour hisser le niveau du fanatisme jusqu'à l'incandescence. Ils ont créé des « religions athées » pour servir leurs desseins absolutistes. Les grandes guerres des temps passés étaient également territoriales ; territoriales parce que politiques ; politiques parce que territoriales. Il fallait envahir le territoire ennemi pour prouver sa puissance, régler un contentieux et négocier ensuite une paix sur de « bonnes bases » en essayant d'augmenter sa superficie tout en façonnant un monde nouveau à sa main. À ce jeu-là, dans les temps anciens, certains ont eu au cours de leur vie d'homme deux ou trois nationalités différentes. Le national-socialisme a inventé, quant à lui, la guerre totale : il s'agissait non seulement de conquérir un « espace vital », mais également d'en faire disparaître les occupants impurs pour préserver la race. De ce point de vue, Daech en est le digne héritier.

En dehors de ce pseudo-« État islamique », qui a tenté, en vain, de se territorialiser en mordant sur deux États (Syrie-Irak), de la Russie poutinienne, qui a annexé la Crimée (Ukraine), et de la Chine qui passe son temps à « poldériser » des îlots désolés en mer de Chine méridionale pour étendre sa sphère d'influence dans une zone stratégique, on ne relève pas d'envie manifeste de conquête territoriale extérieure[4]. Trop compliqué, trop coûteux, trop dangereux, trop réversible, trop difficile à tenir militairement dans la durée quand on n'est pas chez soi. Les Américains ont payé très cher cette illusion en envahissant l'Irak, en 2003, sur un mensonge d'État.

La Turquie d'Erdogan ne veut pas, et surtout ne peut pas, recomposer l'Empire ottoman. Pas plus que la Russie orthodoxe de Poutine n'est en mesure de reconfigurer l'empire des Romanov ou la forteresse athée des soviets. Au Levant, Moscou ne veut que consolider ses deux bases en Syrie, pas en faire un dominion russe. Il est impossible à l'Iran de rebâtir le formidable empire des Sassanides. La Chine ne pourra pas se venger des humiliations du passé en envahissant ses voisins immédiats ou l'Europe. Même en pleine révolution nationaliste, le Japon ne va pas partir à l'assaut de son *étranger proche* comme au XXe siècle. Et la Corée du Sud n'a aucune envie de récupérer le boulet de la Corée du Nord. En revanche, protégé par une force nucléaire, Pyongyang pourrait bien avoir envie un jour de repartir à la conquête du Sud et de boucler la boucle inachevée des années 1950.

Pour faire jeu égal avec les États-Unis, la Chine caresse l'espoir de les chasser un jour du Pacifique-Ouest. La première étape commence par son arrière-cour. Mais ses ambitions sont plus larges. Avec habileté, elle joue la carte d'une nouvelle route de la soie dont elle contrôlerait tous les accès. C'est une belle opération marketing, quoi de plus sympathique que la « route de la soie » qui a fait tant rêver ? Mais elle camoufle le projet le plus éminemment hégémonique de notre temps. Il serait temps de se réveiller. L'empire du Milieu déploie dans le domaine économique, avec un cynisme absolu, une stratégie offensive, corrélée à une savante et puissante manœuvre d'espionnage et de cyberpénétration des intérêts concurrents. L'Europe doit impérativement se mettre en ordre de bataille sur le plan de sa législation pour cesser de se laisser tondre la laine sur le dos par ses « amis » chinois.

L'Inde (hindoue) et le Pakistan (musulman) se regardent en chiens de faïence et campent sur leurs armes nucléaires pour que rien d'irrémédiable ne puisse se passer territorialement au-delà de quelques coups de canon et des simulacres de combat dansés tous les jours au poste-frontière de Wagah, le seul ouvert entre les deux pays*. L'atome veille sur tout ce petit monde exalté.

* Tous les soirs, lors de la fermeture de ce seul poste-frontière terrestre, un spectacle de mime guerrier est donné par les deux camps, sous les regards de citoyens et de touristes assistant à la descente des couleurs. Mines renfrognées des gardes d'honneur, fermeture brutale des portes de fer, crêtes de coq rouge et noir en érection sur les turbans : c'est à celui qui parviendra à être le plus grimaçant et à lever le plus haut la jambe en signe de domination de l'autre. Merci à Fabrice Lundy, journaliste à BFM et grand globe-trotter, de m'avoir indiqué cet étrange rituel.

Les Perses veulent durablement préserver un axe chiite, sans occupation territoriale directe, pour contrer l'influence des pays du Golfe sunnite dont quarante sont désormais rassemblés sous la bannière du nouveau tyran de Riyad. La Turquie cherche à devenir le pôle mondial de référence de l'islam sunnite, mais ne va pas pour autant envahir le bassin méditerranéen. Quant à la Russie, qui s'estime être le dernier dépositaire des reliques chrétiennes de l'Europe décadente, elle désire « seulement » retrouver sa puissance d'antan et un débouché vers les mers chaudes qui lui permettrait, à terme, d'en chasser un jour les Américains. C'est décidément l'obsession de pas mal de monde… Washington compte une multitude d'adversaires qui veulent l'évincer et la personnalité volcanique de Donald Trump en augmente le nombre chaque jour.

Les grands prédateurs que nous avons décrits préfèrent donc opter pour des stratégies d'influence, quitte à s'impliquer parfois dans des conflits régionaux où leurs intérêts peuvent être servis. La puissance n'est plus strictement territoriale, mais elle se calcule en nombre de feudataires. Le problème est que ceux-ci ont tendance, ces derniers temps, à se rebeller même s'ils sont sous perfusion. Tout le monde veut se mettre à son compte, veut être *the first*. Le petit commerce tyrannique tient la dragée haute à la grande surface hégémonique, même si ses propres produits viennent de chez elle. Les exemples de la Corée du Nord et de la Chine, de la Syrie et de la Russie l'illustrent à l'envi.

Dans ce paysage en plein tohu-bohu, où tout le monde se pousse du col, il demeure une inconnue majeure. Elle s'est déjà invitée dans le paysage international :

le Printemps des peuples. En bien des points de la planète, les peuples (ou du moins certaines franges) sont fatigués. Les manifestations récentes en Tunisie ou en Iran, par exemple, rappellent qu'il est toujours difficile de connaître le point de rupture d'une nation. La Chine est-elle complètement à l'abri de tels mouvements ? Cela semble improbable au premier coup d'œil, mais qui avait imaginé l'implosion de l'Empire soviétique ? Ce genre de perspective n'est pas fait pour effrayer les terroristes même si les valeurs qui soulèvent les révoltes populaires sont très éloignées de celles qu'ils proclament. Le chaos leur va comme un gant et ils espèrent toujours en tirer profit. Ils ont l'art de transformer les printemps en hivers. Ils sont en embuscade pour pouvoir acheter le maximum d'âmes sur fond de désespoir. En fait, l'islam de combat est la seule entité à avoir une vraie envie de conquête territoriale : celle d'une planète tout entière convertie au salafisme intégral. En dernier lieu, il ne reste plus, comme fanal dans ce brouillard épais, que la France et l'Europe : un îlot de vertus démocratiques dans un monde de brutes. Il appartient à chaque citoyen européen de faire en sorte non seulement que cet îlot ne soit pas submergé, mais qu'il puisse contribuer à fédérer ceux qui, au plus près et au plus loin, ne veulent pas que ce siècle ressemble au précédent. La maturité européenne, la fraternité, la pratique ancienne du collectif, l'équilibre des pouvoirs institutionnels (même s'il est parfois paralysant) sont autant de leviers pour s'opposer à la poussée qui semble irrépressible des ego bellicistes. Conforter ces leviers, c'est se battre, ici et maintenant, contre la barbarie et la tyrannie.

Remerciements

Toute ma gratitude se porte vers Cécile Boyer-Runge, présidente de Robert Laffont, pour sa confiance renouvelée à travers la publication dc cet ouvrage.

Merci à Roman Perrusset, directeur littéraire chez Robert Laffont, pour son accompagnement amical, exigeant et vigilant pendant l'accouchement de ce nouvel opus.

J'adresse à Claire Le Ho-Devianne, éditrice chez Robert Laffont, mes remerciements les plus appuyés pour la qualité de ses conseils et de sa relecture de mon manuscrit. Sans elle, il aurait claudiqué à la sortie des imprimeries…

Notes

Préambule

1. Se reporter à l'ouvrage *Déflagrations. Dessins d'enfants, guerres d'adultes*, Anamosa, 2017. Il reprend le contenu de l'exposition de la médiathèque André-Malraux à Strasbourg sur ce thème (à la fin 2017).

Introduction

1. « Chute de l'Empire romain : quelles sont les causes ? », *Philosophie Magazine*, mars 2017.

2. Jean-François Gayraud, *Théorie des hybrides. Terrorisme et crime organisé*, CNRS, 2017. Haut fonctionnaire de la police nationale, c'est un spécialiste du renseignement appliqué aux deux domaines cités dans son titre. Dans son livre, il cite notamment le livre du professeur Hedley Bull, *The Anarchical Society. A Study of Order in World Politics*, Columbia University Press, qui affirmait déjà en 1977 que « le monde se dirige[ait] vers un nouveau Moyen Âge ».

3. Pour être précis, les historiens parlent des traités de Westphalie qui regroupent les deux traités de Münster et Osnabrück. Ces traités tournent le dos au morcellement de l'Europe en duchés, comtés, marquisats pour consacrer l'État-nation, avec, à la clé, l'idée d'un équilibre de la puissance de ces États permettant d'éviter la guerre. L'idée était belle mais le morcellement de l'Europe n'a pas pris

fin à cette époque (voir l'unité tardive de l'Allemagne et de l'Italie) et n'a pas empêché les guerres.

4. *The Gutenberg Galaxy: The Making of Typographic Man,* University of Toronto Press, 1962.

5. C'est un reportage de CNC qui a lancé l'alerte à la fin 2017.

6. À l'horizon 2030, c'est-à-dire demain, 40 % de la jeunesse mondiale vivra sur le continent africain.

7. Les « recordmen » de la longévité au pouvoir sont : Idriss Déby Itno (Tchad, au pouvoir depuis 1990) ; Paul Biya (Cameroun, 1982) ; Teodoro Obiang Nguema Mbasogo (Guinée équatoriale, 1979) ; Denis Sassou-Nguesso (Congo, 1997) ; Paul Kagame (Rwanda, vice-président en 1994 ; président en 2000) ; Omar el-Béchir (Soudan, 1989) ; Issayas Afewerki (Érythrée, 1993) ; Yoweri Museveni (Ouganda, 1986) ; Robert Mugabe (Zimbabwe, 1987-2017) ; Mswatti III (Swaziland, monarchie, 1986), etc. Pour être complet, il faudrait citer les chefs d'État qui s'inscrivent dans le cadre d'une sorte de succession dynastique comme Faure Gnassingbé Eyadéma (Togo) ou Ali Bongo (Gabon).

8. Pays riche en pétrole, exploité depuis le début du XXe siècle et qui est toujours en grande pauvreté.

9. Voir *Théorie des hybrides*, *op. cit.*

10. Dans ce pays, 80 % de la population encore présente vit sous le seuil de pauvreté, contre 28 % avant le conflit. Sources onusiennes.

11. *The Lancet*, octobre 2017. Cette mort touche principalement les populations fragiles de la planète (« populations pauvres et vulnérables », selon la revue).

12. Jean-François Gayraud, *Théorie des hybrides*, *op. cit.* On peut lire également avec profit, du même auteur, en collaboration avec François Thual, *Géostratégie du crime*, Odile Jacob, 2012.

13. « Entre djihad et radicalisations, quelles réponses à la violence ? », colloque de la gendarmerie, École militaire, 1er mars 2017, entretiens avec l'auteur.

14. « Le monde en 2035 vu par la CIA. Le paradoxe du progrès », Des Équateurs, coll. « Équateurs Documents », 2017.

15. Elle s'apparente à un « Livre blanc » sur la défense et la sécurité mais en moins bavard et en plus percutant. La copie a été rédigée en quelques mois à la demande du chef de l'État.

16. *Le Monde*, 17 février 2017.

PREMIÈRE PARTIE
Comme une envie de barbarie

1. Nous faisons nôtre le point de vue de Dominique Schnapper : « La démocratie est la seule idée dont nous disposions pour organiser humainement une société humaine. » Voir son dernier livre : *De la démocratie en France. République, nation, laïcité*, Odile Jacob, 2017 et l'article : « L'ethnicisation a progressé dans la société française », *Le Point*, 16 novembre 2017.

2. Le président américain avait également, un temps, remis en cause le fondement de la partie militaire de l'Alliance atlantique en estimant ne pas se sentir tenu par l'article 5 du traité de 1949 (« Un pour tous, tous pour un »).

3. Voir Pierre Servent, *La Trahison des médias*, François Bourin, 2007.

1. Recherche d'identité

1. « L'idée que le passé peut être remodelé à volonté est une idée totalitaire », *Le Figaro*, 22 octobre 2017.

2. Henri-Frédéric Amiel (1821-1881), *Journal intime* (année 1869), L'Âge d'homme, 1966.

3. Dans une trentaine de pays musulmans l'athéisme relève des tribunaux (comme le blasphème d'une façon générale). Dans seize pays, c'est passible de la peine de mort.

4. Expression utilisée notamment par Mohamed Sifaoui (condamné à mort par les djihadistes) dans son dernier livre : *Une seule voie : l'insoumission*, Plon, 2017.

5. Voir Mohamed Sifaoui, *op. cit.*, et Jean Birnbaum, *Un silence religieux. La gauche face au djihadisme*, Seuil, 2016.

6. 30 % d'étrangers et une forte densité de Français d'origine maghrébine ou africaine.

7. Dossier : « Qui est l'ennemi ? », *Conflits*, octobre-novembre-décembre 2017.

8. *Télérama*, 4 octobre 2017. À lire de cette scientifique qui fut secrétaire d'État (Enseignement supérieur et Recherche) : *Sacrées questions... Pour un islam d'aujourd'hui*, Odile Jacob, 2017.

9. Lors de rencontres au Liban avec des femmes du Hezbollah spécialistes de la propagande vers les étrangers francophones, je n'ai jamais pu serrer la main de quiconque. Je posais avec une fausse naïveté la question du pourquoi de cette retenue à laquelle on me répondit par des sourires gênés. On venait de m'expliquer pendant deux heures tous les bienfaits de la pensée du fondateur Hassan Nasrallah, il était difficile de conclure en m'expliquant que j'étais « impur » et que c'est pour cela que, si j'étais « bon à endoctriner », il n'était pas question pour autant de serrer la main d'un homme, qui plus est celle d'un infidèle...

10. Delphine Horvilleur et Rachid Benzine, *Des mille et une façons d'être juif ou musulman*, Seuil, 2017.

11. On pense aux fondamentalistes chrétiens aux États-Unis par exemple.

2. Climat religieux tempéré... menacé

1. Rappelons que le terrible attentat contre l'équipe rédactionnelle de *Charlie Hebdo* a été justifié par les djihado-terroristes qui ont frappé par la volonté de « venger le Prophète » qui avait été caricaturé dans ce journal.

2. Bruno Philip, Le Monde.fr, 10 mai 2017. Lire également : « Indonésie. Menaces sur l'islam tempéré de l'archipel », *Le Monde*, 23 et 24 juillet 2017.

3. *La Croix*, 7 novembre 2017.

4. *Le Monde*, 23 et 24 juillet 2017.

5. Comme de nombreux mouvements djihado-terroristes dans le monde, ce groupe s'est d'abord « franchisé » Al-Qaida avant de prendre l'étiquette plus porteuse de Daech.

6. Nous avons pu voir ce matériel de formation assez sophistiqué, en 2006, en Afghanistan. Il avait été récupéré et analysé par les forces françaises.

7. Voir Pierre Servent, *Les Guerres modernes racontées aux civils… et aux militaires*, Buchet-Chastel, 2009.

8. *Le Monde*, 18 octobre 2017.

9. « Madagascar, nouvelle terre de conquête des islamistes », *Le Figaro*, 20 octobre.

10. « Le pouvoir afghan fragilisé par les talibans et l'EI », *Le Monde*, 27 octobre 2017. La fin de l'année 2017 et le début de 2018 ont montré que les talibans et Daech se faisaient concurrence pour multiplier les attentats : mosquée chiite, hôpital, grand hôtel international, école militaire, centre-ville ont été ciblés par les terroristes.

11. Certaines sources parlent de l'emploi d'explosifs militaires.

12. Source : Centre d'études stratégiques de l'Afrique, 2017.

13. *Le Monde*, 18 octobre 2017, citant le travail de chercheurs sur le sujet.

14. *Le Siècle de sang. 1914-2014*, sous la direction d'Emmanuel Hecht et Pierre Servent, Perrin, 2013.

15. Ces derniers avaient empêché le Premier ministre de se rendre dans le Nord « libéré ».

16. Témoignage recueilli sur zone par l'auteur.

17. Entretien avec l'auteur.

18. Voir également son livre : Pierre de Villiers, *Servir*, Fayard, 2017.

19. Nous avons pu voir opérer ces équipes militaires mixtes franco-afghanes sur le terrain en 2009.

20. Lire également Guy Hubin, « Perspectives tactiques », *Economica*, 2003, et Pierre Servent, *Les Guerres modernes*, *op. cit.*

3. Bombes à fragmentation

1. Ce « jeu des 7 familles » identitaire et ségrégationniste se constate également en Afrique. Là où il y avait coexistence des religions (l'évêque catholique se rendait à la rupture du ramadan musulman et le grand imam venait à la fête de Noël des chrétiens), la méfiance et la distance ont pris le relais, attisées par des mouvements radicaux prêchant un islam de conquête séparant « purs » et « impurs ».

2. *Dans les archives secrètes du Quai d'Orsay. L'engagement de la France dans le monde. 8 mai 1945-11 septembre 2011*, L'Iconoclaste, 2017.

3. Pierre Servent, *Extension du domaine de la guerre*, Robert Laffont, 2016.

4. Témoignage à l'auteur d'un officier français faisant régulièrement des stages de langue arabe dans ces années-là.

5. Mouvement politique et religieux créé en 1928 par Hassan el-Banna, grand-père de Tariq Ramadan (dont nous reparlerons dans un autre chapitre).

6. Le prophète Mahomet est mort en 632 ap. J.-C.

7. Une bonne partie de ces chrétiens d'Orient se trouvent au Liban dont les institutions (fragiles) les protègent plus que dans les pays du pourtour à majorité musulmane.

8. *La Croix*, 29 septembre 2017. Les chrétiens en Syrie appartiennent à onze communautés différentes.

9. *La Croix*, 25 septembre 2017 : dossier consacré aux chrétiens d'Orient.

10. *Le Monde*, 16 mars 2017.

11. Au Caire, en décembre 2016, une trentaine de chrétiens avaient été massacrés en pleine célébration de la messe dans l'église Saint-Pierre-et-Saint-Paul.

12. En l'occurrence le groupe Ansar Beit al-Maqdis, francisé chez Daech sous le nom de : « province (wilaya) du Sinaï ».

13. L'émir d'AQMI, Abdelmalek Droukdel, est caché quelque part dans les montagnes algériennes.

14. *La Croix*, 25 septembre 2017.

15. *Le Monde*, 26 juillet 2017.

4. Éradiquer le pluriel

1. *La Croix*, 3 octobre 2017.

2. Interrogée par *Le Monde*, 30 septembre 2017.

3. *Le Monde*, 5 octobre 2017.

4. Tribune du *Figaro*, 13 octobre 2017 : « Catalogne : une tragédie de grande portée ».

5. *Ibid.*

6. *Le Monde*, 17 novembre 2017.

7. *L' Obs*, 31 août 2017.

8. *Le Nouvel Observateur*, 31 août 2017.

5. La chimère de l'« ère nouvelle »

1. Lire Gérard Chaliand, *La Question kurde à l'heure de Daech*, Seuil, 2015. Olivier Grojean, *La Révolution kurde. Le PKK et la fabrique d'une utopie*, La Découverte, 2017. Sous la direction de Hamit Bozarslan, « Les Kurdes : puissance montante au Moyen-Orient », *Anatoli*, n° 8, automne 2017, CNRS. Voir également sur ce dossier et plus largement sur les problématiques moyen-orientales : Frédéric Encel, *Mon dictionnaire géopolitique*, PUF, 2017.

2. Il fut le premier président non arabe de l'Irak (2005-2014).

3. Il existe déjà au stade de guerre civile larvée dans le Kurdistan turc. Le PKK (Parti des travailleurs du Kurdistan) mène le combat contre Ankara. D'inspiration marxiste-léniniste, cette formation radicale est en opposition frontale avec le PDK (Parti démocratique du Kurdistan) irakien qui s'inscrit dans un modèle capitaliste et clientéliste classique.

4. Cela avant la fuite de nombreux Kurdes contraints au départ précipité par l'arrivée des troupes de Bagdad, en octobre 2017. Le gouvernement irakien a estimé que les Kurdes de Kirkouk avaient soutenu le référendum illégal du Kurdistan irakien.

5. À l'époque de ce référendum, les troupes de Daech occupaient toujours une zone à une quarantaine de kilomètres de Kirkouk (Hawija).

6. Le clan kurde Talabani appartient à l'UPK (Union des patriotes kurdes) traditionnellement en opposition avec

le clan Barzani du PDK (Parti démocratique du Kurdistan). L'UPK est apparu par scission avec le PDK (1975). Après bien des affrontements armés, les deux frères ennemis se sont rabibochés au début du siècle.

7. Cette réunification des deux communautés a eu lieu en 1961, un an après l'indépendance du Cameroun.

8. *La Croix*, 3 octobre 2017.

6. La guerre de mémoires

1. *Le Monde*, 28 février 2017.

2. On trouvait dans la Waffen-SS non seulement des Allemands, mais des volontaires européens de pays sous la coupe nazie : France, Belgique, Norvège, Bosnie, etc. Leurs frères de la SS sévissaient quant à eux dans les camps d'extermination des Juifs et des Tziganes.

3. *Le Figaro*, 11 octobre 2017.

4. *Ibid.*

5. Voir le très bel article d'Alain Frachon : « La nouvelle bataille de Gdansk », *Le Monde*, 27 janvier 2017.

6. C'était le 11 novembre 2017, à l'occasion du quatre-vingt-dix-neuvième anniversaire de l'indépendance de la Pologne.

7. « Vive la mort ! » Cri de ralliement des franquistes durant la guerre civile espagnole.

8. *Le Figaro*, 9 octobre 2017. Lire également : Benoît Pellistrandi, *Histoire de l'Espagne. Des guerres napoléoniennes à nos jours*, Perrin, 2013.

9. Il revendique quatre mille cinq cents membres, ce qui est peu somme toute, à l'échelle de la Russie.

10. *La Croix*, 26 septembre 2017, et *Le Figaro*, 19 septembre 2017.

7. C'est tellement nul que c'est bien…

1. Voir ce qu'en disait Marcel Gauchet, p. 28.

2. Terme qui apparaît en 1992 sous la plume du dramaturge Steve Tesich (1942-1996), dissident yougoslave émigré aux États-Unis.

3. Robert Darnton, président des bibliothèques de l'université Harvard, relève que « la production de bribes d'informations soit mensongères, soit à demi véridiques, soit authentiques mais compromettantes connut son apogée dans le Londres du XVIIIe siècle », *Le Monde*, 27 février 2017.

4. Au département Global Communication. Il a travaillé notamment sur le thème de la « rumeur ». Voir *Le Monde*, 4 mars 2017 : « La post-vérité a une histoire ».

5. *Télérama*, 20 septembre 2017.

6. Propos de Steve Tesich cités dans Martin Legros, « Le temps des incrédules », *Philosophie magazine* (« Y a-t-il encore une vérité ? »), octobre 2017.

7. Steve Tesich est décédé en 1996. Son regard porte sur les dictateurs des périodes anciennes et contemporaines (jusqu'à son décès).

8. Citation de Steve Tesich, *in* Martin Legros, « Le temps des incrédules », *op. cit.*

9. Pierre Servent, *Les Guerres modernes*, *op. cit.*

10. *Ibid.*

11. Les intellectuels occidentaux doivent procéder à un aggiornamento de leur pensée, non pas pour adhérer à la post-vérité mais pour comprendre pourquoi ils sont incapables de percevoir, de comprendre et d'analyser les mouvements telluriques qui secouent les peuples. Ils sont passés à côté de toutes les surprises stratégiques de ces dernières années : notamment le rejet de la Constitution européenne, le Brexit, l'élection de Trump, celle d'Emmanuel Macron, etc. Voir l'excellente analyse de Brice Couturier, journaliste sur France Culture, « Macron. Un président philosophe », *L'Observatoire*, 2017. Voir également, du même, « Pourquoi le phénomène Donald Trump n'a pas été compris par les médias », *Le Figaro*, 16 novembre 2016 ; et son entretien dans *Le Point*, 9 novembre 2017.

12. Pierre Servent, *Les Guerres modernes*, *op. cit.*

13. *The New York Times*, édition internationale, 10 mars 2017.

DEUXIÈME PARTIE
Comme une envie de tyrannie

1. Les politologues, jamais en mal d'inspiration, ont inventé le mot « démocrature » (démocratie + dictature) pour le tsar russe.

2. Dans cette liste, le président syrien a un statut à part dans la mesure où c'est le chef d'un régime incontestablement et cyniquement criminel. La probabilité de le voir un jour déférer devant un tribunal pénal international n'est pas nulle.

3. C'est le véritable homme fort de l'Iran : il est au pouvoir (sans élection) depuis 1989 (date de la mort de l'ayatollah Khomeyni). À propos de ce pays, souvent qualifié de « théocratie », on pourrait forger le terme de théo-tyrannie.

4. Au bout de seulement quelques semaines de mandat, le président américain avait insulté, parfois gravement, plusieurs dizaines de pays, certains (à majorité musulmane) devenant non grata sur le sol américain.

5. Le président Macron s'est prononcé devant l'Assemblée générale de l'ONU (2017) pour un « renforcement des coutures » de l'accord sur le nucléaire iranien.

1. Le Fils du ciel et du dérèglement mondial

1. *L'Express*, 2 août 2017.

2. On pense aux États-Unis.

3. « *A tsar is born* », octobre-novembre 2017.

4. Dont le régime a provoqué la mort d'une cinquantaine de millions de morts, autant que toutes les pertes de la Seconde Guerre mondiale.

5. Un des slogans de Mai 68 était : « Cours, camarade, le vieux monde est derrière toi ! »

6. François Bougon, *Dans la tête de Xi Jinping*, Solin-Actes Sud, 2017.

7. *Ibid.*

8. Ou presque, certaines tenues militaires plus claires et les tenues traditionnelles plus chatoyantes des représentants des minorités rompaient un peu la monotonie visuelle.

9. Merci au professeur Di Meglio qui m'a fait découvrir cette technique de travail d'une pierre très appréciée en Chine.

10. Propos de Xi Jinping devant le XIXe Congrès du Parti communiste chinois.

11. *The New York Times*, édition internationale, 29 octobre 2017.

12. *Le Monde*, 26 octobre 2017.

13. *1984*, paru en 1948.

14. Tribune dans *Le Figaro*, 23 octobre 2017.

2. La revanche de l'« homme malade »

1. Devant le refus des Européens de réactiver le processus d'adhésion de la Turquie à l'Europe (un des paradoxes du leader turc) et de laisser ses ministres venir faire campagne en Europe pour le référendum constitutionnel (présidentialisation du régime), auprès de la communauté turque, le président Erdogan a menacé : « Si vous me laissez à la porte et ne me laissez pas parler, je mettrai le monde sens dessus dessous. »

2. Surnom donné à l'Empire ottoman à la fin du XIXe siècle.

3. Cité par *Le Monde*, 26 octobre 2017.

4. Pierre Servent, *Extension du domaine de la guerre*, *op. cit.*

5. Ils sont pour Ankara la courroie de transmission du PKK (mouvement kurde marxiste) interdit en Turquie.

6. Voir son article, « L'Europe va-t-elle perdre les Balkans ? », dans la revue *New Eastern Europe* (octobre 2017) et sa traduction dans *Le Monde*, 1er juillet 2017. Lire également son dernier ouvrage : *Volga, Volga,* Actes Sud, 2015.

7. La Bosnie-Herzégovine est composée de la république serbe de Bosnie et de la Fédération croato-bosniaque.

8. *Ibid.*

3. Nostalgie mémorielles

1. *Le Monde*, 16-17 avril 2017.

2. En 2012-2013, des groupes paramilitaires, souvent composés de criminels sortis de prison, ont été envoyés par

Damas dans le pays alaouite pour commettre des exactions et répandre la terreur dans les villages non alaouites. Cela a conduit les populations non alaouites à fuir. Pour Damas, le pays alaouite devenait ainsi « sûr », ethniquement parlant, en cas de repli forcé sur cette terre (économiquement riche) qui court notamment le long de la côte méditerranéenne.

4. Quand les Sassanides dictent à nouveau l'histoire du Moyen-Orient

1. La dynastie est fondée par un personnage du nom de Sassan qui se proclame (sans preuves) descendant de Darius III, le dernier des souverains perses achéménides vaincu par Alexandre le Grand (336-323 av. J.-C.). Voir *La Fin des empires*, sous la direction de Patrice Gueniffey, Perrin, 2016.

2. Fondée au cours du premier millénaire av. J.-C., la religion zoroastrienne est religion d'État en Perse. C'est une religion monothéiste qui place le créateur de toute chose, Ahura Mazdā, au centre du culte. Il est entouré, toutefois, de deux esprits (du bien et du mal) qui coexistent en chaque homme. Mais le christianisme rayonnait également en Perse, notamment dans les villes d'Antioche et Édesse. Voir Gilbert Sinoué, *Le Sabre d'Allah*, Robert Laffont, 2016.

3. Les Perses ont résisté à cette tentative du vainqueur d'imposer sa langue. La langue perse (le farsi), mâtinée d'arabe, a survécu à l'effondrement du grand Empire sassanide.

4. Gilbert Sinoué, *Le Sabre d'Allah*, *op. cit.*

5. Au milieu du IXe siècle 40 % seulement de la population perse est musulmane. À la fin du XIe siècle, 100 %. Les prédicateurs musulmans ont souvent dérogé à la règle de l'arabisation (notamment dans les campagnes de l'ex-empire) en autorisant la lecture du Coran en persan. Sources : Wikipédia : « Islam en Iran ».

6. Fondatrice de la Perse moderne, la dynastie safavide (1501-1736) fait du chiisme la religion d'État. Voir Isabelle Poutrin, « Quand l'Iran devint chiite. Religion et pouvoir

chez les Safavides. XVI-XVIIe siècle », *Conversion/Pouvoir et religion* https//pocram.hypotheses.org/1655

7. C'est en 680 (soit quarante-huit ans après la mort du Prophète) que le schisme a lieu au sein de l'islam : à la mort du petit-fils du Prophète, Hussein, deux camps se font face et sont toujours radicalement opposés aujourd'hui. Leur interprétation du Coran est très différente : pour les sunnites (largement majoritaires au sein de l'islam), la Révélation est circonscrite à la parole de Mahomet et Dieu ne parlera plus aux hommes ; personne ne peut, selon eux, interpréter le Coran (texte « incréé » dicté par Dieu à Mahomet par l'entremise de Djibril, l'ange Gabriel), les hadith (paroles, actes, sentences) attribués au Prophète servent de guide pour la vie du « pieux » croyant. Pour les chiites (minoritaires en islam), le douzième imam reviendra à la fin des temps et prolongera la parole de Mahomet. En outre, le clergé chiite a toute latitude pour interpréter les textes sacrés, en faire l'exégèse et en tirer le sens pour aujourd'hui. L'écrivain Gilbert Sinoué doute du fait que Mahomet, n'ayant pas « une maîtrise suffisante de l'écriture », ait pu rédiger lui-même le Coran. Des scribes auraient tenu la plume pour mettre en mots les visions du Prophète.

8. Quatre-vingt-dix pour cent de la population iranienne est chiite. Le chiisme est religion d'État et l'essentiel du pouvoir est aux mains de la structure religieuse.

9. Henry Laurens, *L'Orient dans tous ses états*, CNRS, Orientales IV, 2017.

10. Des groupes de combat affiliés à Daech et Al-Qaida y combattent également. Il leur arrive de s'entretuer pour le contrôle d'une zone intéressante sur le plan militaire ou tout simplement lucrative.

11. Que l'Iran a indirectement alimentée en n'incitant pas le gouvernement à majorité sunnite d'Al-Maliki, de Bagdad, à cesser sa politique brutale de discriminations vis-à-vis de la minorité sunnite hier choyée par le dictateur Saddam Hussein.

12. *Le Monde*, 8 septembre 2017.

13. Du moins jusqu'au « coup d'État » du prince héritier saoudien en novembre 2017.

14. Le Qatar et l'Iran ont des intérêts énergétiques communs.

15. Les deux pays s'affrontent militairement par milices interposées (mais parfois également par des frappes aériennes directes) en Libye.

16. Terminologie fréquemment utilisée par la monarchie saoudienne. Le président américain, Donald Trump, s'est vanté dans un de ses innombrables tweets, d'avoir joué un rôle dans la relégation du Qatar dans le camp du mal, dominé par l'Iran.

17. L'effondrement du cours du baril de pétrole a fortement impacté l'économie saoudienne. En 2015, le déficit budgétaire a atteint 20 % du PIB (100 milliards de dollars). Par ailleurs, plus engagée militairement que l'Iran au Yémen (du moins directement), l'Arabie saoudite doit payer un lourd tribut pour cette guerre qui grève encore plus son budget.

18. Pour autant, les États-Unis ne se sont prononcés ni sur le statut final de Jérusalem ni sur les limites géographiques d'une future capitale partagée entre Juifs et Palestiniens. Mais l'hypothèse d'un futur État palestinien s'éloigne de plus en plus. La colonisation israélienne a transformé les zones qui devraient faire partie intégrante d'un futur État palestinien en gruyère. Aussi, l'idée d'un État binational commence à se faire jour. Mais la rage et l'impatience se développent encore plus vite que les nouvelles pistes de réflexion.

19. Les Safavides régnèrent en Iran du XVIe au XVIIe siècle. Les djihadistes connaissent l'histoire de la région…

20. Voir Pierre Servent, *Les Guerres modernes*, *op. cit.*

21. Il est possible que le chiffre réel soit inférieur : entre cinq et huit mille. L'intox est de règle pour les chiffres fournis par les groupes paramilitaires.

22. *The New Yorker*, 30 septembre 2013.

23. *Le Figaro*, 15 mars 2015.

24. « *The shadow commander* », *The New Yorker*, 30 septembre 2013. Ce fut l'un des tout premiers portraits de Soleimani dans la presse occidentale.

25. Voir Pierre Servent, *Le Complexe de l'autruche. Pour en finir avec les défaites françaises : 1870, 1914, 1940*, Perrin, 2011.

26. Voir le remarquable portrait de Louis Imbert : « Ghassem Soleimani : sentinelle de l'Iran », *Le Monde*, 14 et 15 mai 2017. On lira également avec profit : « Qui est Quassem Soleimani, le nouvel ennemi juré de l'État islamique ? », par Mathieu Slama, *The Huffington Post*, 27 mars 2015 et 5 octobre 2016 ; « Iran : Ghassem Soleimani : le chef invisible de la force Qods », AFP, 2 juillet 2014 ; et « *The shadow commander* », *op. cit.*

27. Rappelons qu'il a joué un rôle essentiel dans les relations avec le Hezbollah et dans son quasi-commandement lors des combats en Syrie. Nul doute qu'il sera en première ligne de la confrontation larvée ou ouverte avec Riyad au Liban.

28. La répression policière a fait plusieurs dizaines de morts. Le président Rohani a tout fait pour éviter une cassure définitive avec le pouvoir religieux qui exerce de fait un pouvoir tyrannique de plus en plus mal supporté par une partie de la population.

29. Paradoxe des situations, les premiers mouvements de protestation ont été lancés par des ayatollahs ultras contre le président Rohani accusé de la vie chère. Ces mouvements embryonnaires ont été très vite rejoints par des manifestants en nombre qui ont complètement débordé l'élan initial pour s'en prendre directement à la corruption généralisée dans l'État, aux difficultés de la vie quotidienne, à la tyrannie des ayatollahs et à celle des Gardiens de la révolution, État politique et économique dans l'État.

30. Histoire racontée à l'auteur par un Iranien exilé en France et qui reste en contact avec sa famille demeurée sur place.

5. Traitement de choc pour État schizophrène

1. *Le Point*, 5 octobre 2017.

2. Le prince a toujours été perçu dans son pays comme tyrannique, ne contrôlant pas ses nerfs et dangereusement impatient.

3. À ce titre, il connaît très bien les ministres de la Défense occidentaux, notamment Jean-Yves Le Drian qui a occupé ce poste pendant cinq ans (2012-2017).

4. Le prince présentait son grand projet « Vision 2030 » pour son pays, avec la création de villes nouvelles (notamment sur les bords de la mer Rouge : une ville serait trois fois plus grande que la Corse), d'une mégacité du divertissement, etc. Il veut mettre au travail les Saoudiens… et les Saoudiennes. D'où l'importance de la révolution des mœurs et des pratiques religieuses.

5. Rappelons que le shah d'Iran a voulu projeter son pays dans la modernité à marche forcée en muselant notamment le pouvoir des ayatollahs. En février 1979, il était renversé par une révolution islamique qui mettait l'ayatollah Khomeyni au pouvoir. Ce dernier allait très vite éliminer physiquement une fraction de ceux qui avaient renversé le shah : communistes, intellectuels occidentalisés et démocrates.

6. Tout le monde dans le clan Saoud se souvient de l'assassinat du roi Fayçal d'Arabie par l'un de ses neveux en 1975, à la sortie d'une mosquée.

7. *L'Arabie saoudite en 100 questions*, Tallandier, 2017. Ouvrage passionnant et consistant mais déjà dépassé sur certains points par l'accélération de l'histoire saoudienne fin 2017.

8. *Le Figaro*, 6 novembre 2017.

9. *Le Monde*, 7 novembre 2017.

10. Né en Arabie saoudite, il a une triple nationalité. Libanais, saoudien, il disposerait également d'un passeport français : information donnée par Agnès Levallois, professeur à Science Po, lors de l'émission *C dans l'air* du 16 novembre 2017.

11. Il avait reçu notamment un ancien ministre des Affaires étrangères iranien avec déférence.

12. Le président Macron, présent dans la région (inauguration du Louvre d'Abu Dhabi), a fait un saut à Riyad pour proposer une « exfiltration » vers Paris avant un retour à Beyrouth, via Le Caire… En arrivant au Liban, Hariri a repris ses fonctions comme si rien ne s'était passé… mais l'humiliation nationale est dans toutes les têtes.

13. Entretien de l'auteur avec l'ambassadeur d'Israël en France et un responsable israélien de la communauté du renseignement. C'était en 2007.

14. Certains observateurs estiment que l'armée libanaise est noyautée par les milices du Hezbollah. C'est très clairement ce que pense Riyad.

15. Le patron de la DGSE (services secrets extérieurs français), Bernard Émié, a été ambassadeur de France au Liban. Il connaît particulièrement bien les problématiques régionales.

16. *Le Figaro*, 17 février 2017.

17. La guerre israélo-libanaise de 2006 avait été allumée par la destruction d'un véhicule militaire israélien et la capture d'un soldat de Tsahal (l'armée israélienne), rescapé de cette attaque. On ne sait toujours pas si le Hezbollah avait provoqué sciemment Israël, si c'était une action improvisée ou un combat de rencontre.

6. Moscow: the place to be…

1. Ces tensions sur le pouvoir d'achat des Russes sont apparues parfois à cause des sanctions économiques internationales (dossier de l'occupation illégale de la Crimée) et de la faiblesse du prix du baril de pétrole ces dernières années.

2. Plus de deux mille combattants iraniens (dont plusieurs généraux) auraient été tués au combat (2012-2017).

3. Mémoire de master 2, « Histoires militaires et études de défense », sous la direction d'Hubert Heyriès, université Paul-Valéry, Montpellier-III.

4. *Le Monde*, 4 octobre 2017.

5. *Le Monde*, 17 décembre 2017.

6. Voir Pierre Servent, *Extension du domaine de la guerre*, *op. cit.*

7. Même la Turquie, membre de l'OTAN, achète des systèmes d'armes à la Russie.

8. La ville de Khan Cheikhoun, dans le nord du pays (province d'Idleb), a été frappée (4 avril 2017) par des tirs d'armes chimiques des forces loyales à Damas : une centaine de personnes ont été tuées. Depuis, la Russie oppose son veto à l'ONU pour le renouvellement de l'enquête sur les armes chimiques en Syrie. Mais l'ONU a tout de même pointé du doigt la responsabilité directe de Damas dans l'usage de l'arme chimique (gaz sarin) sur Khan Cheikhoun : c'est la conclusion des enquêteurs de l'ONU et de l'Organisation pour l'interdiction des armes chimiques (OIAC), *Le Monde*, 28 octobre 2017.

9. Voir Pierre Servent, *Extension du domaine de la guerre*, *op. cit.*

10. Un processus onusien, dit « de Genève », tente de réunir toutes les parties pour déboucher sur une solution politique. En novembre 2017, on en était au huitième cycle des rencontres de Genève… sans résultat probant.

11. Ce congrès devait réunir une trentaine de partis politiques et d'organisations pour tenter de préparer une plateforme politique de réconciliation. La Turquie est furieuse car la Russie a invité les Kurdes syriens.

12. Bahreïn est relié par un énorme ouvrage d'art maritime à son puissant protecteur saoudien. Ce cordon ombilical est précieux pour les Saoudiens qui l'empruntent souvent pour aller « s'amuser » à Bahreïn. En effet, dans ce pays, la consommation de drogue, d'alcool et la prostitution ne sont pas pourchassées par les ligues de vertu islamiques qui sévissent de l'autre côté de la chaussée du Roi-Fadh qui unit les deux États. Ce petit pays est devenu une plate-forme financière importante dans la région avec plus de quatre cents banques et institutions financières.

13. Camouflet infligé à son grand frère chinois, la Corée du Nord a procédé à un essai nucléaire, début septembre 2017, le jour où Pékin accueillait en grande pompe les dirigeants des BRICS (Brésil, Russie, Inde, Chine, Afrique du Sud).

14. Information donnée par la lettre confidentielle TTU.

15. C'est le jeu diplomatique de la France et l'implication personnelle du président Macron dans ce dossier qui ont permis l'exfiltration d'Arabie saoudite vers la France du Premier ministre libanais dont on pouvait se demander s'il n'avait pas le statut de « prisonnier politique » du régime saoudien. Le sas français a décrispé la situation, a permis à Saad Hariri, très secoué par l'épisode de sa quasi-« garde à vue » à Riyad, de repartir au Liban reprendre le mandat qu'il avait abandonné sous la contrainte du nouveau maître de Riyad. Certains ont vu dans cet épisode à la fois le caractère impulsif de MBS et l'extrême fragilité du Premier ministre libanais.

7. L'atome des mollahs

1. Déclaration à la presse américaine à l'automne 2017.

2. Notamment le groupe français Total.

3. Pour autant, ils ne figurent pas sur la liste noire du département d'État (Affaires étrangères), ce qui aurait sans doute coulé immédiatement l'accord sur le nucléaire.

4. Il est né en 1939 et au pouvoir depuis 1989. Selon la tradition, il serait un descendant du Prophète.

5. Réélu en mai 2017 pour un second mandat.

8. Hiroshima mon amour

1. Terme venu du japonais : « grand prince » ou « grand seigneur »…

2. *L'Express*, 2 août 2017.

3. La colonisation de la Corée par le Japon avait commencé cinq ans plus tôt.

4. Nous avons pu voir ce cérémonial lors d'un déplacement en Corée du Sud à la fin du siècle dernier.

5. « La Corée est entrée dans l'ère nucléaire », reportage de Dorian Malovic, *La Croix*, 18 octobre 2017.

6. Sources : rapport de l'Institut américain de recherche C4ADS et de l'ONU (groupe dits « des experts »).

7. Voir Juliette Morillot et Dorian Malovic, *Évadés de Corée du Nord*, Belfond, 2004, et *La Corée du Nord en 100 questions*, Tallandier, 2016.

8. *Revue des Deux Mondes*, septembre 2017.

9. Le 11 septembre 2017.

10. Cité par *Le Monde*, 26 septembre 2017.

11. *Ibid.*

12. La possession d'une FOST (force océanique stratégique) est la garantie ultime de survie pour un pays. En effet, cela lui assure la possibilité d'une frappe nucléaire foudroyante de riposte (on parle de « frappe en second »), en cas d'attaque majeure sur son territoire. Les sous-marins nucléaires lanceurs d'engins balistiques nucléaires étant indétectables à la mer, ils ne peuvent être préventivement détruits par un ennemi.

13. *Le Monde*, 10 et 11 septembre 2017.

14. Une position assez logique puisque la Russie est elle-même sous sanctions internationales à cause de l'annexion de la Crimée.

15. Soixante missiles de croisière ont été tirés sur la Syrie, au printemps 2017, en riposte à une nouvelle utilisation de l'arme chimique par Damas.

16. Les Américains ont renforcé leurs positions en Afrique (six mille hommes présents), notamment au Sahel où ils coopèrent étroitement avec les Français.

17. Au total, les forces armées américaines « pèsent » un million quatre cent quarante mille hommes. En quantité, mais pas en qualité, la Chine et l'Inde sont devant les États-Unis.

18. Moins de 40 milliards de dollars.

19. *Le Monde*, 6 septembre 2017. Voir également le dialogue entre Valérie Niquet et Juliette Morillot, « Frapper Pyongyang… ou négocier », dans *L'Express*, 1er novembre

2017, ainsi que *La Puissance chinoise en 100 questions*, Tallandier, 2017.

20. *Le Monde*, 6 septembre 2017.

21. D'une façon générale, les spécialistes de la zone ne croient pas à l'option militaire. Et s'ils se trompaient ?

22. *Revue des Deux Mondes*, septembre 2017.

23. Nous avons évolué sur ce point. À l'automne 2017, dans plusieurs émissions sur France 5, notamment, nous avons défendu l'idée qu'il n'y avait pas réellement d'options militaires sur la table, que c'était du bluff de la part de l'administration américaine. Nous pensons aujourd'hui que cette hypothèse a une base crédible et qu'elle n'est pas circonscrite au seul caractère éruptif du président américain.

24. Cela met potentiellement les États-Unis « dans l'orbite » de frappes nucléaires, une fois l'outil nord-coréen finalisé.

25. La Chine n'en veut pas pour ne pas se retrouver avec des bases américaines à proximité immédiate de sa frontière sud. La Corée du Sud n'y est pas non plus très favorable, au-delà du mythe refondateur de l'unité de la péninsule coréenne. En effet, les deux pays sont aujourd'hui à des années-lumière politiquement, économiquement, socialement et psychologiquement. Le fossé est infiniment plus profond qu'entre les deux Allemagnes avant leur réunification. Les Coréens du Sud ont retenu également la leçon du coût énorme pour l'Ouest de la réunion avec l'Est.

26. Dix millions d'habitants et une importante communauté étrangère, parmi laquelle deux mille Français.

27. Il ne serait pas simple de détruire les complexes et laboratoires enfouis profondément dans les montagnes du pays.

28. Il a fait exécuter son oncle et fait assassiner l'un de ses demi-frères, Kim Jong-nam, dans l'enceinte de l'aéroport international de Kuala Lumpur (Malaisie). Les experts estiment que quatre-vingt à cent vingt mille Coréens seraient détenus dans les goulags de la Corée du Nord.

29. 19 octobre 2017.

9. Le piège de Thucydide

1. Graham Allison et Philip Zelikow, *Essence of Decision. Explaining the Cuban Missile Crisis*, Little Brown, 1971.

2. Non traduit : *Destined for War. Can America and China escape Thucydides's trap?*, Kindle, 2017.

3. Voir son interview par Christina Pazzanese pour la *Harvard Gazette* : « The troubling U.S.-China face-off » ; https:/news.harvard.edu/gazette/story/2017/06/new-bokk-evaluate-the u-s-china-face-off/

On peut se reporter également à son entretien dans *La Croix* du 5 avril 2013 et à celui du *Quotidien du peuple* du 17 septembre 2015 (organe de presse du Parti communiste chinois).

4. Le Kaiser vient lui-même à Tanger (1912) pour contrer l'influence française sur ce que Paris estime être son pré carré.

5. *Destined for War. Can America and China escape Thucydides's trap?*, *op. cit.*

6. Les Chinois achètent systématiquement en Occident les droits des ouvrages historiques portant sur la polémologie, et particulièrement sur la Seconde Guerre mondiale. L'auteur a été pour le moins surpris d'apprendre qu'une maison d'édition chinoise avait acheté les droits de son livre sur le stratège d'Hitler, le maréchal Erich von Manstein.

TROISIÈME PARTIE

Comme une envie de France… et d'Europe

1. Le français est la deuxième langue apprise dans le monde : « Si la langue française attire, c'est d'abord parce qu'elle est porteuse d'un art de vivre, d'un patrimoine d'idées, de valeurs, auxquelles elle a fini par être rattachée, bref, d'un modèle culturel », lit-on dans l'*Atlas de l'influence française au XXI*e *siècle*, sous la direction de Michel Foucher, coll. « Le monde comme il va », Robert Laffont, 2013.

2. Voir Pierre Servent, *Les Présidents et la guerre. 1958-2017*, Perrin, 2017.

3. Rapport de l'Institut Montaigne d'août 2017. C'est ce « décrochage » que le président Macron veut arrêter.

4. Michel Foucher, *Atlas de l'influence française au XXIe siècle*, *op. cit.*

5. Une position parfaitement pertinente et courageuse en 1898.

6. Pierre Servent, *La Trahison des médias*, *op. cit.*

1. Discorde chez les *amis*

1. Le Front national a puisé allégrement ces dernières années dans l'électorat communiste…

2. Avant la Seconde Guerre mondiale, socialistes et communistes se divisent face à la montée de la crise (issue du krach de 1929) et des totalitarismes allemand, italien et soviétique : certains rejoindront d'ailleurs le camp de la Collaboration (Laval et Déat, ex-SFIO, Doriot, ex-PCF, etc.).

3. Le prédicateur avait été représenté en une de *Charlie Hebdo*, un sexe saillant démesuré, comme « le sixième pilier de l'islam ». Edwy Plenel était, quant à lui, moqué dans une autre une, sa moustache l'empêchant de voir, d'entendre et de parler face à la « réalité » du personnage (qui bénéficie de la présomption d'innocence tant que la justice ne l'a pas condamné). « On ne savait pas », proclamait la couverture de *Charlie Hebdo* au-dessus des caricatures d'un Plenel sourd, muet et aveugle.

4. Deux plaintes pour viol ont été déposées fin 2017. M. Ramadan a porté plainte pour « dénonciation calomnieuse ». S'agissant notamment de la deuxième plainte, *Le Monde* (qui a eu accès à son contenu) parle de « témoignage circonstancié et accablant », *Le Monde*, 29-30 octobre 2017. Début 2018, l'universitaire suisse a été placé en garde à vue à Paris et entendu longuement par la police. À l'issue de cette audition, il a été mis en examen pour « viol » et « viol sur personne dépendante » et placé en détention provisoire.

5. Voir Caroline Fourest, *Frère Tariq*, Grasset, 2004. Edwy Plenel s'est demandé à plusieurs reprises si ceux qui jugeaient « ambigu » Tariq Ramadan ne le trouvaient pas « un peu fourbe parce que arabe ». Pour sa part, l'ancien journaliste du *Monde* n'a jamais trouvé d'« ambiguïté » dans les propos du célèbre prédicateur (de nationalité suisse). Le soutien de Plenel à Tariq Ramadan est antérieur aux dénonciations du comportement sexuel qu'aurait eu le petit-fils du fondateur des Frères musulmans. Très engagé dans le combat contre le harcèlement et les attaques sexuelles contre les femmes, Mediapart n'a pas réagi sur les accusations contre Tariq Ramadan.

6. La France n'est pas la seule. La Belgique, par exemple, a donné aux Saoudiens en 1969 les clés de l'islam de Belgique. Il a fallu les attentats meurtriers de 2016 pour que ce pays engage une récupération de ces clés. En 2017, le processus n'était pas achevé.

7. Il n'y a qu'une seule « communauté », la communauté française.

8. Voir Pierre Servent, *Extension du domaine de la guerre*, *op. cit.*

9. L'histoire n'est pas un « roman ».

10. Voir Pierre Servent, *Extension du domaine de la guerre*, *op. cit.*

11. Média en ligne créé en 2005, après les émeutes de banlieue, pour être la voix branchée, moderne, diverse et antiraciste des quartiers.

12. À leur décharge, en Dr Jekyll, Mehdi Meklat était tout sourire et tout sucre dans les médias, même si de temps en temps, certaines de ses propres déclarations et certaines informations auraient dû inviter ces médias à enquêter plus avant au lieu de « servir la soupe » de la bien-pensance. Mais pourquoi enquêter sur une icône dans le vent ?

13. « L'affaire Meklat, symptôme révélateur », *Le Monde*, 23 février 2017. On peut également se reporter à « Mehdi Meklat, l'enfant gâté du gauchisme culturel », Brice Couturier, *Le Point*, 2 mars 2017 ; « Que révèle l'affaire Mehdi

Meklat ? », *Le Monde*, 24 février 2017 ; « La convergence des haines », Alain Finkielkraut, *Le Figaro*, 24 février 2017.

14. Il suffit de suivre leurs publications et leurs sites sur le dark Net.

15. L'historien, qui avait jadis dénoncé dans *Les Territoires perdus de la République* (Mille et Une Nuits, 2002) la montée de l'antisémitisme dans certains milieux de l'immigration de religion ou de culture musulmane, était poursuivi par le parquet qui estimait que son propos stigmatisait tous les musulmans. Il a été relaxé. Dominique Schnapper (*Le Point*, 16 novembre 2017) rappelle que : « Les enquêtes montrent régulièrement que les musulmans sont systématiquement plus nombreux que le reste de la population à adhérer aux préjugés hostiles aux juifs, ce qui ne veut pas dire, bien entendu, que ce soit le cas pour tous. » Une nuance essentielle. Car la systématisation est de nature à jeter dans les bras des djihadistes, qui jouent en permanence la carte de la victimisation, des musulmans blessés par des propos génériques et globalisants.

16. Mohamed Sifaoui, *Une seule voie : l'insoumission*, *op. cit.*

17. *Le Monde*, 9 juin 2017.

18. *Le Monde*, 20 juin 2017.

19. « Je sais bien que le canon à merde va encore sonner », a-t-il dit en réponse à des questions de *L'Express* sur son parcours politique dans l'Essonne. Le magazine souhaitait interroger le leader de la France insoumise sur des pratiques qui auraient mérité, selon les journalistes, quelques explications en matière de transparence. *L'Express*, 22 au 28 novembre 2017.

20. Dominique Schnapper, *De la démocratie en France*, *op. cit.*

21. Voir *Extension du domaine de la guerre*, *op. cit.*

22. *Le Point*, 16 décembre 2017.

23. Des attentats qui ont touché plus de treize nationalités, et des Français et des étrangers de toutes les confessions.

24. Voir « Un islam français est possible », www.institut-montaigne.org. L'IFOP s'est appuyé pour cette étude sur un

échantillon de mille vingt-neuf personnes (sous-échantillon d'un groupe référence de quinze mille personnes).

25. Selon l'institut de recherche américain Pew, spécialisé dans les études démographiques religieuses, la part de la population française de religion musulmane pourrait se situer dans une fourchette de 12,7 à 17,4 %. La France resterait le premier pays en termes de pourcentage de citoyens se référant à l'islam pour leur pratique religieuse. Selon cet institut réputé, la France comprendrait 5,72 millions de musulmans, l'Allemagne, 4,95 millions, et la Grande-Bretagne 4,13 millions. Entre 2010 et 2016, la Grande-Bretagne (66 millions d'habitants) est le pays qui a accueilli le plus de migrants musulmans réguliers et la France (67 millions d'habitants), un demi-million.

26. Sources : *Le Figaro* du 29 janvier 2018. Et sources de l'auteur (Renseignement français).

27. La Direction du renseignement et de la sécurité de défense (DRSD, ex-DPSD) a notamment en charge la veille sur les militaires ou ex-militaires qui pourraient être contaminés par le salafisme de combat.

28. Témoignage recueilli par l'auteur.

29. Entretien avec l'auteur en 2015. Voir Pierre Servent, *Extension du domaine de la guerre*, *op. cit.*

30. Voir la très intéressante interview du général Castre dans la revue *Inflexions*, n° 36, 2017.

31. Nous préférons priver ces tueurs de leur identité.

32. *Le Figaro*, 20 octobre 2017. Comptes rendus du procès d'Abdelkader M., frère de Mohamed M.

33. *Le Monde diplomatique*, août 2016.

34. *Le Monde*, 29 août 2017.

2. Influence

1. Propos recueillis par l'auteur.

2. *Le Monde*, 24-25 septembre 2017.

3. Autre signe de l'influence française, le président Macron a été invité pour un voyage d'État en Iran : il n'y en a pas eu depuis 1971.

4. *Le Monde*, 30 juin 2017.

5. Voir également « La diplomatie française sur tous les fronts », *Politique internationale*, n° 157, automne 2017.

6. Par exemple, pratiquement tous les chefs libanais, quelle que soit leur confession, sont passés par l'université jésuite Saint-Joseph de Beyrouth (de langue française).

7. La Chine qui « produit » chaque année des milliers d'ingénieurs travaille sur le même créneau. Elle les envoie (avec des doctorants) à l'assaut des grandes écoles (l'École polytechnique en France, notamment), des universités et laboratoires étrangers pour parfaire leur formation, et, à l'occasion, pour pratiquer l'espionnage industriel.

8. « Qatar-Émirats arabes unis. L'éducation, arme de compétition massive », *Le Monde*, 12 et 13 novembre 2017.

9. Conduite par *Le Monde*, la Fondation Jean-Jaurès, Sciences Po et réalisée par Ipsos-Sopra-Steria. Voir *Le Monde*, 4 juillet 2017.

10. Jean-Dominique Merchet, *Macron Bonaparte*, Stock, 2017.

11. *Le Monde*, 26 juillet 2017.

12. *Ibid.*

13. Toutes ces réactions sont développées dans *La Croix*, 19 juin 2017.

14. Le président Macron a proposé la « refondation d'une Europe souveraine, unie et démocratique », mais pas fédéraliste. Voir le discours in extenso sur le site de l'Élysée.

15. *Le Monde*, 29 et 30 octobre 2017.

16. Plan lancé en 1933 par le président démocrate Roosevelt pour faire face à la Grande Dépression qui suivit la crise de 1929.

17. C'est sans doute le département le plus sinistré par la politique de Trump : environ 60 % des postes diplomatiques n'étaient toujours pas pourvus fin 2017. Même les Russes se plaignent de ne plus avoir en face d'eux les interlocuteurs américains nécessaires pour faire avancer les dossiers.

18. On doit cette formule au journaliste Jean-François Kahn. Pierre Servent, *La Trahison des médias*, *op. cit.*

19. Voir sur le site de l'Élysée son discours à la tribune de l'Assemblée générale de l'ONU, New York, le 19 septembre 2017.

20. Le président américain a contrevenu aux statuts de l'ONU qui interdisent que l'on menace de guerre ou de destruction un État du haut de la tribune onusienne. Il a menacé la Corée du Nord de destruction.

21. *Le Monde*, 19 septembre 2017.

22. Cette formule est de Carl Bildt, ancien Premier ministre suédois.

23. À l'été 2017, le président français a invité à La Celle-Saint-Cloud le Premier ministre libyen Fayez el Sarraj et le maréchal Khalifa Haftar, son principal opposant. C'était déjà, en soi, un succès de les avoir réunis. Une déclaration commune a été élaborée, mais elle n'a pas sensiblement modifié la donne sur le terrain. Chacun campe sur ses positions… et sur ses puits de pétrole.

24. Ancien rédacteur en chef de *La Lettre du Continent*.

25. En juillet 2017, à Hambourg (G20), le président français a déclaré : « Quand des pays ont encore aujourd'hui sept ou huit enfants par femme, vous pouvez toujours décider d'y dépenser des milliards, vous ne stabiliserez rien. »

26. *L'Express*, 29 novembre au 5 décembre 2017.

27. Voir les extraits de son discours dans *Le Monde*, 30 novembre 2017 : « Il n'y a pas de politique africaine de la France. »

28. Emmanuel Macron : « Je suis d'une génération de Français pour qui l'Afrique n'est ni un encombrant passé ni un voisin parmi d'autres. »

29. *Le Monde*, 30 novembre 2017. Il faut également préciser que de jeunes manifestants s'étaient rassemblés à l'extérieur pour dénoncer le colonialisme français, qu'une grenade a été lancée contre un véhicule militaire français (elle a rebondi et blessé trois Burkinabés) et qu'une voiture de la délégation française a eu une vitre brisée par un jet de

pierre. L'envie de France n'emporte pas encore toutes les consciences.

30. Son épouse, Brigitte Macron, semble, en fait, tenir ce rôle.

31. Voir Pierre Servent, *Les Présidents et la guerre. 1958-2017*, *op. cit.*

3. Locataire… contre propriétaire

1. Voir Pierre Servent, *Le Complexe de l'autruche. Pour en finir avec les défaites françaises*, *op. cit.*

2. Voir Pierre Servent, *Extension du domaine de la guerre*, *op. cit.*

3. La France compte un peu plus de quatre mille de ces hommes « spéciaux », qu'ils soient commandos, pilotes d'hélicoptère ou d'avion. Ils appartiennent aux trois armées : terre, air, marine, et ils sont présents sur tous les théâtres où la France est engagée. Ils ne sont pas « secrets » (comme les agents de la DGSE, services secrets extérieurs) mais « discrets ». Plus d'une centaine de réservistes opérationnels servent à l'état-major du COS ou dans ses composantes. Le COS conduit trois missions : actions de destruction (dans la profondeur des lignes ennemies), renseignement et actions d'environnement (dont l'influence). Les modes opératoires permettent à un petit groupe d'hommes d'avoir un impact démultiplié sur l'ennemi.

4. Souligné par nous.

5. Voir l'interview du G/COS (officier général commandant le COS) réalisée par l'auteur pour *Armées d'aujourd'hui*, n° 417, juin 2017 ; ou le dossier spécial à l'occasion des vingt-cinq ans de la création du COS ; et entretiens de l'auteur avec l'amiral Isnard à Paris et sur le terrain (quelque part dans la bande sahélo-saharienne).

6. Jean-Dominique Merchet, *Une histoire des forces spéciales*, Jacob Duvernet, 2010.

7. Notamment sur France 2 lors de la « spéciale » consacrée à l'investiture du nouveau président.

4. Liberté, Maturité, Fraternité

1. Les chiffres publiés par l'Observatoire national contre l'islamophobie (ONCI) (qui dépend du Conseil français du culte musulman, et qui s'appuie sur le ministère de l'Intérieur pour ses calculs) et le Collectif contre l'islamophobie en France (CCIF) ont conclu tous les deux, avec une méthodologie différente, à une baisse très sensible des actes antimusulmans en 2016. Au début de l'année 2016 (donc à quelques mois des attentats de la fin 2015), le rapport annuel de la Commission nationale consultative des droits de l'homme avait certes relevé une augmentation d'actes antimusulmans mais dans le même temps une régression de l'intolérance et du racisme au sein de l'opinion publique.

2. Témoignage de Cressida Dick, chef de la Metropolitan Police de Londres.

3. Au Bataclan, certains sont morts ainsi en protégeant de leur corps la vie de l'être aimé.

4. Témoignage recueilli par l'auteur.

5. Voir Delphine Minoui, *Les Passeurs de livres de Daraya*, Seuil, 2017.

6. *Ainsi parlait Zarathoustra.*

7. Albin Michel, 2015.

8. Éditions Salvator, 2015.

9. Malgré les injonctions du tueur de Toulouse lui pointant son arme sur la tête, il a refusé de se mettre à genoux. Ce djihadiste a filmé ses « prouesses », notamment quand il tue des enfants.

10. Association Imad Ibn Ziaten pour la jeunesse et la paix :

Association-imad.fr/v2pourquoi_une-association.html.

11. *Télérama*, 1er mars 2017.

5. Europe, le sursaut ou le sursis

1. Michel Foucher, *Atlas de l'influence française*, *op. cit.*

2. Voir *Le Monde*, 1er février 2018.

3. *Ibid.*

4. Quatre cent cinquante millions d'habitants vivent au sein de l'UE.

5. Titre du livre d'Enrico Letta et Sébastien Maillard, *Faire l'Europe dans un monde de brutes*, Fayard, 2017.

6. *L'Express*, 20 septembre 2017.

7. Le président américain a fragilisé l'Alliance atlantique en expliquant qu'elle était « obsolète » et qu'il ne se sentait pas tenu par ses règles de solidarité. Il est revenu ensuite sur ces déclarations. Mais le mal avait été fait.

8. Témoignage recueilli par l'auteur.

9. Sauf destitution du président Trump avant la fin de son mandat.

10. « L'Europe contre la guerre », *Inflexions*, n° 33, 2016.

11. *Le Monde*, 29 août 2017.

12. Les États-Unis vont dépenser 600 milliards d'euros pour leur défense, la Chine 170 milliards. En 2020, l'UE (27) devrait disposer d'un budget cumulé de 204 milliards d'euros. Sources : cabinet IHS Jane's.

13. Entretien avec l'auteur.

14. Les autorités libyennes ne permettent pas à cette mission européenne de jouer pleinement son rôle en lui refusant l'accès à des eaux territoriales, c'est-à-dire au plus proche des bases de départ contrôlées par les réseaux mafieux de passeurs et de trafiquants d'esclaves. Cette mission se limite donc au secours des migrants en Méditerranée.

15. *Le Monde*, 14 octobre 2017.

16. Voir son article « L'Europe va-t-elle perdre les Balkans », *op. cit.* Lire également son dernier ouvrage : *Volga, Volga*, *op. cit.*

17. Voir le chapitre « Hollande », *in* Pierre Servent, *Les Présidents et la guerre*, *op. cit.*

18. Ils sont aujourd'hui totalement enlisés, car aucune des parties ne veut se rapprocher de l'autre ; en l'occurrence Bamako (Sud-Noirs) et les sécessionnistes plus ou moins radicalisés (Nord-Touaregs).

Conclusion

1. Dans la guerre que se livrent par procuration l'Iran et l'Arabie saoudite au Yémen, l'ex-président Ali Abdallah Saleh a fini par être assassiné par ses propres alliés (les milices chiites houthistes) après avoir annoncé qu'il tendait la main à Riyad pour trouver une solution de paix. Les positions militaires de ses partisans dans la capitale Sanaa ont été prises d'assaut et occupées par les combattants houthistes, créant ainsi une guerre dans la guerre.

2. On compte plus d'une trentaine de groupes, du plus modéré (favorable à la démocratie) à celui qui se revendique d'Al-Qaida, en passant par tous les camaïeux « salafistes » et « islamistes » favorables à la charia.

3. Grasset, 1978.

4. Il demeure des conflits frontaliers, en mode mineur, pour des portions de terre revendiquées historiquement par plusieurs pays, que ce soit en Amérique latine ou en Asie.

Table

Avant-propos 15
Préambule 17
Introduction 21

Première partie
Comme une envie de barbarie

1. Recherche d'identité 39
Valeurs chaudes 40
Du *Völkisch* dans l'air 43
Birminghamstan 46

2. Climat religieux tempéré… menacé 50
Paradoxe indonésien 52
Marawi sous le drapeau noir 55
Shebab… le retour 58
La voie étroite du partenariat 60

3. Bombes à fragmentation 65
Famille recomposée 66
L'élimination du sel de la Terre 68
Pas de chrétiens dans l'équipe nationale de foot… . 70
Apostasie 72
L'Orient se vide de ses différences 75
Karakoch 77

4. Éradiquer le pluriel 81
Forces d'occupation 82
Un combat fratricide 84
L'hispanité 87
5. La chimère de l'« ère nouvelle » 90
Janus kurde 91
Rétorsion 94
Bienvenue en… Ambazonie 98
6. La guerre des mémoires 100
La bataille des deux Pologne 104
Pathologies 109
Matilda 112
7. C'est tellement nul que c'est bien… 115
Les tables de la loi 116
Un monde d'après la vérité 119
« La vérité vous rendra libres » 121

DEUXIÈME PARTIE

Comme une envie de tyrannie

1. Le Fils du ciel et du dérèglement mondial 130
Vatican marxiste-léniniste 133
La stratégie de jade 137
Panthéon rouge 139
Le rêve suprémaciste chinois 141
2. La revanche de l'« homme malade » 144
Don de Dieu 145
Balkanisation 150
3. Nostalgies mémorielles 154
Damas la sanglante 157

4. Quand les Sassanides dictent à nouveau l'histoire du Moyen-Orient 160
Querelles d'ego et conflit géostratégique 163
Succès et ambiguïté 165
Jérusalem, ô Jérusalem 168
Soleimani le « céleste » 170
Mystification ? 173

5. Traitement de choc pour État schizophrène 178
Un royaume qui tue le temps 179
Aux forceps 181
Les trois coups 185
Alliance contre nature 188
Deux axes d'attaque ? 190

6. *Moscow: the place to be…* 194
Opération Résurrection 197
Échecs et poker menteur 198
La rébellion des filleuls 201
Filleuls durs d'oreille 204

7. L'atome des mollahs 207
Accord de Munich ? 208
Les conservateurs en embuscade 211

8. Hiroshima mon amour 214
Mémoire longue 215
Ressources insoupçonnées 217
Chance et menace pour la Chine 219
La montée vers la guerre ? 221
Impasse 222
Quand les chiffres parlent 225
Effet disruptif 226
Fiction ? 228
Éviter la guerre 232

9. Le piège de Thucydide 235
Engrenages 236

TROISIÈME PARTIE
Comme une envie de France… et d'Europe

1. Discorde chez les « amis » 253
Dr Jekyll et Mr Hyde 256
À front renversé 259
Pas de blabla, la lutte ! 260
Innocence et insouciance 262
Les autoritaires 263
Aveuglement ? 267
2. Influence 272
Quand un Breton sage parle à l'oreille
des princes arabes 274
L'arme de la connaissance 277
Macron Imperator 280
Un phénomène 284
Le New Deal à la française 285
Haute couture diplomatique 287
Suractif 288
Cocktail dangereux 289
3. Locataire… contre propriétaire 294
Catalyseur 295
Le réseau plutôt que le silo 298
4. Liberté, Maturité, Fraternité 300
Tendre la main 303
5. Europe, le sursaut ou le sursis 306
Réveiller la Belle au bois dormant 308
Europe is back? 309

Le turbo français 312
Oser la guerre… 314
Puissance militaire… en marche 316
Mobilisation européenne 319
La bande sahélo-saharienne 321

Conclusion 325
Remerciements 333
Notes 335

pca
cmb
édition pré-presse
livres numériques

44400 Rezé

Cet ouvrage a été achevé d'imprimer en avril 2018
sur les presses de Normandie Roto Impression s.a.s.
61250 Lonrai (Orne)
N° d'édition : 56742/01 - N° d'impression : 1801210

Imprimé en France